职业技能等级认定指导

保育员

(基础知识)

程冠三　主编

中国劳动社会保障出版社

图书在版编目(CIP)数据

保育员. 基础知识/程冠三主编. -- 北京：中国劳动社会保障出版社，2024
职业技能等级认定指导
ISBN 978-7-5167-6338-4

Ⅰ.①保… Ⅱ.①程… Ⅲ.①幼教人员-职业技能-鉴定-自学参考资料 Ⅳ.①G615

中国国家版本馆 CIP 数据核字(2024)第 044221 号

中国劳动社会保障出版社出版发行

（北京市惠新东街1号　邮政编码：100029）

*

北京谊兴印刷有限公司印刷装订　新华书店经销
787 毫米×1092 毫米　16 开本　13.25 印张　253 千字
2024 年 4 月第 1 版　2024 年 4 月第 1 次印刷
定价：35.00 元

营销中心电话：400-606-6496
出版社网址：http://www.class.com.cn

版权专有　　侵权必究

如有印装差错，请与本社联系调换：(010) 81211666
我社将与版权执法机关配合，大力打击盗印、销售和使用盗版
图书活动，敬请广大读者协助举报，经查实将给予举报者奖励。
举报电话：(010) 64954652

本书编写人员

主　编　程冠三

副主编　李艳玲　苏晓萍

编　者　黄会平　陈二丽　郭园园　刘　元

　　　　杨　曼

编 写 说 明

《职业技能等级认定指导》（以下简称《指导》）是《国家职业技能等级认定培训教程》（以下简称《教程》）的配套辅助教材，每本《教程》对应配套编写一册《指导》。本《指导》共包括两部分。

第一部分：考核指南。此部分按照《教程》职业模块的顺序，对照《教程》各职业模块内容编写。每个职业模块包括四项内容：考核要点、重点复习提示、理论知识辅导练习题、参考答案及说明。

——考核要点是依据国家职业标准、结合《教程》内容归纳出的考核重点，以表格形式叙述。表格由考核范围、考核要点及重要程度三部分组成。

——重点复习提示为《教程》各职业模块内容的重点提炼，使读者在全面了解《教程》内容的基础上重点掌握核心内容，达到更好地把握考核要点的目的。

——理论知识辅导练习题题型采用两种客观性命题方式，即判断题、单项选择题，题目内容、题目数量严格依据考核要点，并结合《教程》内容设置。

——参考答案除答案外，大部分试题还配有简要说明。

第二部分：模拟试卷。模拟试卷包括理论知识考核模拟试卷一套，并附有参考答案。

本职业《指导》共包括4本，即基础知识、初级、中级、高级。本书是其中的一本，适用于对各级保育员的职业技能培训和考核复习。

编写《指导》有相当的难度，是一项探索性工作。由于时间仓促，不足之处在所难免，欢迎提出宝贵意见和建议。

目 录

第一部分 考核指南

职业模块一 职业道德 ………………………………………………… (1)

    考核要点 …………………………………………………………… (1)

    重点复习提示 ……………………………………………………… (1)

    理论知识辅导练习题 ……………………………………………… (4)

    参考答案及说明 …………………………………………………… (7)

职业模块二 婴幼儿生理基础知识 …………………………………… (10)

    考核要点 …………………………………………………………… (10)

    重点复习提示 ……………………………………………………… (11)

    理论知识辅导练习题 ……………………………………………… (20)

    参考答案及说明 …………………………………………………… (25)

职业模块三 婴幼儿卫生保健知识 …………………………………… (28)

    考核要点 …………………………………………………………… (28)

    重点复习提示 ……………………………………………………… (29)

    理论知识辅导练习题 ……………………………………………… (35)

    参考答案及说明 …………………………………………………… (42)

职业模块四 婴幼儿心理学知识 ……………………………………… (45)

    考核要点 …………………………………………………………… (45)

    重点复习提示 ……………………………………………………… (45)

    理论知识辅导练习题 ……………………………………………… (50)

    参考答案及说明 …………………………………………………… (55)

职业模块五　婴幼儿营养学知识 ……………………………………（57）

　　考核要点 ………………………………………………………（57）
　　重点复习提示 …………………………………………………（57）
　　理论知识辅导练习题 …………………………………………（64）
　　参考答案及说明 ………………………………………………（71）

职业模块六　婴幼儿发育行为知识 ……………………………（73）

　　考核要点 ………………………………………………………（73）
　　重点复习提示 …………………………………………………（73）
　　理论知识辅导练习题 …………………………………………（84）
　　参考答案及说明 ………………………………………………（89）

职业模块七　婴幼儿常见病及常见传染病知识 ………………（94）

　　考核要点 ………………………………………………………（94）
　　重点复习提示 …………………………………………………（95）
　　理论知识辅导练习题 …………………………………………（109）
　　参考答案及说明 ………………………………………………（116）

职业模块八　婴幼儿安全知识 …………………………………（122）

　　考核要点 ………………………………………………………（122）
　　重点复习提示 …………………………………………………（122）
　　理论知识辅导练习题 …………………………………………（129）
　　参考答案及说明 ………………………………………………（135）

职业模块九　婴幼儿教育学知识 ………………………………（140）

　　考核要点 ………………………………………………………（140）
　　重点复习提示 …………………………………………………（140）
　　理论知识辅导练习题 …………………………………………（145）
　　参考答案及说明 ………………………………………………（150）

职业模块十　托幼机构保育环境知识 …………………………（154）

　　考核要点 ………………………………………………………（154）
　　重点复习提示 …………………………………………………（154）

理论知识辅导练习题 ……………………………………………………（160）
参考答案及说明 …………………………………………………………（165）

职业模块十一　相关法律、法规知识 ………………………………（168）
考核要点 …………………………………………………………………（168）
重点复习提示 ……………………………………………………………（168）
理论知识辅导练习题 ……………………………………………………（172）
参考答案及说明 …………………………………………………………（177）

第二部分　模　拟　试　卷

保育员基础知识考核模拟试卷 ……………………………………………（181）
保育员基础知识考核模拟试卷参考答案 …………………………………（201）

第一部分 考核指南

职业模块一 职业道德

考核要点

考核范围	考核要点	重要程度
保育员职业定义与职业守则	1. 保育员职业定义	了解
	2. 保育员职业守则	掌握
保育员职业行为规范	1. 保育员职业行为规范的意义	了解
	2. 言语规范	掌握
	3. 行为规范	掌握

重点复习提示

一、保育员职业定义与职业守则

1. 保育员职业定义

保育员是在托幼机构、社会福利及其他保育机构中,从事儿童基本生活照料、保健、自理能力培养和辅助教育工作的人员。

2. 保育员职业守则

(1) 为人师表,遵纪守法。作为婴幼儿生活照护人员,保育员必须具有生活照护与生活技能教育、健康管理教育、辅助教师开展室内外教育活动等专业能力。

保育员的言行举止和行为规范与教师一样,对婴幼儿有重要的影响,因此,保育员应树立以下三个方面的意识:立德树人意识、照护与教育相结合意识及遵纪守法意识。

(2) 关爱儿童,平等尊重。保育员以婴幼儿的身心健康发展为主要工作目标,关爱儿童需要从三个方面确立职业认同:

1）了解是关爱的前提。

2）心理营养不可或缺。

3）平等、尊重是关爱的核心。

（3）勤奋好学，恪尽职守

1）确立学习为专业服务的意识。要有针对性地学习保育相关专业知识；在保育实践中，配合好教师的教育教学工作。

2）确立学习的全面性意识：渗透性学习、参与性学习、发展性学习。

3）确立恪尽职守精神：爱岗敬业，增强事业心和责任感。

（4）认真观察，合规操作

1）确立认真观察的工作作风。

2）确立合规操作要求。

3）确立职业伦理观念。保育员应从以下几个方面进行：

第一，职业精神。职业精神是与人们的职业活动紧密联系，具有职业特征的精神与操守，从事婴幼儿保育职业应具有爱心、专业能力和责任自觉。

第二，职业良心。职业良心是指从业人员在履行职业义务时的道德责任感和自我评价能力，是个人道德认识、道德情感、道德意志、道德信念和道德行为的统一。职业良心对保育行为起着监督作用。对于符合职业道德要求的情感、意志、信念以及行为方式和手段，职业良心给予鼓励，对于不符合职业道德要求的情绪、欲念或冲动等，职业良心使之纠正和克服。

第三，职业态度。职业态度是指个人对所从事职业的看法及在行为举止方面反映的倾向。保育员的职业态度应从以下三个方面规范：一是要有乐观、积极的态度；二是要有公正的态度；三是要有职业责任和职业荣誉感的态度。

（5）文明礼貌，友善协作

1）确立礼仪规范要求：礼仪端庄，举止得体。

2）确立尊重家长与同伴的合作意识。

3）确立团队意识。首先，要与其他保育员和教师团结合作，尽可能为同事的工作提供方便；其次，要互相支持，在工作中提供力所能及的帮助；最后，要宽以待人。

二、保育员职业行为规范

职业行为是指人们对职业劳动的认识、评价、情感和态度等综合素养的行为反映，是职业道德、职业能力、职业素养的具体呈现，是职业目的达成的基础。职业行为规范是完成职业目的所必须遵循的基本行为要求。

保育员职业行为规范分为言语规范、行为规范和操作规范。

1. 言语规范

保育员应使用普通话，与婴幼儿说话时应用词规范、语气柔和、语速适中、态度温和、语言生动、尽可能儿童化，少数民族地区可使用双语教学。言语规范包括：基本言语规范、卫生照护言语规范、进餐照护言语规范、盥洗照护言语规范、睡眠照护言语规范、哭闹及需特殊照料婴幼儿的照护言语规范、与家长沟通言语规范、与同事交往言语规范、婴幼儿求助时的言语规范、防范意外伤害言语规范等。

对于意外伤害应注意：首先要防范伤害，其次要制止危险行为，最后在平时进行安全教育。

2. 行为规范

（1）着装规范。着装大方得体，不留长指甲，不涂有颜色的指甲油。不佩戴尖利饰物，不化浓妆、不涂抹有浓烈气味的香水，上班时间不穿高跟鞋、不披长发。

（2）卫生照护行为规范。按时、按物进行室内、地面、物品消毒、通风，分发饭菜前必须做好桌面消毒工作和个人手部的清洁消毒工作，分发饭菜时必须穿工作装、佩戴口罩。

（3）进餐照护行为规范。不逼迫婴幼儿进餐，按需喂养，不在进餐时训斥婴幼儿。

（4）盥洗照护行为规范。科学指导与示范，不批评、不指责动作缓慢的婴幼儿。

（5）睡眠照护行为规范。关注每个孩子，合理关切不睡觉婴幼儿情绪需求，不恫吓、不威逼、不强迫。

（6）哭闹及特殊照料婴幼儿的照护行为规范。不急躁、不训斥、不打骂、不体罚；及时满足合理需求；面对多动、注意力不集中、有攻击性的婴幼儿时，不区别对待。

（7）与家长沟通行为规范。不卑不亢、有礼有节，不收取家长任何物品，不参加家长个人宴请。

（8）与同事交往行为规范。不传是非、不信谣言、不闲谈，不说不利于团结的话，不做有损于集体形象的事，工作中团结协作，分工不分家，耐心虚心地接受领导和同事提出的批评与建议。

（9）物品使用行为规范。不使用婴幼儿寝具、餐具等一切物品，药品和洗涤用品不能放在婴幼儿触及到的地方。

（10）基本行为规范。以师德为先，以儿童为本，尊重、爱护婴幼儿，不做违反操作流程、虐待、歧视、体罚和变相体罚、侮辱儿童人格等损害儿童身心健康的行为。

理论知识辅导练习题

一、判断题（下列判断正确的请在括号中打"√"，错误的请在括号内打"×"）

1. 保育员的照料对象是婴幼儿。（   ）
2. 保育员岗位职责就是简单地打扫卫生、盛盛饭菜。（   ）
3. 保育员的言行举止和行为规范与教师一样，对婴幼儿有重要的影响。（   ）
4. 保育员只需做好保育工作，没有必要学习法律法规。（   ）
5. 做一名保育员，只要做好保洁工作即可，教育是教师的事情。（   ）
6. 平等、尊重是关爱的核心。（   ）
7. 保育教育的最终目的是为婴幼儿健康发展提供支持，使婴幼儿获得当前的发展。（   ）
8. 渗透学习是指保育活动要自然地渗透到婴幼儿的一日生活中，保育为主，保教结合。（   ）
9. 在保育工作中，每项保育职业技能都有明确的操作规范与要求，保育员要严格按照操作要求进行，不能任凭自己的感觉行事。（   ）
10. 保育员要时刻注意自己的仪表，庄重大方，着装要整洁朴素。（   ）
11. 保育员与婴幼儿说话时应用词规范、语气柔和、语言生动、尽可能使用专业化的语言。（   ）
12. 当婴幼儿行为不符合保育员期待时，保育员可以进行训斥。（   ）
13. 睡眠照护时，保育员言语要温和、轻柔。（   ）
14. 保育员可以酌情收取家长送的物品以及参加家长的个人宴请。（   ）
15. 针对初入园婴幼儿出现的分离焦虑或不适应情况，保育员应配合教师组织游戏或让婴幼儿观察有趣的设施以转移注意力。（   ）
16. 卫生照护语言是保育员一天中使用频率最多的语言。（   ）
17. 盥洗照护言语要规范，保育员要提醒婴幼儿正确认识并使用餐具，学会餐具的摆放与收取。（   ）
18. 在与婴幼儿对话时，保育员要针对不同的场景使用严谨、规范、温和或威严的语言。（   ）
19. 保育员的举止是保育员与婴幼儿交往中的人体信号，会在日常生活中的各个环节对婴幼儿产生潜移默化的影响。（   ）
20. 保育员和家长从不同的角度对婴幼儿进行教育，目标也是不一样的。（   ）

21. 保育员肩负着保育的职责，不负责教育工作。（   ）

22. 不同年龄的婴幼儿有不同阶段的发展特点，了解是建立在关爱的基础上的。（   ）

23. 早期的心理营养补充对婴幼儿一生将起到积极的作用，心理营养的缺乏影响着儿童的健康成长。（   ）

24. 尊重婴幼儿人格首先要做到了解婴幼儿的家庭背景。（   ）

25. 保育员是幼儿园保教队伍的重要组成部分，保育员的素质直接影响保育工作的质量。（   ）

26. 在教育实践中，保育员的工作是负责清洁、消毒、婴幼儿餐饮、睡眠、盥洗等保育工作，无须参与教育教学工作。（   ）

27. 在保育工作中，保育员要根据保育工作内容，逐项观察每个婴幼儿的日常表现，根据婴幼儿当前所处的表现快速做出判断。（   ）

28. 保育员无须时刻注意自己的仪表，着装、发型可以根据自己的喜好来安排。（   ）

29. 儿童在园所期间出现的吵闹等现象，属于正常的行为问题，保育员对此应该有正确的认识并持包容的态度。（   ）

30. 保育员要与其他保育员和教师团结合作，尽可能为同事的工作提供方便。（   ）

二、单项选择题（下列每题有4个选项，其中只有1个是正确的，请将其代号填写在横线空白处）

1. 职业行为是指人们对职业劳动的认识、评价、情感和态度等综合素养的行为反映，是职业道德、职业能力、职业素养的具体呈现，是_____达成的基础。

   A. 职业习惯   B. 职业语言
   C. 职业兴趣   D. 职业目的

2. 保育员职业能力的基本要求有：人格健全、身心健康、热爱儿童、有责任心、有一定的语言表达和_____。

   A. 组织能力、观察敏锐、身体灵活   B. 爱岗敬业
   C. 文明礼貌   D. 教学能力

3. _____要求保育活动要自然地渗透到婴幼儿的一日生活中，以保育为主，保教结合。

   A. 发展性学习   B. 渗透性学习
   C. 参与性学习   D. 观察性学习

4. _____是保育员的基本职业道德规范，是对保育员从业的根本要求。

   A. 事业心   B. 责任心
   C. 爱岗敬业   D. 爱心

5. 保育员应该具有的职业态度不包括_____。
   A. 乐观、积极的态度	B. 公正的态度
   C. 任凭自己的感觉行事	D. 有职业责任和职业荣誉感的态度

6. 保育员的行为规范不包括_____。
   A. 表情	B. 动作
   C. 行为习惯	D. 着装

7. 关于保育员与家长沟通时应注意的问题，下列描述不正确的是_____。
   A. 尊重家长，善于听取家长的意见
   B. 平等对待每一位家长
   C. 热情服务，对家长进行育儿指导
   D. 多与家境好的婴幼儿家长沟通孩子的在园情况

8. 保育员职业行为规范分为言语规范、_____和操作规范。
   A. 基本言语规范	B. 家长沟通言语规范
   C. 行为规范	D. 同伴交往言语规范

9. 保育员在与婴幼儿交谈时应该使用_____。
   A. 专业语言	B. 成人语气
   C. 普通话	D. 方言

10. _____语言是保育员一天中使用频率最多的语言。
    A. 饮食照护	B. 卫生照护
    C. 睡眠照护	D. 盥洗照护

11. _____是保育员日常生活管理中的基本内容之一，包含洗手、刷牙、漱口、洗脸、洗脚、洗头、洗澡等习惯与能力的培养。
    A. 盥洗照护	B. 卫生照护
    C. 睡眠照护	D. 饮食照护

12. 婴幼儿在做某项事情遇到困难时，保育员不该说_____。
    A. 别着急，我们来想想办法，一定会有解决的方法
    B. 这都不会，你真笨
    C. 再试试看是否可以
    D. 有不会的，请老师或同学帮忙

13. "着装大方得体、不留长指甲、不涂有颜色的指甲油。"描述的是保育员_____规范。
    A. 卫生照护行为	B. 进餐照护行为

C. 衣服着装　　　　　　　　　　D. 盥洗照护行为

14. "按时、按物进行室内、地面、物品消毒、通风，分发饭菜前必须做好桌面消毒工作和个人手部的清洁消毒工作。"以上描述的是保育员_____规范。

    A. 卫生照护行为　　　　　　　B. 进餐照护行为
    C. 衣服着装　　　　　　　　　D. 盥洗照护行为

15. 关于进餐照护，下列做法不正确的是_____。

    A. 进餐时不与婴幼儿嬉戏打闹　　B. 按需喂养
    C. 进餐时不训斥婴幼儿　　　　　D. 逼迫婴幼儿进餐

16. 不符合保育员与家长沟通行为规范的是_____。

    A. 不卑不亢　　　　　　　　　B. 参加家长个人宴请
    C. 有礼有节　　　　　　　　　D. 不收取家长任何物品

17. 保育员应把_____完美地结合起来，以身作则，行为示范。

    A. 知识与能力　　　　　　　　B. 态度与能力
    C. 言传与身教　　　　　　　　D. 动机与行为

18. 在婴幼儿犯错误时保育员不能_____孩子。

    A. 讽刺　　　　　　　　　　　B. 指导
    C. 放过　　　　　　　　　　　D. 鼓励

19. 保育员对待每位家长必须一视同仁，_____，这也是教育公正的要求之一。

    A. 教育好每位家长　　　　　　B. 与其建立诚挚平等的关系
    C. 满足家长的要求　　　　　　D. 做好家长工作

20. 保育员要使学前儿童有机会_____自己对生活的理解和认识。

    A. 通过参与活动表达　　　　　B. 用唱歌、跳舞、美术等方式表达
    C. 自由地表达　　　　　　　　D. 用绘画和手工的方式表达

21. 保育员应充分认识到婴幼儿与自己在_____是平等的。

    A. 人际关系上　　　　　　　　B. 人格上
    C. 精神上　　　　　　　　　　D. 待遇上

参考答案及说明

一、判断题

1. √　2. ×　3. √　4. ×　5. ×　6. √　7. ×　8. √　9. √　10. √
11. ×　12. ×　13. √　14. ×　15. √　16. √　17. ×　18. √　19. √　20. ×

21. ×   22. ×   23. √   24. ×   25. √   26. ×   27. √   28. ×   29. √   30. √

【说明】

2. × 保育员工作不再是传统意义上简单地打扫卫生、盛盛饭菜。

4. × 保育员既要做好保育工作，又要学习必需的法律法规。

5. × 很多不了解保育工作的人认为，做一名保育员，只要做好保洁工作即可，教育是教师的事情。这是对保育员工作极大的误解。

7. × 保育教育的最终目的是为婴幼儿健康发展提供支持，使婴幼儿既获得当前的发展，又有利于长远发展。

11. × 保育员应使用普通话，与婴幼儿说话时应用词规范、语气柔和、语速适中、态度温和、语言生动、尽可能儿童化，少数民族地区可使用双语教学。

12. × 保育员不讲粗话、脏话和使用方言中的俚语取笑婴幼儿；忌训斥婴幼儿，当婴幼儿行为不符合保育员期待时，忌大呼小叫。

14. × 家长沟通行为规范：不卑不亢、有礼有节，不收取家长任何物品，不参加家长个人宴请。

17. × 进餐照护言语要规范，保育员要提醒婴幼儿正确认识并使用餐具，学会餐具的摆放与收取。

20. × 保育员和家长虽然从不同的角度对婴幼儿进行教育，但目标都是一样的。

21. × 保育员的工作职责除了承担班级空间的清洁消毒和婴幼儿生活照料工作，更重要的职责是引导和培养婴幼儿的生活技能，养成良好卫生习惯、生活习惯、健康管理习惯，因此保育员肩负着保育与教育的职责。

22. × 不同年龄的婴幼儿有不同的阶段发展特点，关爱是建立在了解的基础上的。

24. × 尊重婴幼儿人格首先要做到了解婴幼儿个性差异。

26. × 在保育实践中，保育员保育工作涉及面广，如清洁、消毒、婴幼儿餐饮、睡眠、盥洗、健康管理等保育工作。保育员还要配合好教师的教育教学工作。

28. × 保育员要时刻注意自己的仪表，庄重大方，着装要整洁朴素，发型要简单利落。

二、单项选择题

1. D

2. A

3. B　解析：渗透学习是指保育活动要自然地渗透到婴幼儿的一日生活中，保育为主，保教结合。

4. C

5. C　解析：保育员的职业态度应从以下三个方面规范：一是要有乐观、积极的态度；

二是要有公正的态度；三是要有职业责任和职业荣誉感的态度。

6. D 解析：保育员的举止包括坐、立、行的姿势，以及表情、动作、行为习惯等。

7. D 解析：由于家长的文化水平、道德修养、社会职业等不尽相同，保育员不能把家长分为三六九等，而应该平等公正地对待每一位家长。

8. C

9. C

10. B

11. A 解析：盥洗照护是保育员日常生活管理中的基本内容之一，包含洗手、刷牙、漱口、洗脸、洗脚、洗头、洗澡等习惯与能力的培养。

12. B 解析：保育员对待婴幼儿做某项事情遇到困难时的用语是："别着急，我们来想想办法，一定会有解决的方法。""再试试看是否可以？有不会的，请老师或同学帮忙。"

13. C 解析：保育员着装规范：着装大方得体，不留长指甲，不涂有颜色的指甲油，不佩戴尖利饰物，不化浓妆、不涂抹有浓烈气味的香水，上班时间不穿高跟鞋、不披长发。

14. A 解析：保育员卫生照护行为规范：按时、按物进行室内、地面、物品消毒、通风，分发饭菜前必须做好桌面消毒工作和个人手部的清洁消毒工作，分发饭菜时必须穿工作装、佩戴口罩。

15. D 解析：保育员进餐照护行为规范：不逼迫婴幼儿进餐、按需喂养，不在进餐时训斥婴幼儿。

16. B 解析：保育员与家长沟通行为规范：不卑不亢、有礼有节，不收取家长任何物品，不参加家长个人宴请。

17. C

18. A 解析：保育员应不讲粗话、脏话和使用方言中的俚语取笑婴幼儿；忌训斥婴幼儿，当婴幼儿行为不符合保育员期待时，忌大呼小叫。

19. B 解析：平等对待每一位家长。由于家长的文化水平、道德修养、社会职业等不尽相同，保育员不能把家长分为三六九等，而应该平等公正地对待每一位家长。

20. C

21. B 解析：尊重必须首先认识到婴幼儿之间在人格和法律地位上是平等的，不以相貌、家庭的社会经济地位做比较。充分认识婴幼儿之间的平等性是做到尊重儿童的基本前提。

职业模块二　婴幼儿生理基础知识

考 核 要 点

考核范围	考核要点	重要程度
运动系统	1. 运动系统组成	了解
	2. 运动系统特点	掌握
呼吸系统	1. 呼吸系统组成	了解
	2. 呼吸系统特点	掌握
循环系统	1. 循环系统组成	了解
	2. 循环系统特点	掌握
消化系统	1. 消化系统组成	了解
	2. 消化系统特点	掌握
泌尿生殖系统	1. 泌尿系统和生殖系统组成	了解
	2. 泌尿系统和生殖系统特点	掌握
内分泌系统	1. 内分泌系统的组成	了解
	2. 内分泌系统的特点	掌握
神经系统	1. 神经系统的组成	了解
	2. 神经系统的活动方式	掌握
	3. 神经系统的特点	掌握
感觉器官	1. 感觉器官的组成	掌握
	2. 感觉器官的特点	掌握
皮肤	1. 皮肤的组成	了解
	2. 皮肤的生理特点	掌握
免疫系统	1. 免疫系统的组成	掌握
	2. 免疫系统的特点	掌握

重点复习提示

一、运动系统

1. 运动系统的组成

运动系统包括骨、骨连接和骨骼肌三个部分。运动系统是人们从事劳动和运动的主要器官,有维持形体、支撑体重、执行动作和保护内部器官等作用。

2. 运动系统的特点

(1) 骨。人体的每块骨都由骨质、骨髓和骨膜等结构组成,其中骨膜内含有丰富的神经和血管,对骨的营养和生长有重要作用。骨的化学成分分为有机质(主要是骨胶原蛋白)和无机质(主要是磷酸钙、碳酸钙、氯化钙等)。

1) 颅骨。新生儿颅骨没有发育完全,颅顶各骨之间留有间隙,由结缔组织膜所封闭,称颅囟,其有前囟和后囟之分。婴幼儿前囟一般在出生后12~18个月时闭合,后囟一般在出生后6~8周闭合,最晚在出生后2~4个月闭合。

2) 胸骨。胸骨是位于胸前正中的扁骨,分为胸骨柄、胸骨体及剑突三个部分。婴幼儿胸骨骨骺未完全闭合,三个部分之间连接不牢固,易受呼吸道疾病、维生素D缺乏等原因影响形成畸形。

3) 脊柱。婴幼儿的脊柱从侧面看没有成人特有的弯度,几乎是直的,或仅稍向后突出。婴幼儿脊柱的生理弯曲是随着其运动发育逐渐形成的。婴儿开始抬头(出生后2~3个月),则出现颈椎前突;开始会坐(出生后6~7个月),形成胸椎后突;练习行走时,形成腰椎前突。颈曲、胸曲在7岁时发育完全,腰曲在性成熟期才完全固定。

4) 锁骨。锁骨位于胸廓前上部两侧,呈"~"形弯曲,锁骨内侧2/3凸向前、外侧1/3凸向后。

5) 肩胛骨。肩胛骨为三角形扁骨,位于背部外上方,第2~第7肋骨之间,有两面、三缘和三角。

6) 肱骨。肱骨上端与肩胛骨形成肩关节,下端与桡骨和尺骨形成肘关节,为上肢最粗壮的骨,分为肱骨体及上下两端。婴幼儿若不慎跌倒,容易造成肱骨髁上骨折。

7) 手骨。手骨包括腕骨、掌骨和指骨。婴幼儿期,手骨未完全钙化。新生儿腕骨全部为软骨,随着年龄增长,骨化中心依次出现,分别为头状骨、钩骨、三角骨、月骨、大多角骨、小多角骨、舟骨、豌豆骨。

8) 髋骨。髋骨由髂骨、坐骨和耻骨组成。在儿童时期,髋骨未完全骨化,容易在外力作用下发生移位。6岁以前，男女骨盆无明显差异，随着年龄增长，至成年时女性骨盆比男性宽。

（2）骨连接。骨与骨之间的连接装置称为骨连接。依据连接的不同方式，可分为直接连接和间接连接。直接连接分为纤维连接、软骨连接和骨性结合。间接连接又称滑膜关节，简称关节。关节狭义上是指间接连接，广义上是指骨连接。关节是骨连接的主要方式。

1）关节。关节主要结构包括关节面、关节囊和关节腔；辅助结构包括韧带、关节盘、关节半月板和关节唇。婴幼儿关节运动幅度大，关节窝浅，关节囊、韧带较松弛，关节牢固性差，易发生脱臼。

2）足弓。足弓为跗骨和跖骨借韧带和肌肉的牵拉，形成的一个向上凸的弓。足弓具有强性，在跳跃和行走时能缓冲震荡，保护血管、神经免受压迫。婴幼儿足弓骨化尚未完成，足底肌肉、肌腱和韧带发育不完善，韧带缺乏主动收缩力，运动不适时会导致足弓塌陷，形成扁平足。

（3）骨骼肌。全身的骨骼肌根据所在部位不同，可分为躯干肌、头颈肌、上肢肌和下肢肌。婴幼儿肌纤维较细，肌肉中所含水分较多，蛋白质、脂肪及无机盐较少，肌肉力量和能量储备较差，易出现疲劳。

1）躯干肌。躯干肌可分为背肌、胸肌、腹肌、膈肌和会阴肌。婴儿出生时完全依靠膈肌运动进行呼吸，随着年龄增长，逐渐发展为胸式呼吸。腹肌包括腹直肌、腹外斜肌、腹内斜肌和腹横肌等。膈肌与腹肌同时收缩，增加腹压，可协助排便、呕吐及分娩等活动。

2）头颈肌。头颈肌包括头肌和颈肌。头肌可分为面肌和咀嚼肌，颈肌可分为颈浅肌群（胸锁乳突肌）、颈中肌群（舌骨上肌和舌骨下肌）和颈深肌群（前斜角肌、中斜角肌和后斜角肌）。乳儿咀嚼肌肌纤维较长，腱成分较短，肌的大小和位置与吸吮动作相一致，即咀嚼肌做下颌闭合、前后移动的吸吮动作。胸锁乳突肌纤维化引起挛缩与变短，可引起婴幼儿斜颈。

3）上肢肌和下肢肌。上肢肌根据所在部位可分为肩肌、上臂肌、前臂肌和手肌。肩肌具有稳定和运动肩关节的作用；上臂肌分为屈肌和伸肌；前臂肌主要作用于肘关节、腕关节和手关节。下肢肌主要功能是维持人体直立姿势、支持体重和行走。

二、呼吸系统

1. 呼吸系统的组成

呼吸系统是完成呼吸过程的主要器官，由呼吸道和肺组成，呼吸道包括上呼吸道和下呼吸道。上呼吸道包括鼻、咽、喉，下呼吸道包括气管和支气管。其中，鼻也是嗅觉气管，喉也是发音气管，肺是气体交换的场所。

2. 呼吸系统的特点

（1）呼吸道

1）上呼吸道

①鼻。鼻是嗅觉器官，是呼吸道的起始部分，包括外鼻、鼻腔和鼻旁窦。婴幼儿的鼻腔较成人短，无鼻毛，后鼻腔血管丰富，黏膜娇嫩，易发生感染，出现黏膜充血肿胀，鼻腔阻塞，进而发生呼吸困难等症状。

鼻中隔的前下方，有动脉血管丛，称为黎氏区，该处黏膜非常薄，是鼻出血的好发部位。出血时，保育员可用手指按压其两侧鼻翼根部，一般 5~10 min 可止血。

②咽。咽是呼吸系统和消化系统的共同通道，上起自颅底，下至第 6 颈椎体下缘高度、与食管相连。咽部分为鼻咽、口咽和喉咽三个部分。口咽中的腭扁桃体是淋巴器官，具有防御功能，感染后易发生扁桃体炎。

③喉。喉既是呼吸道，又是发音器官，主要由喉软骨和喉肌构成，位于颈前部正中。声带位于喉腔，是喉部的发音器官。婴幼儿声带短而薄，不够坚韧，声门肌娇嫩，易于疲劳及充血肿胀，应加强保护，避免出现声音嘶哑。婴幼儿喉腔狭窄，喉水肿时易引起喉阻塞，出现呼吸困难。

2）下呼吸道。气管是连接喉和肺之间的管道，上端平第 6 颈椎下缘，下至第 4、第 5 胸椎之间，分为左、右主支气管。婴幼儿气管与支气管管腔较成人狭窄，软骨柔软，肌肉发育不完善，缺乏弹性组织，纤毛摆动差，不能很好地驱除有害物质，易引起感染，导致呼吸道狭窄，出现呼吸困难。

（2）肺。肺是呼吸系统中最重要的器官，位于胸腔内，形态近似圆锥状，具有一尖、一底、两面、三缘。肺泡是肺进行气体交换的场所，新生儿肺泡数约 2 500 万个，而成人则平均达 3 亿个（2 亿~6 亿个）。肺泡的发育可在 2 岁以前完成，之后主要是肺泡面积的增加，8 岁时肺泡面积为 32 mm^2，成年时为 75 mm^2。

如果发现 2 个月以下婴儿呼吸频率≥60 次/分，2~12 个月婴儿呼吸频率≥50 次/分，1~5 岁婴幼儿呼吸频率≥40 次/分时，需要提高警惕，及时就医。除呼吸急促外，若婴幼儿出现"三凹征"，即锁骨上窝、胸骨上窝和肋间隙出现凹陷，并伴鼻翼翕动、口唇发绀等，则提示婴幼儿存在呼吸困难，属于危急情况，严重时可出现呼吸衰竭，甚至窒息。

三、循环系统

1. 循环系统的组成

循环系统是连续而封闭的管道系统，包括血液循环和淋巴循环两个部分。血液循环由心脏和血管组成，其功能是为机体输送营养和排泄废物，保证机体新陈代谢的正常进行。淋巴循环能够维持机体内环境的稳定，参与免疫应答和防御功能。

2. 循环系统的特点

（1）血液循环系统

1）心脏。心脏是中空的肌性器官，是连接动脉、静脉的枢纽，是血液循环的动力器官。心脏分为四腔，即右心房、右心室、左心房和左心室。胎儿时期右心房有卵圆孔，出生后5~7个月此孔闭合，若出生后1年仍未闭合，则成为一种先天性心脏病，即卵圆孔闭锁不全。一般来说，年龄越小，新陈代谢越快，心率也越快。

2）血管。血管是血液流过的一系列管道，分为动脉、静脉和毛细血管。动脉起自心脏，不断分支，最后形成毛细血管，毛细血管再会合形成静脉，最后返回至心脏。全身血管为封闭式管道，血液在血管中周而复始、循环往复地流动。

血压的高低取决于心排出量和外周血管阻力。一般来说，年龄越小，血压越低。儿童时期正常收缩压（mmHg）=［年龄（岁）×2］+80，舒张压为收缩压的2/3。

（2）淋巴循环系统。淋巴系统由淋巴管道、淋巴器官和淋巴组织组成。

1）淋巴结。淋巴结为大小不一的圆形或椭圆形小体，遍布全身。正常浅表淋巴结很小，不易触及，直径为2~5 mm，表面光滑、柔软、活动度可，无压痛。淋巴结是身体的免疫防御器官，是最先与外来抗原相遇发生免疫应答的场所。

在婴幼儿时期，淋巴结发育不完善，屏障作用差，感染易于扩散。局部轻微感染，就可使淋巴结肿大，甚至化脓。随着年龄增长，淋巴结抵抗能力增强，并具有吞噬功能，故年长儿不易出现淋巴结炎化脓扩散。

2）扁桃体。扁桃体位于消化道和呼吸道的交会处，是经常接触抗原引起局部免疫应答的部位。根据分布部位，可分为腭扁桃体、咽扁桃体和舌扁桃体。一般说的扁桃体，是指肉眼可见的腭扁桃体。

腭扁桃体是一对呈扁卵圆形的淋巴器官，位于扁桃体窝内，1岁末逐渐增大，4~10岁时发育达到最高峰，这也是咽峡炎高发的时间。扁桃体可以产生淋巴细胞和抗体，具有免疫防御功能，能有效预防上、下呼吸道疾病。婴幼儿时期免疫系统发育不完全，各种免疫功能尚不健全，对各种病原、细菌具有易感性，易出现扁桃体肿大及化脓。

咽扁桃体又称腺样体，位于鼻咽部，不借助工具是不可见的。出生时即存在，逐渐长大，6~7岁时达最大，之后开始萎缩，10岁以后完全退化。6岁以下婴幼儿，腺样体肥大多为生理性肥大，故不宜过早切除腺样体，以免影响其发挥免疫功能。

腺样体肥大常并发鼻炎、鼻窦炎，出现鼻塞、流涕、张口呼吸、睡眠打鼾等症状。长期张口呼吸，可影响婴幼儿面骨发育，出现上颌骨狭长、腭弓高拱变窄、牙齿外突、唇厚、鼻唇沟变窄等，加上精神萎靡、表情呆滞，则称为"腺样体面容"。

舌扁桃体位于舌根部,呈颗粒状,大小因人而异,含有丰富的黏液腺。

3) 脾。脾是人体内最大的淋巴器官,位于左上腹,与第9~第11肋相对,呈椭圆形,为暗红色,质软而脆,受暴击后易破裂。脾脏主要功能为造血、储血、滤血、参与免疫反应等。

四、消化系统

1. 消化系统的组成

消化系统是将摄取的食物进行物理性和化学性消化,吸收营养物质,并将食物残渣排出体外的系统,由消化管和消化腺组成。消化管是从口腔到肛门的形态各异的弯曲管道,包括口腔、咽、食管、胃、小肠、大肠等。消化腺是分泌消化液的腺体,包括肝、胰、唾液腺等大消化腺和唇腺、食管腺、胃腺等小消化腺。

2. 消化系统的特点

(1) 消化管

1) 口腔。口腔是消化道的起始端,包括唇、舌、颊、牙齿、大唾液腺等。口腔内主要的器官是牙齿和舌。

①牙齿。牙齿是人体最坚硬的器官,可分为牙冠、牙颈和牙根三个部分。婴幼儿乳牙的牙釉质薄,牙本质松脆,牙髓腔较大,容易出现龋齿。人一生有两副牙齿,即乳牙(20颗)和恒牙(32颗)。2岁以内乳牙颗数可用以下公式计算:乳牙数=月龄−4(或6)。

②舌。舌位于口腔底,是可随意运动的器官,有协助咀嚼、吞咽、辅助发音和感受味觉等功能。

③唾液腺。口腔唾液腺分为大唾液腺和小唾液腺。大唾液腺即腮腺、下颌下腺和舌下腺;小唾液腺主要是指黏膜下小腺体,如唇腺、颊腺等。初生婴儿唾液分泌相对较少,至5个月以后唾液明显增加,由于婴儿口腔深度不够,且处于牙齿萌出状态,无法控制唾液分泌,会出现流涎现象,此为生理性流涎。当婴幼儿学会调节口内唾液量及牙齿萌出后,口腔深度逐渐增加,流涎现象就会消失。

2) 食管。食管是一条前后扁平的肌性管道,连接咽喉至胃部,是消化管中最窄的部分。由于婴幼儿食道短而窄、黏膜娇嫩、管壁薄、弹性差,故易受损伤。

3) 胃。胃上连食管,下接十二指肠,是消化管中最膨大的部分,具有容纳食物、分泌胃液和消化食物等功能。婴幼儿的胃大多呈水平位,3岁以后逐渐接近成人。新生儿胃容量为30~35 mL,而成年人胃容量为1 200~1 600 mL,为出生时的50倍左右。婴幼儿胃黏膜血管丰富,胃壁较薄,分泌胃液较成年人少,故消化能力较弱。

4) 肠道。肠道是指从胃幽门至肛门之间的消化管道。其长度有很大的个体差异,新生儿肠管总长约为身长的8倍,婴幼儿约为6倍,而成年人为4~5倍。

根据功能不同,肠道分为小肠和大肠。小肠又分为十二指肠、空肠和回肠,是食物消化和吸收的主要场所。大肠又可分为盲肠、阑尾、结肠、直肠和肛管,主要功能是吸收水分、维生素和无机盐,将食物残渣形成粪便,排出体外。婴幼儿肠管相对成人较长,肠壁肌层薄,管壁宽,肠黏膜富含血管和淋巴管,肠壁绒毛与成人基本相等,因此婴幼儿肠壁吸收能力强。但其肠壁肌肉及弹性纤维发育不完善,肠蠕动差,易发生肠道功能紊乱。由于婴幼儿结肠壁薄,升结肠、直肠与腹后壁的固定性较差,易发生肠套叠和脱肛。

(2) 消化腺

1) 肝脏。肝脏是人体中最大的消化腺,质软而脆,易受外力打击而破裂出血。肝脏具有分泌和排泄胆汁、参与物质代谢及生物转化作用。正常成人肝糖原储存量约为150 g,6~8 h轻劳动量可消耗大部分肝糖原,而婴幼儿肝糖原储存相对较少,故易因饥饿发生低血糖。

2) 胰腺。胰腺位于腹膜后第1、第2腰椎水平处,是人体第二大消化腺,由内分泌部和外分泌部组成。内分泌部分泌胰岛素,主要负责调节糖代谢;外分泌部分泌胰腺液,参与蛋白质、脂肪和碳水化合物代谢。

五、泌尿生殖系统

1. 泌尿系统和生殖系统的组成

泌尿系统是排泄机体代谢产物的器官,由肾、输尿管、膀胱及尿道组成。

生殖系统分为男性生殖器和女性生殖器,是繁殖后代、延续种族和保持第二性征的器官,它们均包括内生殖器和外生殖器。

2. 泌尿生殖系统的特点

(1) 泌尿系统

1) 肾脏。肾脏位于腹后壁、脊柱的两旁。肾的位置因性别、年龄等因素而不同,女性比男性低,儿童比成人低。肾脏的主要功能是排泄体内代谢产物,调节水和电解质平衡,维持内环境稳定,并具有内分泌功能,如分泌肾素、前列腺素等。

2) 膀胱。膀胱是储尿器官,其形状、大小、位置和壁的厚度与尿液的充盈程度、年龄及性别等有关。婴幼儿膀胱容量小,新陈代谢旺盛,故排尿次数多。1岁时每日排尿15~16次,学龄前期和学龄期每日6~7次。随年龄增长,排尿机制由脑干—大脑皮层完成,主要由膀胱逼尿肌控制排尿。至3岁时,婴幼儿可控制排尿;若3岁以后,不能控制膀胱逼尿肌收缩,则会出现遗尿及尿失禁表现。婴幼儿的每日排尿量与成人不同,若新生儿尿量少于1.0 mL/(kg·h),为少尿;若少于0.5 mL/(kg·h),为无尿。每日尿量婴幼儿少于

200 mL，学龄前儿童少于 300 mL，学龄儿童少于 400 mL，为少尿；尿量少于 50 mL，为无尿。

3）尿道。女性尿道短而直，长 3~5 cm，尿道内口起自膀胱，外口开口于阴道前庭，位于阴蒂与阴道口之间。尿道与外界相通，且尿道短而直，易引起尿路感染。

（2）生殖系统

1）睾丸。睾丸位于阴囊内，左右各一枚，是产生精子和分泌性激素的器官。

2）阴茎。阴茎由两条阴茎海绵体和一条尿道海绵体组成，外包深、浅筋膜和皮肤。婴幼儿包皮较长，包裹整个阴茎头，包皮口较小。随着年龄增长，包皮口逐渐增大，阴茎头显露在外。

3）卵巢与子宫。卵巢为成对的实质性器官，位于盆腔内，是产生卵子和分泌激素的器官。子宫是产生月经和孕育胎儿的肌性器官，其形态、结构、大小、位置与年龄、月经和妊娠相关。成年未孕女性子宫呈前后稍扁、倒置的梨形，位于骨盆的中央、膀胱与直肠之间。

六、内分泌系统

1. 内分泌系统的组成

内分泌系统是机体的调节系统，与神经系统相辅相成，共同维持机体内环境的平衡与稳定，调节机体的生长发育和各种代谢活动，调控生殖并影响人的各种行为。内分泌系统由内分泌腺和内分泌组织组成。内分泌腺包括垂体、甲状腺、甲状旁腺、肾上腺、胸腺和松果体等。内分泌组织是分散在其他器官内的内分泌细胞团块，如卵巢内的卵泡和黄体、胰腺内的胰岛等。

2. 内分泌系统的特点

（1）甲状腺。甲状腺位于颈部气管前下方，即第 2~第 4 气管软骨环前面，分左、右两叶和峡部。若婴幼儿甲状腺功能低下，可导致克汀病（呆小症），表现为智力低下，生长发育迟缓等。若婴幼儿甲状腺功能亢进，可导致突眼性甲状腺肿，表现为脾气急躁、好动、易饥饿、多汗等。

（2）脑垂体。脑垂体位于颅底蝶鞍的垂体窝内，分为腺垂体和神经垂体两部分。腺垂体是分泌生长激素、促甲状腺激素、促肾上腺皮质激素、促性腺激素、催乳素等多种激素的场所。若生长激素分泌过少，儿童会出现身材矮小、牙齿萌出延迟、骨龄落后等表现，但不影响智力发育。若生长激素分泌过多，儿童及青少年会出现"巨人症"。

（3）下丘脑。下丘脑位于脑部，即第三脑室的周围和底部，含有多种神经内分泌细胞，合成和释放生长激素释放激素、生长抑素、促甲状腺素释放激素、促肾上腺激素释放激素、促性腺激素释放激素等多种激素。

七、神经系统

1. 神经系统的组成

神经系统由脑、脊髓以及与其相连的脑神经和脊神经组成,在机体中处于主导地位,可分为中枢神经系统和周围神经系统。中枢神经系统包括脑和脊髓,周围神经系统包括12对脑神经和31对脊神经。

2. 神经系统的活动方式

神经系统的基本活动方式为反射,反射的结构基础是反射弧,反射弧由感受器、传入神经、中枢、传出神经和效应器构成。反射可分为非条件反射和条件反射。非条件反射是出生时即有、终身存在的反射,由脑干部低级中枢控制,如角膜反射、吞咽反射、瞳孔对光反射等;条件反射是通过后天学习和训练形成的反射,是大脑皮层参与的高级神经活动,具有短暂性的特点。条件反射是建立在非条件反射的基础上形成的。

3. 神经系统的特点

(1) 解剖特点

1) 脑和脑神经

①脑。脑位于颅腔内,由端脑(大脑)、间脑、中脑、脑桥、延髓和小脑6个部分组成,其中中脑、脑桥、延髓合称为脑干。端脑又称大脑,外形上由左、右大脑半球构成。大脑半球表面凹凸不平,有许多弯弯曲曲的沟(凹)和回(凸);内部结构为灰质和白质。灰质又称大脑皮质,是高级神经活动的物质基础。

②脑神经。脑神经共12对,分别为嗅神经、视神经、动眼神经、滑车神经、三叉神经、外展神经、面神经、前庭蜗神经、舌咽神经、迷走神经、副神经和舌下神经。(记忆:一嗅二视三动眼,四滑五叉六外展,七面八庭九舌咽,迷副舌下十二全)。

2) 脊髓和脊神经。脊髓位于椎管内,外包被膜。脊髓具有传导和反射功能,是低级神经中枢,可完成一些简单的反射活动,如腹壁反射、提睾反射等浅反射和肱二头肌反射、肱三头肌反射、膝跳反射等深反射,以及排尿反射、排汗反射等内脏反射。

(2) 生理特点。婴幼儿生长发育过程中,其神经系统发育最早而且迅速,在胎儿期神经系统已基本发育完成。出生后,大脑皮层的神经细胞数目不再增加,之后的变化主要是神经细胞体积的增大、树突的增多、髓鞘的形成等。婴幼儿脑实质生长较快。

婴幼儿神经传导系统是从胎儿第7个月开始形成的,出生时神经纤维数目少,髓鞘形成不完善。在5岁前大脑皮层兴奋强于抑制,至7~14岁时抑制功能逐渐完善,故5岁前的婴幼儿好动,控制能力差,注意力不集中,易疲劳。

八、感觉器官

1. 感觉器官的组成

感觉器官是感受器及其附属结构的总称，而感受器是机体接受内、外环境各种刺激的结构。感受器简繁不一，如痛觉感受器、触觉感受器、压力感受器等属于结构简单的感受器，而视器、听器等为结构复杂的感受器，具有完善的感受装置和复杂的附属结构，属于特殊感受器，即感觉器官。

2. 感觉器官的特点

（1）视觉器官——眼。眼由眼球和眼副器共同构成。眼球的功能是接受光刺激，并将其转变为神经冲动，经视神经传入大脑视觉中枢，产生视觉。眼副器是指眼睑、结膜、泪器、眼球外肌等结构，对眼球起支持、保护和运动作用。

眼球为视器的主要部分，由眼球壁和眼球内容物组成。眼球壁由外向内由眼球纤维膜、眼球血管膜和视网膜三层膜组成。眼球内容物包括房水、晶状体和玻璃体。这些结构均透明而无血管，具有屈光作用，与角膜共同组成眼的屈光装置。

人类双眼视觉发育的关键期为生后 6 个月，8 个月至 3 岁时发育最快，一直延续到 6 岁左右。1 岁前是婴幼儿视觉发育的黄金时期，3~6 岁是婴幼儿视觉发育干预的黄金时期。

（2）听觉器官——耳。耳包括外耳、中耳和内耳三个部分。外耳与中耳是收集和传导声波的装置，内耳含有听觉和位觉感受器，接受声音和位觉刺激。

九、皮肤

1. 皮肤的组成

皮肤由表皮和真皮组成，并具有毛发、汗腺、皮脂腺、指甲等皮肤附属器。皮肤具有赋形、保护、调节体温、感觉、分泌与排泄、吸收、代谢和免疫等功能。

2. 皮肤的生理特点

（1）保护功能。婴幼儿皮肤发育不完善，防御功能差，对外界刺激抵抗力弱，易感染和受伤。

（2）体温调节功能。人体热量的 75%~85% 经皮肤发散。婴幼儿皮肤角质层薄，血管丰富，血液循环旺盛，故单位面积的血流量较大，易于散热。婴幼儿汗腺发育不完善，神经调节功能不健全，因此，体温调节功能较差。当婴幼儿处于过冷或过热的环境中时，易着凉或受热。

（3）感觉功能。皮肤内含有丰富的感觉神经末梢，是人体最大的感受器，不仅对寒、热、触、痛刺激敏感，还可以鉴别粗糙、细腻、光滑、柔软、坚硬等刺激。婴幼儿神经系统发育不完善，皮肤中的各种神经末梢不发达，感觉功能较弱。

（4）分泌与排泄功能。皮肤的分泌与排泄功能主要依靠汗腺来完成。

（5）吸收功能。皮肤可通过角质层、毛囊、皮脂腺和汗管口吸收外界物质。这种吸收外界物质的能力，称为经皮吸收。婴幼儿皮肤角质层薄，血管丰富，对于皮肤表面的物质有较强的吸收和透过能力。

（6）免疫功能。皮肤是机体免疫系统的第一道防线，可以防止外界有害物质入侵，保持机体内环境的稳定。体表上皮细胞的正常脱落与更新，可清除大量黏附于皮肤上的细菌。皮脂腺分泌的脂肪酸、汗液中的乳酸具有杀菌作用，汗液的酸性可抑制细菌的繁殖。

十、免疫系统

1. 免疫系统的组成

免疫是机体对"自己"或"非己"的识别和排除"非己"的功能。免疫系统是机体执行免疫应答和免疫功能的组织系统，由免疫器官、免疫细胞和免疫分子组成。

2. 免疫系统的特点

婴儿出生时免疫器官和免疫细胞已发育成熟，因未曾接触过抗原，所以尚未建立免疫记忆反应。婴幼儿皮肤角质层薄嫩，易受损伤，防御功能差，对外界刺激的抵抗力弱，因此损伤后易出现继发感染。

理论知识辅导练习题

一、判断题（下列判断正确的请在括号中打"√"，错误的请在括号内打"×"）

1. 发育是指身体各个组织器官以及全身的大小、长短和重量的增加与变化，是机体在量的方面的变化，是能够观测到的。（　　）

2. 婴幼儿关节的特点是灵活性和柔软性显著高于成人，活动范围也大得多，因而引起脱臼的可能性较成人来说更不容易。（　　）

3. 婴幼儿肺的弹力组织发育较好，血管丰富，但整个肺脏含气少而含血多，肺泡数量较少，故易于感染且炎症也易蔓延。（　　）

4. 婴幼儿的呼吸浅而快，年龄越小呼吸越快。（　　）

5. 婴幼儿期脊柱生理弯曲已经形成，并完全定型。（　　）

6. 婴幼儿乳牙的牙釉质薄，牙本质松脆，牙髓腔较小，易发生龋齿。（　　）

7. 为了保护婴幼儿的呼吸道，要选择适合其音域特点的歌曲和朗读材料，唱歌、朗读的场所空气要清新，避免尘土飞扬，温度、湿度要合适，中间适当休息。（　　）

8. 经常锻炼可以加强婴幼儿心肌的收缩能力，使每次心跳可以搏出更多的血液，从而增强心脏的功能。（　　）

9. 婴幼儿的颅骨骨化尚未完成。（　　）

10. 新生儿的脊柱由软骨组成，几乎是直的。（　　）

11. 婴幼儿的骨骼肌发育特点要求保育员在安排婴幼儿一日生活的内容时要动静交替，避免让婴幼儿长时间保持相同的姿势，注意让婴幼儿适时休息，以免造成过度疲劳。
（　　）

12. 保育员要让婴幼儿在运动前做好准备活动，剧烈运动后不宜马上喝大量开水，以免增加淋巴系统的负担。（　　）

13. 婴幼儿喉部淋巴组织丰富，易患扁桃体炎。（　　）

14. 婴幼儿的血管比成人短，血流量大，供氧充足。（　　）

15. 婴幼儿基膜纤维的感受力比成人强，所以其听觉较成人敏锐，对噪声也就更敏感，若长期处于噪声环境中，将使婴幼儿烦躁不安、听觉迟钝。（　　）

16. 内分泌系统由内分泌腺和内分泌组织组成。（　　）

17. 脑垂体分泌含碘的甲状腺激素，受下丘脑和垂体的调控，其主要作用是促进机体的新陈代谢和生长发育。（　　）

18. 若生长激素分泌过多，对于成年人，会出现巨人症；而对于儿童及青少年，则会出现肢端肥大症。（　　）

19. 神经系统由脑、脊髓以及与其相连的脑神经和脊神经组成，在机体中处于主导地位，可分为中枢神经系统和周围神经系统。（　　）

20. 神经纤维由轴突和包裹在外面的神经胶质细胞构成，其主要功能是传导冲动。
（　　）

21. 非条件反射是建立在条件反射的基础上形成的。（　　）

22. 非条件反射是出生时即有、终身存在的反射，由脑干部低级中枢控制。（　　）

23. 虹膜具有颜色，其颜色与所含色素细胞数量无关。（　　）

24. 视远物时，睫状肌收缩，睫状小带松弛，晶状体因本身弹性变凸，曲度增大，屈光力增强，使物像清晰聚焦于视网膜上。（　　）

25. 脊髓具有传导和反射功能，是低级神经中枢，可完成一些简单的反射活动。
（　　）

26. 若晶状体混浊，影响视力，则称为"老花眼"。（　　）

27. 由于体温调节功能较强，当婴幼儿处于过冷或过热的环境中时，易着凉或受热。
（　　）

28. 皮肤的分泌与排泄功能主要依靠汗腺来完成。（　　）
29. 皮肤中的巨噬细胞对突破表皮屏障的病原微生物具有吞噬、杀菌的作用。（　　）
30. 中枢免疫器官是免疫细胞产生、发育、分化的场所，包括胸腺和骨髓。（　　）

二、单项选择题（下列每题有4个选项，其中只有1个是正确的，请将其代号填写在横线空白处）

1. 婴儿的前囟门闭合大都在出生后_____个月。
   A. 3~6   B. 6~12
   C. 12~18   D. 18~24

2. 到_____左右，幼儿的乳牙出齐。
   A. 2岁   B. 2岁半
   C. 3岁   D. 3岁半

3. 食物通过消化管的运动和消化液的作用，被分解为可吸收成分的过程称为_____。
   A. 消化   B. 利用
   C. 吸收   D. 循环

4. 人体最重要的内分泌器官是_____。
   A. 甲状腺   B. 胰腺
   C. 垂体   D. 肾上腺

5. 气体交换的场所是_____。
   A. 气管   B. 支气管
   C. 肺   D. 喉

6. 身体一定区域的感染往往表现为_____。
   A. 淋巴结肿大   B. 贫血
   C. 动脉硬化   D. 血压低

7. 消化系统的组成部分包括消化道和_____。
   A. 消化液   B. 消化腺
   C. 消化酶   D. 消化管

8. 根据婴幼儿泌尿系统的特点，保育员要让婴幼儿喝足够的水，其目的是_____。
   A. 培养定时排尿习惯   B. 减少上行性感染
   C. 防止憋尿   D. 补充水分

9. 婴儿的胃呈水平位，_____括约肌不够发达，吸吮时易吸入空气，因此，婴儿容易发生溢乳现象。
   A. 贲门   B. 幽门

C. 胃大弯　　　　　　　　　　D. 胃小弯

10. 运动系统主要帮助人们从事运动和_____。

　　A. 活动　　　　　　　　　　B. 锻炼

　　C. 劳动　　　　　　　　　　D. 竞技

11. 婴幼儿呼吸的主要方式是_____。

　　A. 胸式呼吸　　　　　　　　B. 腹式呼吸

　　C. 喉式呼吸　　　　　　　　D. 咽式呼吸

12. 新生儿每分钟的呼吸次数为_____次。

　　A. 40～50　　　　　　　　　B. 30～40

　　C. 25～30　　　　　　　　　D. 20～25

13. 人体腕骨全部钙化要到_____岁。

　　A. 10～13　　　　　　　　　B. 13～16

　　C. 16～19　　　　　　　　　D. 19～22

14. 个体的颈曲、胸曲是在_____岁时固定下来的。

　　A. 5　　　　　　　　　　　　B. 6

　　C. 7　　　　　　　　　　　　D. 8

15. 婴幼儿在下列消化系统的功能中较成人为强的是_____。

　　A. 胃的消化功能　　　　　　B. 肠的吸收功能

　　C. 肝的解毒功能　　　　　　D. 胰腺的分泌功能

16. 内分泌腺包括垂体、甲状腺、甲状旁腺、_____、胸腺和松果体等。

　　A. 卵泡　　　　　　　　　　B. 胰腺

　　C. 肾上腺　　　　　　　　　D. 黄体

17. 若婴幼儿甲状腺功能低下，可导致_____。

　　A. 呆小症　　　　　　　　　B. 突眼性甲状腺肿

　　C. 巨人症　　　　　　　　　D. 肢端肥大症

18. 周围神经系统包括_____对脑神经和31对脊神经。

　　A. 10　　　　　　　　　　　B. 11

　　C. 12　　　　　　　　　　　D. 13

19. 神经胶质又称神经胶质细胞，对神经细胞不具有_____的功能。

　　A. 支持　　　　　　　　　　B. 传导

　　C. 营养　　　　　　　　　　D. 保护、修复

20. 有髓神经纤维比无髓神经纤维传导速度_____。

A. 快 B. 慢
C. 一样 D. 无法比较

21. 反射的结构基础是反射弧，其由感受器、_____、中枢、传出神经和效应器构成。

A. 脊髓神经 B. 无髓神经
C. 传入神经 D. 脊髓

22. 婴儿在出生后_____个月原始反射逐渐消失，标志着中枢神经系统发育分化的完成。

A. 1~2 B. 3~4
C. 2~6 D. 4~7

23. 端脑又称_____，外形由左、右大脑半球构成。

A. 间脑 B. 中脑
C. 脑桥 D. 大脑

24. _____婴幼儿好动，控制能力差，注意力不集中，易疲劳。

A. 4 岁前 B. 5 岁前
C. 6 岁前 D. 7 岁前

25. 婴幼儿脑的耗氧量占全身总耗氧量的_____。

A. 30% B. 40%
C. 50% D. 60%

26. 眼球内容物包括房水、晶状体和_____。

A. 虹膜 B. 角膜
C. 瞳孔 D. 玻璃体

27. _____岁前是婴幼儿视觉发育的黄金时期。

A. 4 B. 3
C. 2 D. 1

28. _____岁是婴幼儿视觉发育干预的黄金时期。

A. 1~2 B. 2~3
C. 3~6 D. 4~5

29. 3~5 岁婴幼儿上呼吸道感染次数每年_____次以上称为反复呼吸道感染。

A. 7 B. 6
C. 5 D. 4

30. 皮肤是机体免疫系统的_____防线，可以防止外界有害物质入侵，保持机体内环境的稳定。

A. 第一道　　　　　　　　B. 第二道
C. 第三道　　　　　　　　D. 第四道

参考答案及说明

一、判断题

1. ×　2. ×　3. ×　4. √　5. ×　6. ×　7. ×　8. √　9. √　10. √
11. √　12. ×　13. ×　14. ×　15. √　16. √　17. ×　18. ×　19. √　20. √
21. ×　22. √　23. ×　24. ×　25. √　26. ×　27. ×　28. √　29. √　30. √

【说明】

1. ×　生长是指身体各个组织器官以及全身的大小、长短和重量的增加与变化，是机体在量的方面的变化，是能够观测到的。

2. ×　婴幼儿关节的特点是灵活性和柔软性显著高于成人，活动范围也大得多，引起脱臼的可能性较成人来说更大。

3. ×　婴幼儿肺的弹力组织发育较差，血管丰富，整个肺脏含气少而含血多，肺泡数量较少，故易于感染且炎症也易蔓延。

5. ×　婴幼儿期，脊柱生理弯曲正在逐渐形成，还未完全定型。

6. ×　婴幼儿乳牙的牙釉质薄，牙本质松脆，牙髓腔较大，易发生龋齿。

7. ×　为了保护婴幼儿的声带，要选择适合其音域特点的歌曲和朗读材料，唱歌、朗读的场所空气要清新，避免尘土飞扬，温度、湿度要合适，中间适当休息。

12. ×　保育员要让婴幼儿在运动前做好准备活动，剧烈运动后不宜马上喝大量开水，以免增加心脏的负担。

13. ×　婴幼儿咽部淋巴组织丰富，易患扁桃体炎。

14. ×　婴幼儿的毛细血管丰富，血流量大，供氧充足。

17. ×　甲状腺分泌含碘的甲状腺激素，受下丘脑和垂体的调控，其主要作用是促进机体的新陈代谢和生长发育。

18. ×　若生长激素分泌过多，对于成年人，会出现肢端肥大症；而对于儿童及青少年，则会出现巨人症。

21. ×　条件反射是建立在非条件反射的基础上形成的。

23. ×　虹膜具有颜色，其颜色与所含色素细胞数量有关。

24. ×　视近物时，睫状肌收缩，睫状小带松弛，晶状体因本身弹性变凸，曲度增大，屈光力增强，使物像清晰聚焦于视网膜上。

26. × 若晶状体混浊，影响视力，则称为"白内障"。

27. × 由于体温调节功能较差，当婴幼儿处于过冷或过热的环境中时，易着凉或受热。

二、单项选择题

1. C

2. B

3. A

4. C

5. C

6. A

7. B

8. B

9. A

10. C

11. B

12. A

13. A

14. C

15. B 解析：婴幼儿的肠管相对较长，肠黏膜上有丰富的血管和淋巴管，肠壁薄，管径宽，肠壁上绒毛数几乎和成人相等，所以，婴幼儿肠道的吸收能力较强。

16. C 解析：内分泌腺包括垂体、甲状腺、甲状旁腺、肾上腺、胸腺和松果体等。

17. A 解析：若婴幼儿甲状腺功能低下，可导致"克汀病（呆小症）"，表现为智力低下，生长发育迟缓等。

18. C

19. B 解析：神经胶质又称神经胶质细胞，没有传导冲动的功能，但对神经细胞具有支持、营养、保护、修复和绝缘的功能。

20. A

21. C 解析：神经系统的基本活动方式为反射，反射的结构基础是反射弧，其由感受器、传入神经、中枢、传出神经和效应器构成。

22. C 解析：婴儿在出生后2~6个月原始反射逐渐消失，标志着中枢神经系统发育分化的完成。

23. D

24. B

25. C
26. D
27. D
28. C
29. B
30. A

职业模块三　婴幼儿卫生保健知识

考 核 要 点

考核范围	考核要点	重要程度
婴幼儿运动系统的卫生保健	1. 坐、立、行及睡眠的正确姿势	掌握
	2. 婴幼儿体育锻炼的组织	掌握
	3. 供给充足的营养	熟悉
	4. 安全与保护	掌握
	5. 着装要求	熟悉
婴幼儿呼吸系统的卫生保健	1. 培养良好的呼吸卫生习惯	掌握
	2. 保持空气新鲜、流通的方法	掌握
婴幼儿循环系统的卫生保健	1. 合理营养	掌握
	2. 一日生活的合理安排	熟悉
	3. 安全保护	掌握
婴幼儿消化系统的卫生保健	1. 口腔卫生	掌握
	2. 进餐要求	掌握
	3. 合理膳食	掌握
	4. 定时排便	掌握
	5. 做好各项卫生工作	掌握
婴幼儿泌尿系统、生殖系统、内分泌系统的卫生保健	1. 泌尿系统的保健措施	熟悉
	2. 生殖系统的保健措施	熟悉
	3. 内分泌系统的保健措施	熟悉
婴幼儿神经系统的卫生保健	1. 生活制度合理	熟悉
	2. 营造良好的生活环境	掌握
	3. 教育活动的组织	掌握
婴幼儿皮肤、免疫系统的卫生保健	1. 皮肤的保健措施	熟悉
	2. 免疫系统的保健措施	熟悉
婴幼儿感觉器官的卫生保健	1. 眼的保健措施	熟悉
	2. 听觉器官的保健措施	熟悉
	3. 嗅觉、味觉、触觉的保健措施	掌握

重点复习提示

一、婴幼儿运动系统的卫生保健

1. 坐、立、行及睡眠的正确姿势

（1）坐姿。身体坐直，靠近椅背；胸部脊柱不要向前弯；脚自然地放在地面上，小腿跟大腿呈直角；两肩一样高。

（2）站姿。抬头看前方，伸展腰背，两肩自然呈一条直线，胸稍前挺，微收腹，两眼平视前方，不耸肩，两臂自然下垂，足跟靠拢，足间夹角为45°。

（3）走姿。走路时目光平视前方，头正颈直，挺胸收腹，两臂自然下垂，前后自然摆动。两脚有节奏地交替向前迈进，步伐要轻盈，预防驼背、外八字、内八字。

（4）睡姿。以仰卧位、右侧卧位为佳，不宜睡软床、沙发。

2. 婴幼儿体育锻炼的组织

根据婴幼儿年龄特点，科学安排运动时间、内容和运动量，活动中注意动静交替，并组织婴幼儿经常参与适宜性的户外锻炼，增强机体抵抗力，促进新陈代谢，预防佝偻病。

3. 供给充足的营养

为了确保婴幼儿骨骼和肌肉的健康发育，要合理供给婴幼儿牛奶、鸡蛋、瘦肉、豆腐、蔬菜、水果等食物，确保营养素的足量摄入。

4. 安全与保护

（1）安排符合婴幼儿年龄特点的大小肌肉群活动，不应对婴幼儿的精细活动要求过高。同时，在活动中要注意安全教育，不宜开展拔河、长跑、长时间踢球、跳绳等剧烈运动，防止意外发生。

（2）活动中应让婴幼儿两臂交替使用，使上下肢协调活动，同时避免猛拉婴幼儿的手臂，以免脱臼。

5. 着装要求

婴幼儿衣服、鞋袜不应过小或过大，以宽松舒适为主，以免受到伤害。

二、婴幼儿呼吸系统的卫生保健

1. 培养良好的呼吸卫生习惯

（1）教育婴幼儿用鼻子呼吸，养成咳嗽、打喷嚏时用餐巾纸捂住口、鼻的好习惯；教会婴幼儿掌握正确的擤鼻涕的方法（即先轻轻捂住一侧鼻孔，擤完再擤另一侧鼻孔。擤鼻涕时不要太用力，避免导致中耳炎、泪囊炎）。

（2）养成不蒙头睡觉、不张口睡觉、不用口呼吸、不用手挖鼻孔等好习惯。

（3）在组织婴幼儿体育活动时，应注意配合动作，自然而正确地加深呼吸，使肺部充分吸进氧气，排出二氧化碳。适当利用冷空气进行锻炼，还可以增强呼吸器官对外界气温变化的适应力，提高呼吸系统的抵抗力，降低呼吸道疾病的发病率。

（4）在日常生活中，要教育婴幼儿不要把扣子、豆粒、硬币等放入口、鼻、耳里；吃饭时不要大声说笑打闹，不要用嘴咬破碎的塑料气球片，防止异物进入气管。

（5）培养婴幼儿唱歌、说话及阅读的卫生习惯，选择适合婴幼儿音域特点的歌曲和朗读材料，鼓励婴幼儿用自然、优美的声音唱歌、说话，避免高声喊叫和唱成人歌曲。唱歌场所空气应清爽、湿润，避免尘土飞扬，温度不低于 18 ℃，相对湿度为 40%~60%。

2. 保持空气新鲜、流通的方法

经常开窗通风有利于新鲜空气流通，促进人体的新陈代谢，并增强婴幼儿对外界气温变化的适应能力和抵抗力。如有雾霾或大风天气，适当调整开窗时间，不要在户外组织活动，保护婴幼儿呼吸道，避免引发呼吸道及肺部炎症。

三、婴幼儿循环系统的卫生保健

1. 合理营养

多吃含铁和蛋白质较丰富的食物，如猪肝、瘦肉、芝麻酱、蛋黄、黄豆、大枣等，同时纠正婴幼儿挑食、偏食的不良习惯，从多方面预防贫血。

2. 一日活动的合理安排

安排婴幼儿活动时，应注意动静交替、劳逸结合，避免婴幼儿长时间的精神紧张和疲劳，培养按时入睡的好习惯。让婴幼儿经常参加适宜的体育锻炼，注意运动量，促进婴幼儿心肌力量，提高心脏功能。在此过程中，需注意以下几点：

（1）针对不同体质的婴幼儿安排不同的活动，运动量不宜过大、过于剧烈，尤其对于体弱儿，活动量要适宜，应尽量组织有氧运动。

（2）在活动中若发现有个别婴幼儿有疲劳、口唇青紫、心慌气短等表现，应立即停止活动并及时就医。

（3）组织婴幼儿活动前应做准备活动，结束时应做整理运动，尤其是在剧烈运动时不可立即停止，避免影响血液回流，引发暂时性脑缺血。

（4）运动时出汗过多，不宜立即喝大量的白开水，应喝少量的淡盐水。喝一口停一会儿，再喝第二口，多次、缓慢而少量地喝，以补充机体丢失的水分，确保机体的适应性。

（5）注意安全，防止伤害事故的发生。

3. 安全保护

（1）不穿过小或过紧的衣服，穿衣以宽松舒适为主，以免影响血液循环。

（2）按时做好预防接种工作，预防传染病的发生。

四、婴幼儿消化系统的卫生保健

1. 口腔卫生

（1）培养婴幼儿进食后及时漱口的好习惯。1岁以内的婴儿每次进食后，保育员应用干净的纱布蘸温开水给婴儿擦拭牙床。1岁后的婴儿每次进食后保育员指导其用温开水漱口，喝一口鼓漱三下吐出来，连续喝三口。3岁时开始刷牙，保育员应教会幼儿正确的刷牙方法：顺着牙缝竖刷，刷上牙时从上往下，刷下牙时从下往上，里外都要刷到。早晚各刷一次，晚上刷牙尤为重要。选用儿童牙膏、牙刷，挤出黄豆大的牙膏放在牙刷中间，蘸水后放入牙齿面按顺序刷，漱口时一定要把牙膏液漱净。

（2）每半年检查一次牙齿，发现问题，及时到医院治疗。

（3）教育婴幼儿不吸吮手指、不托腮、不咬下嘴唇、不咬硬物，喝水应用茶杯，换牙时要教育他们不舔牙床，睡眠时应常变换体位，不可偏向一侧，防止牙齿排列不齐。

（4）积极防治婴幼儿鼻咽部疾病。

（5）教育婴幼儿不吃过冷、过热、过硬的食物，保护牙釉质。

（6）多到户外晒太阳，以促进牙齿更好地钙化。

2. 进餐要求

（1）给婴幼儿提供营养丰富、体积小、易消化、温热、卫生的食物，吃饭定时定量，不挑食，不暴饮暴食，不吃汤泡饭。

（2）注意进餐卫生，购买的熟食品一定要加热后再食用，不吃隔夜菜饭，禁止吃腐败变质食物。饭前便后要洗手，餐桌、地面应保持清洁。婴幼儿吃饭时，禁止保育员清扫室内卫生。

（3）饭前半小时不做剧烈运动，体育活动安排在饭后 1~1.5 h 进行。午饭后应安排婴幼儿进行 15~20 min 的散步或做轻微的活动再入睡。

（4）进餐时保持安静和愉快的情绪，不能说笑打闹。

3. 合理膳食

注意膳食中含糖类物质的摄入量。尤其是早餐一定要食用含糖类食物，如淀粉类、水果类食物，以预防低血糖。

4. 定时排便

在喂过奶、吃过饭后让婴儿坐盆，可养成定时排便的好习惯。如经常抑制便意，直肠对粪便的压力刺激就会越来越不敏感，易导致便秘。

5. 做好各项卫生工作

注意个人卫生、饮食卫生和环境卫生。

五、婴幼儿泌尿系统、生殖系统、内分泌系统的卫生保健

1. 泌尿系统的保健措施

（1）少量多次饮水，养成良好的排尿习惯。

（2）每晚睡前清洁外阴部，盆和毛巾专人专用，定时消毒。教育婴幼儿不席地而坐，1岁后应穿整裆裤。

（3）3岁以上的幼儿应学会自己擦屁股，从前往后擦（把卫生纸折成4层以上，擦一次折一下，再擦再折，直至擦净为止，将纸放进纸篓里）。

（4）纠正个别婴幼儿玩弄生殖器的行为。

（5）在一日生活中若发现婴幼儿不停地要求上厕所，应引起保教老师的高度关注，以及时发现尿道炎、膀胱炎。

（6）如尿色发黄，一般见于内热，应鼓励婴幼儿多喝水，促进排尿。

2. 生殖系统的保健措施

（1）供给绿色有机食品，勿滥用保健食品，防止性早熟。

（2）教育婴幼儿学会保护自己的生殖器官。

（3）适时对婴幼儿进行适宜的、科学的性别教育。

（4）帮助婴幼儿早穿整裆裤。

3. 内分泌系统的保健措施

（1）提供科学的营养和适宜的户外锻炼，促进身体健康发育。

（2）保证充足的睡眠，促进生长激素的正常分泌。

（3）多食海产品，避免缺碘，预防呆小症。

六、婴幼儿神经系统的卫生保健

1. 生活制度合理

（1）提供充足的营养（如蛋白质、葡萄糖、脂类、矿物质等），促进神经系统更好地发育。

（2）经常开窗通风，保持室内空气新鲜。经常组织婴幼儿到户外锻炼，呼吸新鲜空气。午睡前应开窗通风半小时，温度适宜，风和日丽的天气可开窗睡眠。

（3）根据不同年龄段婴幼儿特点，设计安排一日活动时间和内容，让全体婴幼儿按时

活动、休息、就餐,确保足够的睡眠时间。

2. 营造良好的生活环境

关爱每一位婴幼儿,建立良好的师生关系,坚持正面教育,不伤害、不歧视、不体罚或变相体罚婴幼儿。指导家长学习学前教育理论知识,为孩子营造温馨的家庭氛围。

3. 教育活动的组织

根据不同年龄婴幼儿的生理特点和发展规律来安排教育教学活动,以游戏为基本活动形式,发展婴幼儿的观察力和想象力。内容应浅显易懂,积极结合教具,运用直观教学法,反复强化,以巩固所学的知识和良好的行为习惯,促进和增强婴幼儿神经系统的发育。

教学时间不宜过长,小班每天一节课,每节课 10~15 min;中班每天两节课,每节 20~25 min;大班每天两节课,每节 25~30 min,在第二学期(五一国际劳动节后)可适当延长 5 min。

七、婴幼儿皮肤、免疫系统的卫生保健

1. 皮肤的保健措施

(1)用冷水洗脸、热水洗脚、温水刷牙。冬季每周至少要洗一次澡、洗一次头,更换内衣;夏季应增加每天洗澡和更换衣服的次数,禁止洗凉水澡。

(2)手指甲每周剪一次,剪成弧形;脚指甲两周剪一次,剪成平形。

(3)内衣应宽松舒适,勤换、勤洗,内衣一定要在阳光下晒干。为婴幼儿洗衣服的盆,尤其是洗内衣的盆应专用。婴幼儿的洗漱毛巾应专人专用,经常消毒,保持干燥。

(4)夏季最好戴易洗的浅色布帽,冬季在北方可戴保温性能强并带有耳罩的帽子,春秋季可戴布制夹帽。

(5)婴幼儿的鞋大小应适宜。冬季穿的棉鞋要稍大点,使鞋内有一定的空隙,以利于保温。夏季应穿通透性强的鞋,最好是简便无鞋带的鞋,方便安全。

(6)不戴项链、耳环等饰品,演出结束后要及时卸妆。避免接触有毒物品,使用外用药物时一定要遵医嘱。

2. 免疫系统的保健措施

(1)保证婴幼儿生活环境的卫生,减少接触病原微生物的概率。

(2)保护皮肤、黏膜等屏障的健康,充分利用身体的屏障机制。

(3)加强锻炼、合理营养以增强体质,提高身体的特异性免疫能力。

(4)积极进行预防接种,提高身体的特异性免疫能力。

八、婴幼儿感觉器官的卫生保健

1. 眼的卫生保健

(1) 教育婴幼儿不揉眼,毛巾要专人专用,经常清洗消毒,保持清洁。多食用富含维生素 A 的食物。

(2) 创设良好的采光条件,供给适宜的读物和教具,限制婴幼儿看电视、玩手机的时间。1~2 岁每次不超过 10 min;3~7 岁每次不超过 30 min,7 岁以上也不宜超过 1 h。看电视时,应该与电视机保持 2 m 左右的距离。给婴幼儿阅读的书本字迹和画面要清晰。

(3) 不让婴幼儿在阳光直射或过暗处看书,确保光源从左上角切入。

(4) 经常组织婴幼儿参加户外体育锻炼,确保充足的睡眠时间。坚持做眼保健操,预防近视。

(5) 注意安全,预防眼外伤。

(6) 3 岁前的婴儿,每半年检查一次视力;3 岁以上的幼儿,每年检查一次视力,做好预防,诊治视力异常。

(7) 给婴幼儿提供颜色鲜艳柔和的玩具、教具,促进婴幼儿色觉的发育。

2. 听觉器官的保健

(1) 保护耳朵,注意保暖,防止外耳郭冻伤,冬季注意给婴幼儿戴有护耳罩的棉帽。洗头时防止污水进入外耳道。禁止用锐利的工具给婴幼儿挖耵聍,以免损伤鼓膜和外耳道。有耵聍者应到正规医院请医务人员取出。

(2) 注意用耳卫生,正确擤鼻涕,防止中耳炎。听到噪声应捂耳、张口,防止强音震破鼓膜,影响听力。禁止使用对听力有损伤的药物,如庆大霉素、新霉素、卡那霉素等。

(3) 保护和发展听力

1) 对婴幼儿的听力进行日常监测,发现问题及早诊治。

2) 组织婴幼儿通过欣赏音乐、唱歌、打节拍等来培养婴幼儿的节奏感,丰富婴幼儿的想象力;教会婴幼儿辨别各种细微和复杂的声音,帮助婴幼儿发展听力。

3. 嗅觉、味觉、触觉的卫生保健

(1) 嗅觉。保护嗅觉,避免不良气味刺激,通过各种活动引导婴幼儿辨别各种物质所散发出来的气味,加强甄别能力。

(2) 味觉。加辅食时应逐渐增加各种适宜味道的食物,以利其不断适应;从小培养婴幼儿不挑食的好习惯。

(3) 触觉。在活动中保教人员应为婴幼儿投放多种玩具,如积木、图书、折纸等,使婴幼儿触知物体的大小、厚薄以及表面状况等,增加触觉的刺激,发展婴幼儿的触觉。

理论知识辅导练习题

一、判断题（下列判断正确的请在括号中打"√"，错误的请在括号内打"×"）

1. 对婴幼儿不正确的姿势进行纠正主要采用的方法是体罚。（   ）
2. 为保证婴幼儿睡眠舒适度，应让其多睡软床。（   ）
3. 要根据婴幼儿的年龄特点，组织体育锻炼，增强婴幼儿体质。（   ）
4. 阳光中的紫外线能促进人体形成维生素 A，预防夜盲症。（   ）
5. 为确保婴幼儿的健康发育，应为婴幼儿提供科学的营养。（   ）
6. 要提高婴幼儿大肌肉群的力量，应选择拔河、长跑等活动。（   ）
7. 婴幼儿骨骼尚未发育完成，因此不能从高处跳至坚硬的地面上，以免导致骨盆移位。（   ）
8. 婴幼儿穿鞋应保证鞋不掉落，所以要尽量穿着带鞋带的鞋。（   ）
9. 婴幼儿生长发育较快，买衣服时可选大一点的，这样可以多穿一段时间。（   ）
10. 擤鼻涕时要先轻轻捂住一侧鼻孔，擤完再擤另一侧。（   ）
11. 擤鼻涕方法不正确易导致中耳炎。（   ）
12. 吃饭时不要大声说话打闹，防止异物进入气管。（   ）
13. 唱歌能促进婴幼儿声带和肺部的发育，因此要为婴幼儿选择音域广、音律复杂的歌曲，鼓励婴幼儿多唱歌、常唱歌。（   ）
14. 在冬季较为寒冷的天气里，婴幼儿不宜在户外唱歌。（   ）
15. 为保证新鲜空气的流通，防止婴幼儿呼吸道疾病，不论天气情况如何，都应每天开窗通风，并如期举行户外活动。（   ）
16. 婴幼儿剧烈运动后出汗过多，应立即喝大量白开水，以补充水分。（   ）
17. 在体育锻炼时要注意，针对不同体质的婴幼儿要安排不同的活动，运动量要适宜。（   ）
18. 动脉硬化多是老年疾病，婴幼儿无须预防。（   ）
19. 婴幼儿吃饭的时候出现行为上的问题要立刻进行批评教育。（   ）
20. 针对 1 岁以内婴儿，母乳仍为主要营养来源，因此无须清洁口腔。（   ）
21. 婴幼儿牙齿要定期检查，每半年检查一次。（   ）
22. 为防止牙齿排列不齐，应教育婴幼儿不吸吮手指、不咬硬物。（   ）
23. 婴幼儿消化功能不完善，要多吃汤泡饭。（   ）
24. 婴幼儿午饭后要立即入睡，避免精神亢奋。（   ）

25. 因为婴幼儿处于迅速生长发育阶段，新陈代谢较快，所以在婴幼儿一日膳食中要准备大量含糖食物，确保糖分的充足供给。（　　）
26. 幼儿园应为幼儿饮水提供便利条件。（　　）
27. 给女宝宝擦屁股的顺序是从后往前。（　　）
28. 婴幼儿年龄较小，不宜进行性教育。（　　）
29. 对有尿床习惯的婴幼儿，不应责骂和讽刺，应及时帮助其消除紧张焦虑的情绪，并请医生检查治疗。（　　）
30. 为保证婴幼儿会阴部的清洁卫生，要每晚睡前给婴幼儿清洗外阴，1岁后穿整裆裤。（　　）
31. 清洗外阴的毛巾、盆等要专人专用，毛巾用后要消毒。（　　）
32. 婴幼儿处于生长发育高峰期，不论白天还是夜晚，生长激素都会均匀分泌。（　　）
33. 为确保婴幼儿碘元素的足量摄入，预防呆小症，要让婴幼儿多进食富含碘的食品。（　　）
34. 婴儿脑垂体分泌的生长激素，在清醒时分泌最旺盛。（　　）
35. 保育员要想与婴幼儿建立良好的师生关系，在与他们的交往中要始终保持尊重、接纳和支持的态度。（　　）
36. 睡眠是人恢复机体的活动能力、保证健康的重要活动之一。（　　）
37. 体罚也是一种教育手段。（　　）
38. 皮肤对人体起着保护、调节体温、感觉、代谢、吸收和排泄废物的作用。（　　）
39. 夏天天气炎热，可让婴幼儿用凉水洗澡，解暑降温。（　　）
40. 在冬季，婴幼儿应每周至少洗一次头发。（　　）
41. 婴幼儿冬季户外锻炼应该戴帽子。（　　）
42. 国家计划免疫疫苗是免费接种的，包括卡介苗、麻疹疫苗、脊髓灰质炎疫苗等。（　　）
43. 在传染病流行期间，尽量不要带婴幼儿去人多嘈杂的地方，注意生活环境的卫生。（　　）
44. 给婴幼儿洗头时，应尽量避免污水流进婴幼儿的外耳道。（　　）
45. 为了发展婴幼儿的嗅觉，应让其多闻各种气味，如烟油味、香烟味、蚊香味等。（　　）
46. 3岁以上的幼儿，每两年检查一次视力。（　　）
47. 一旦异物进入眼内，可以通过闭眼拉眼皮、翻眼皮、冲洗等方法清理异物。（　　）
48. 婴幼儿时期是视觉发育的关键时期和可塑阶段，也是预防和治疗视觉异常的最佳年

龄阶段。( )

49. 为防止外耳郭冻伤，不论冬季和夏季都要给婴幼儿戴护耳罩。( )

50. 多食用富含维生素 A 的食物，可预防干眼症和夜盲症。( )

二、单项选择题（下列每题有 4 个选项，其中只有 1 个是正确的，请将其代号填写在横线空白处）

1. 婴幼儿睡眠的正确姿势是_____。
   A. 仰卧睡   B. 跪睡
   C. 缩成一团睡   D. 蒙头睡

2. 当婴幼儿能够坚持使用正确的身体姿势时，保育员要_____，使之形成习惯。
   A. 加强日常检查和提醒   B. 及时给予表扬和鼓励
   C. 加强个别儿童的教育   D. 加强小组教育

3. 身体姿势的正确与否，_____会产生极大的影响。
   A. 对婴幼儿身体的正常生长发育 B. 对婴幼儿的行为
   C. 对婴幼儿的交友   D. 对婴幼儿的习惯

4. 晒太阳时需要特别注意保护婴幼儿的_____。
   A. 双手   B. 眼睛
   C. 双腿   D. 臀部

5. 下列活动不适宜发展婴幼儿的小肌肉群的是_____。
   A. 捏泥   B. 串珠
   C. 涂鸦   D. 做操

6. 下列活动不适宜发展婴幼儿的大肌肉群的是_____。
   A. 拍球   B. 做操
   C. 长时间踢球   D. 滑滑梯

7. 婴幼儿的着装要求是：穿_____。
   A. 小一码的鞋子   B. 宽松较大的衣服
   C. 紧身裤袜   D. 稍带后跟的鞋子

8. 培养婴幼儿良好睡眠习惯的主要内容是：培养孩子_____、快速入睡和独立入睡等。
   A. 用口呼吸   B. 正确的睡姿
   C. 开灯入睡   D. 蒙被睡觉

9. 擤鼻涕太用力容易引发_____。
   A. 中耳炎   B. 腮腺炎

  C. 鼻黏膜发炎   D. 上呼吸道感染

10. 下列选项中，不正确的睡眠姿势是_____。
  A. 不张口睡觉   B. 不用手挖鼻孔
  C. 张口睡觉   D. 不蒙被睡觉

11. 婴幼儿唱歌场所的温度不能低于_____℃。
  A. 15   B. 16
  C. 17   D. 18

12. 婴幼儿唱歌场所的相对湿度应是_____。
  A. 20%～30%   B. 30%～40%
  C. 40%～60%   D. 60%～80%

13. 关于呼吸系统的卫生保健，下列措施不正确的是_____。
  A. 保持室内空气新鲜   B. 科学组织幼儿进行体育锻炼和户外活动
  C. 让幼儿养成用鼻呼吸的习惯   D. 幼儿声带长时间练习后，韧性可增强

14. 开窗通风的好处是_____。
  A. 减少蟑螂等害虫的密度   B. 减少疾病的传播
  C. 使幼儿疲惫   D. 增加二氧化碳的量

15. 关于循环系统卫生保健，下列措施不正确的是_____。
  A. 保证营养，防止贫血
  B. 合理安排幼儿的一日活动
  C. 幼儿做完剧烈运动后，要马上停下休息
  D. 幼儿衣服应宽大舒适，以保证血液循环的畅通

16. 关于循环系统卫生保健，下列措施不正确的是_____。
  A. 增强锻炼强度，保证每个幼儿都必须完成
  B. 保证幼儿营养，防止贫血
  C. 合理安排幼儿的一日活动
  D. 衣服应宽松舒适，以保证血液循环的畅通

17. 关于循环系统卫生保健，下列描述正确的是_____。
  A. 要加强幼儿的运动量，使每个幼儿都达标
  B. 幼儿要穿紧身的衣服
  C. 为防止幼儿贫血，要让幼儿多吃肉类，少吃蛋类
  D. 合理安排幼儿的一日活动，减轻心脏的负担

18. 婴幼儿运动后，应少量补充_____。

A. 甜水 B. 果汁

C. 淡盐水 D. 咖啡

19. _____岁的幼儿可以学习刷牙。

A. 1 B. 2

C. 3 D. 4

20. 体育活动应安排在_____进行。

A. 饭前 30 min B. 饭后 30 min

C. 饭前 1 h D. 饭后 1 h

21. 合理安排饮食，辅食多样化，合理安排生活起居能够预防婴幼儿_____。

A. 营养不良 B. 多动症

C. 自闭症 D. 铅中毒

22. _____有利于婴幼儿进餐。

A. 婴幼儿吃饭时有陌生人出现

B. 催促婴幼儿加快吃饭速度

C. 餐室内安静，同时轻声播放轻松的音乐

D. 保育员聊天

23. 婴幼儿吮吸手指的后果是_____。

A. 手指畸形 B. 影响下颌发育，上下牙齿咬合畸形

C. 肠道寄生虫感染 D. 影响舌根发育

24. _____有利于胃的健康。

A. 大量吃冷饮 B. 细嚼慢咽

C. 吃汤泡饭 D. 吃得过饱

25. 关于培养婴幼儿排便习惯，下列做法正确的是_____。

A. 排完便就站起来，不在便盆上玩耍 B. 边吃边排便

C. 长时间坐盆 D. 把便盆当椅子坐

26. 擦屁股的正确方法是_____。

A. 从前向后 B. 从后向前

C. 只擦后部 D. 只擦前部

27. 当幼儿出现习惯性擦腿时，下列矫正方法不正确的是_____。

A. 寻找原因对因治疗 B. 责骂和处罚

C. 转移注意力 D. 说服教育

28. 婴幼儿大小便擦干净臀部后，保育员应立即_____。

A. 洗手 B. 擦地
C. 刷厕所 D. 给孩子穿上裤子

29. 关于泌尿系统卫生保健，下列措施不正确的是_____。
    A. 适时训练、培养婴幼儿控制排尿的能力
    B. 培养婴幼儿有尿就排的习惯
    C. 纠正个别婴幼儿玩弄生殖器的习惯
    D. 每天供给婴幼儿充足的开水

30. 关于泌尿系统卫生保健，下列措施正确的是_____。
    A. 培养婴幼儿有尿就排的习惯，不必控制排尿
    B. 每天给婴幼儿限量的开水，防止遗尿
    C. 正确擦屁股的方法是从后向前
    D. 保持幼儿会阴部的清洁卫生，预防泌尿系统感染

31. 被称为"内分泌之王"的人体器官是_____。
    A. 扁桃体 B. 脑垂体
    C. 淋巴系统 D. 血液

32. 在婴幼儿一日生活中，生长激素大量分泌的时间点是_____。
    A. 体育活动时 B. 就餐时
    C. 入睡后 D. 早晨

33. 保育员要教育孩子学会宽容，_____，学会与别人一起游戏。
    A. 发现别人的长处 B. 发现别人的缺点
    C. 学会保护自己的利益 D. 学会工作

34. 因为婴幼儿大脑皮层容易疲劳，故活动以_____为宜。
    A. 容易 B. 难度大
    C. 逻辑性强 D. 具体形象可操作

35. 小班幼儿以每天_____节课，每节课_____min 为宜。
    A. 1，10~15 B. 1，20~25
    C. 2，10~15 D. 2，20~25

36. 新生儿所需睡眠时间是_____h。
    A. 18~20 B. 14~15
    C. 12~13 D. 11~12

37. 关于神经系统的特点，下列描述不正确的是_____。
    A. 大脑功能发育不全，小脑发育晚

B. 大脑发育缓慢

C. 大脑容易兴奋，易疲劳

D. 神经髓鞘化、植物神经发育不全

38. 下列对婴幼儿皮肤卫生的描述，不正确的是_____。

   A. 不用有刺激性的化妆品和洗涤用品

   B. 手指甲每周剪一次

   C. 两周要换一次内衣

   D. 组织婴幼儿进行积极的锻炼

39. 婴幼儿盥洗的毛巾数量为_____。

   A. 每人1条   B. 2人1条

   C. 3人1条   D. 一个班2条

40. _____是预防接种工作的主要内容之一。

   A. 让婴幼儿穿干净的衣服

   B. 预防接种时让家长到幼儿园安慰孩子

   C. 通知家长预防接种的时间、接种疫苗的种类及注意事项等，取得家长的共同配合

   D. 让孩子不哭

41. _____不属于国家计划免疫疫苗。

   A. 卡介苗   B. 百白破三联疫苗

   C. 流感疫苗   D. 乙肝疫苗

42. _____不属于幼儿园经常性的疾病预防工作。

   A. 日常清洁和消毒   B. 开窗通风

   C. 打预防针   D. 全日观察

43. 关于耳的保护，下列描述不正确的是_____。

   A. 冬天应注意婴幼儿耳朵的保暖，预防耳朵生冻疮

   B. 为婴幼儿洗头时，避免污水流入外耳道

   C. 不要用锐利的工具给婴幼儿掏耵聍

   D. 宜在强声、噪声中锻炼听力

44. 为了保护视力，婴幼儿读书应该在_____进行。

   A. 明亮处   B. 夕阳下

   C. 黑暗中   D. 阳光直晒下

45. 婴幼儿读书写字时，光线应该来自身体的_____。

   A. 左侧   B. 右侧

C. 左上方 D. 右上方

46. 3岁前的婴儿，应每_____检查一次视力。
   A. 一个月 B. 半年
   C. 一年 D. 两年

47. 1~2岁婴儿每次看电视的时间不应超过_____min。
   A. 10 B. 20
   C. 30 D. 40

48. 婴幼儿看电视时应与电视机保持_____m左右的距离。
   A. 1 B. 2
   C. 3 D. 4

49. 下列不符合用眼卫生要求的是_____。
   A. 不揉眼，毛巾专人专用
   B. 看书、看电视的时间不宜过长
   C. 不在过亮过暗处看书
   D. 用眼过度机体可自愈，无须干预诊治

50. 下列不符合用耳卫生要求的是_____。
   A. 禁止用锐利工具挖耳
   B. 成人同婴幼儿说话要大声，以便让其听清楚
   C. 使用正确方法擤鼻涕
   D. 注意保暖，防止外耳郭冻伤

参考答案及说明

一、判断题

1. × 2. × 3. √ 4. × 5. √ 6. × 7. √ 8. × 9. × 10. √
11. √ 12. √ 13. × 14. √ 15. × 16. √ 17. √ 18. × 19. × 20. ×
21. √ 22. √ 23. × 24. × 25. × 26. √ 27. √ 28. × 29. √ 30. √
31. √ 32. × 33. × 34. × 35. √ 36. √ 37. × 38. √ 39. × 40. √
41. √ 42. √ 43. √ 44. √ 45. × 46. × 47. √ 48. √ 49. × 50. √

【说明】

1. × 在日常生活中应采取科学的保健措施，培养婴幼儿坐、立、行及睡眠的正确姿势，不宜进行体罚。

2. × 婴幼儿不宜睡软床、沙发，睡姿以仰卧位、右侧卧位为佳，以保证婴幼儿骨骼的正常发育，预防骨骼变形。

4. × 太阳光中的紫外线能促进人体形成维生素 D，预防佝偻症。

6. × 发展大肌肉群可以选择扔小球、拍球、走平衡木、滑滑梯、儿童军警操等活动，但不宜开展拔河、长跑、长时间踢球、跳绳等剧烈运动。

8. × 婴幼儿的鞋应尽量是无鞋带的，鞋腰松紧适度，方便易穿。

9. × 婴幼儿不应穿过小的衣服和鞋子，以免影响骨骼、肌肉的发育，但衣服和鞋子也不宜过大，以免发生意外伤害。

13. × 儿童的音域窄，不宜唱大人的歌。成人歌曲音域广、音律复杂、音程跳动大，儿童唱大人的歌，易导致声带过度紧张，呼吸不协调，影响声带正常发育。

15. × 婴幼儿气管、支气管的纤毛运动能力比较弱，净化能力差，若空气污浊，很容易发生上呼吸道炎症，甚至发生肺部炎症。如有雾霾和大风天气，不要在户外组织活动，注意保护呼吸道。

16. × 剧烈运动后不宜立即喝大量的白开水，因为大量的水分在胃里会妨碍横膈膜的运动，大量的水分被人体吸收进入血液会增加循环血量，增加心脏负担。

18. × 动脉硬化是造成中老年人脑血管及心血管疾病的主要原因，预防动脉硬化关键在于一个"早"字，所以应从婴幼儿时期开始预防。

19. × 在组织婴幼儿进餐时不能处理婴幼儿行为上的问题，应让婴幼儿安静愉快地进餐，以利增进食欲和消化吸收。

20. × 1岁以内的婴儿每次进食后，家长应用干净的纱布蘸温开水给婴儿擦拭牙床。

23. × 婴幼儿吃饭应定时定量，少吃零食，不挑食、不偏食，养成细嚼慢咽、不暴饮暴食、不吃汤泡饭的好习惯（因为汤泡饭婴幼儿嚼不烂，不易消化）。

24. × 幼儿园午饭后应安排婴幼儿进行 15~20 min 的散步或做轻微的活动再入睡。

25. × 婴幼儿膳食中要注意含糖类物质的摄入量。尤其是早餐一定要食用含糖类食物，如淀粉类、水果类食物，预防低血糖。但糖类供给也不可超量，否则容易引发婴幼儿肥胖和心血管疾病。

27. × 给女宝宝擦屁股的顺序是从前向后。

28. × 应适时对婴幼儿进行适宜的、科学的性别教育。教育婴幼儿学会保护自己的生殖器官。

32. × 睡眠是一种保护性抑制，能消除神经细胞的疲劳，减少脑组织能量的消耗，使脑细胞的重要成分（磷脂类物质）合成加速，可促进脑垂体分泌生长激素。相关医学研究证明：晚上10点至凌晨4点脑垂体分泌生长激素最旺盛。

33. ×　防止碘缺乏，应多食海产品，在缺碘地区，应及时发现和治疗呆小症。但要注意碘的摄入量也不是多多益善的。

34. ×　睡眠能促进脑垂体分泌生长激素，晚上10点至凌晨4点脑垂体分泌生长激素最旺盛。

37. ×　关爱婴幼儿，与他们建立良好的师生关系，帮助婴幼儿与同伴友好相处；坚持正面教育，不伤害其自尊心；不歧视有缺陷的婴幼儿；不体罚和变相体罚婴幼儿。

39. ×　夏季应增加洗澡和更换衣服的次数，但禁止洗凉水澡，以免发生意外。

45. ×　要保护婴幼儿的嗅觉，避免不良气味刺激，如油烟味、香烟味、农药味、蚊香味等。让婴幼儿远离这些气味，以利健康。

46. ×　3岁以上的幼儿，每年检查一次视力，发现视力问题，及时与家长沟通，建议家长及时带孩子到医院诊治。

49. ×　为防止外耳郭冻伤，冬季注意给婴幼儿戴有护耳罩的棉帽。

二、单项选择题

1. A　2. B　3. A　4. B　5. D　6. C　7. D　8. B　9. A　10. C
11. D　12. C　13. D　14. B　15. C　16. A　17. D　18. C　19. C　20. D
21. A　22. C　23. B　24. B　25. A　26. A　27. B　28. D　29. D　30. D
31. B　32. C　33. A　34. D　35. A　36. B　37. B　38. C　39. A　40. C
41. C　42. C　43. D　44. A　45. C　46. B　47. A　48. B　49. D　50. B

职业模块四　婴幼儿心理学知识

考 核 要 点

考核范围	考核要点	重要程度
婴幼儿发展的理论视角	1. 依恋理论	掌握
	2. 埃里克森自我发展理论	掌握
	3. 皮亚杰认知发展理论	掌握
0~3岁儿童心理发展	1. 感知觉的发展	掌握
	2. 注意的发展	掌握
	3. 记忆的发展	掌握
	4. 语言的发展	掌握
	5. 思维的发展	掌握
	6. 情绪的发展	掌握
	7. 社会性的发展	掌握
	8. 个性的发展	掌握
3~6岁儿童心理发展	1. 感知觉的发展	熟悉
	2. 注意力的发展	掌握
	3. 记忆的发展	掌握
	4. 想象力的发展	掌握
	5. 思维的发展	掌握
	6. 情绪情感的发展	掌握
	7. 社会性的发展	掌握
	8. 自我和个性的发展	掌握

重点复习提示

一、婴幼儿发展的理论视角

1. 依恋理论

依恋，是个体对某一特定个体长久持续的情感联系，是对此人的一种追随、依附和亲密行为以及由此带来的归属感和安全感。依恋是婴幼儿人际交往的基础。

（1）典型的依恋类型，包括安全型依恋、反抗型依恋（又称焦虑型依恋或矛盾型依恋）、回避型依恋和无定向依恋。

（2）依恋的形成有三个时期，分别为前依恋期（出生后0~2个月）、依恋关系建立期（出生后2~7个月）、依恋关系明确期（出生后7~24个月）。

父母要在这三个时期理解并读懂婴儿的互动要求，如哭、喃喃低语、微笑、吸吮等，与他们积极互动，建立稳定健康的情感联结，形成安全型依恋，使他们形成对自己和他人的信任感。

2. 埃里克森自我发展理论

自我意识对个性的发展具有重要意义。儿童情感、社会、个性等方面的发展基本是围绕着自我的发展进行的。埃里克森认为，自我的发展不仅仅是在儿童期，而是贯穿人的一生，共有八个发展阶段，每个阶段都有一个重要的心理冲突和发展任务，如果得到解决就会获得理想的发展、优良的品质，否则就会出现各种问题。根据埃里克森的自我发展理论，学前儿童自我发展的关键期分为，0~1岁：基本信任和不信任的心理冲突时期；1~3岁：自主与害羞（或怀疑）的冲突时期；3~6岁：主动对内疚的冲突时期。

3. 皮亚杰认知发展理论

（1）儿童智力发展与适应能力。皮亚杰认为儿童智力的发展反映在其适应能力方面。面对陌生的、变化的环境，儿童必须适应才能生存和发展，适应的能力就是儿童的智力水平。儿童通过顺应和同化两个过程进行适应。

1）顺应。顺应就是当儿童面临新环境时的认识和探究过程。例如，婴幼儿刚入园不会自己吃饭，保育员教他们吃饭的方法，婴幼儿通过观察、尝试，初步明白吃饭动作的过程就是顺应。

2）同化。婴幼儿要真正学会吃饭就必须不断练习，把拿勺子、筷子和送入口中等多个动作变成自己的动作系统，这一过程就是同化。同化就是把外在于自己的东西变成自己的东西。

通过顺应和同化，婴幼儿逐渐掌握了吃饭的动作。在顺应和同化的过程中，婴幼儿的认知结构和能力结构得到了发展。保育员要给予婴幼儿学习探究的机会，只有这样才能发展婴幼儿的智力，帮助婴幼儿适应环境。

（2）儿童认知能力发展的四个阶段。皮亚杰认为，个体在从出生到成熟的发展过程中表现出四个阶段：感知运动阶段（0~2岁）、前运算阶段（2~7岁）、具体运算阶段（7~11岁）及形式运算阶段（11~16岁）。学前期经历两个阶段：感知运动阶段和前运算阶段。

1）感知运动阶段（0~2岁）。这个时期的儿童主要通过动作来认识世界。他们在活动中认识，在活动中思考。

2）前运算阶段（2~7岁）。婴幼儿在感知运动阶段积累了很多经验和认识，此阶段儿童的思维是表面的，缺乏逻辑性，对事物的认识也是局部而不是全面的，很少能站在别人的立场上看问题。

二、0~3岁儿童心理发展

1. 感知觉发展

感觉就是对外部刺激的接收、感受过程，是通过感受器接收外部刺激，然后沿着传入神经到达大脑中枢引起反应的过程。知觉是对感觉信息的解释，是对感觉输入的信息赋予意义的过程。

婴儿期的感觉分为三个阶段：第一个阶段（出生后0~4个月），通过各种感觉探索接收外部刺激并促进视觉、听觉、嗅觉、味觉等感觉系统的成熟；第二个阶段（出生后5~7个月），两个或多个感觉的联合，例如，感觉与动觉的联合，婴儿通过抓握和摇动将视、听等感觉与动觉结合起来；第三个阶段（出生后8~9个月及以后），婴儿能够爬行和行走之后，活动范围扩大，空间方位知觉、距离知觉开始发展，抓握动作发展，形状知觉和大小知觉得到发展，精细动作和粗大动作的共同发展为婴儿形象思维的发展奠定了基础。

2. 注意的发展

注意是对外界事物的指向和集中，是一种心理定向能力。这种定向能力是所有认知活动的基础。

婴儿的注意行为表现为捕捉行为、搜寻行为、注视和警觉行为。婴儿注意力的特征主要体现在注视对比的敏感性、注视转换能力、注意的内容等方面。

3. 记忆的发展

思维、想象等高级心理过程都需要记忆的参与。记忆的三种基本类型是瞬时记忆、短时记忆、长时记忆。

4. 语言的发展

婴儿的语言称为儿语，儿语的发展非常复杂，表现在语音、语义、言语理解、句法获得等方面。

语音的发展需要发声和语音的获得，哭叫、咕咕叫都是语音获得的基础，在语音获得基础上进行语义的获得和言语的理解，句法的获得是从单词句开始的。

研究表明，出生后20~30个月是婴儿掌握语法和句法的关键期，3岁婴儿已经基本掌握语法的规则系统。

5. 思维的发展

思维是人们对客观事物本质特征、内在规律和相互关系的间接性、概括性反映。思维是人的高级认知能力，其目的是适应环境。

6. 情绪的发展

情绪是对外部世界是否满足其需要的反映。情绪有三个重要构成要素：体验、表情和身体唤醒。体验是人们对是否满足其需要的感受，如高兴、难过、悲哀等，表情是体验的外部表现，表现在语言表情、面部表情和体态表情上；身体唤醒表现为心跳、呼吸、血压等身体方面的变化，如怒发冲冠、心跳不止等。

7. 社会性的发展

社会性发展是指在个体发展过程中，个体在与他人关系中表现出来的观念、情感、态度和行为等随着年龄而发生的变化。婴儿的社会性发展可以分为三个阶段。

第一阶段：早期单纯社会反应阶段（出生后0~6个月）。

第二阶段：社会性感情联结建立阶段（出生后7~24个月）。

第三阶段：伙伴关系发展阶段（出生后24~36个月及以后）。

8. 个性的发展

个性又称为人格，是每个个体区别于他人的心理特征系统。个性是先天遗传与后天环境教育的产物。

从个性是每个人独特的心理特征系统而言，婴儿还没有形成个性，但已经在气质、自我等方面表现出了独特的个性差异。气质，是人们在情绪反应和行为方式上较为稳定的行为风格。自我，是主体对自己的认识、体验和调控，其中心是自我意识。"点红实验"研究表明，婴儿对自我形象的认识经历三个发展阶段：第一个阶段为游戏伙伴阶段（出生后6~10个月）；第二阶段是退缩阶段（出生后13~20个月）；第三个阶段是自我意识出现阶段（出生后20~24个月）。自我意识的出现是婴儿心理发展的重大进步，他们开始将自己与他人和周围环境区分开来，希望通过自己的努力发展自己，并在随后的发展中逐渐形成区别于他人的独特个性。

三、3~6岁儿童心理发展

根据保育员负责的年龄班进行划分，从3~4岁（小班）、4~5岁（中班）和5~6岁（大班）三个年龄阶段讨论幼儿的心理特点。

1. 感知觉的发展

（1）3岁儿童视力已经达到1.0，可以分清红、绿、黄、蓝、黑几个基本颜色，对于相近色不能区分，能辨别各种声音并学会正确发音。在知觉发展方面，能辨认上下方位；具有距离知觉；具有圆形、方形、三角形的形状知觉；能分辨物体的大小和远近；具有白天和黑夜的时间知觉。

（2）4~5岁儿童的感知觉能力进一步提高，从认识基本色到可以区分混合色，对时间的认识也从对白天黑夜的认识到对昨天、今天、明天的认识。对声音的区分度和感受力明显增强，对远距离物体的辨别力也开始发展。

（3）5~6岁儿童对颜色、形状、方位、距离、时间等方面的感知更加精确。同时，观察力有了明显的提高，他们能够有目的、有系统地观察感知事物，并能够对自己的观察进行概括。

2. 注意力的发展

（1）从无意注意向有意注意发展。3~4岁儿童无意注意力占优势，往往不自觉地注意颜色鲜艳、形象鲜明、符合自己兴趣和需要的事物。4~5岁儿童能根据成人的要求，开始进行有意注意。

（2）注意的时间逐渐延长。由于大脑皮质易兴奋不易抑制，有意注意的时间比较短。3~4岁儿童只有几分钟，5~6岁儿童能延长到十几分钟。

（3）注意的范围、稳定性、分配和转移能力随着年龄的增长而增长。

3. 记忆的发展

（1）3~4岁儿童的记忆是无意识的，也是暂时性和情绪性的。比较容易记住鲜明、生动、有趣好玩的东西，这种记忆是自然而然产生的，也容易消失。

（2）5~6岁儿童记忆的有意性有了明显的发展。

4. 想象力的发展

（1）3~4岁儿童的想象是无意识的，也难以与现实区分开来。

（2）4~5岁儿童的再造想象开始占优势，能够对已有的形象进行再造。

（3）5~6岁儿童能根据自己的想象进行加工，不完全依赖成人的指导和指示。

5. 思维的发展

（1）泛灵论。4岁以前，儿童会把所有的事物都视为有生命的事物，因为他们还不能够区别有生命和无生命的事物。4~5岁，他们会把移动着的物体认为是有生命的。

（2）具体形象性。

（3）自我中心主义。

（4）不能理顺整体和部分的关系。

6. 情绪情感的发展

（1）幼儿情绪的发展体现在情绪的丰富和深刻、情绪的社会化、自我调节能力逐渐提高、具有一定的移情能力和情绪理解能力等方面。

（2）情感比情绪发展更晚，更为稳定和深刻。道德感、义务感、爱情、幸福、仇恨、厌恶、美感等都是情感的范畴。幼儿时期的情感发展表现为：道德感和义务感进一步发展，理智感比较强烈，美感比较独特。

7. 社会性的发展

（1）交往对象和友谊对象逐渐拓展。

（2）游戏的社会化程度逐渐提高。

（3）社会性发展具有性别差异。

8. 自我和个性的发展

幼儿期自我意识的发展主要表现在自我评价、自我体验和自我控制三个方面。

（1）幼儿自我评价的发展特点，是从依赖成人的评价发展到可以进行一定的自我评价；从片面、表面性评价发展到较为全面、有深度的评价；从主观性评价发展到相对客观性评价。

（2）幼儿期自我体验大约在4周岁产生，5~6岁儿童大多数已表现出自我情绪体验。

（3）自我控制萌发的年龄是4~5岁，主要表现在坚持性和自制力上。4岁以前，儿童的坚持性和自制力较差，自我控制水平很低。到了5、6岁，自主性、独立性不断提高，独立控制活动的愿望也不断上升，学会了一些简单的自我控制策略，自我控制水平也相应提高。

0~6岁是儿童个性的初步形成阶段。此时的个性对以后个性的发展具有奠基作用。学前儿童的个性主要有如下特点：首先，幼儿已经在气质、兴趣、个性倾向性、性格方面表现出个体差异；其次，性格特征逐渐丰富且稳定。

理论知识辅导练习题

一、判断题（下列判断正确的请在括号中打"√"，错误的请在括号内打"×"）

1. 新生儿不需要有人来帮助他们生存，从而获得安全感。（   ）

2. 典型的依恋类型包括安全型、反抗型、回避型、无定向型。（   ）

3. 安全型依恋是理想的依恋类型，能让婴幼儿获得理想的归属和安全感。（   ）

4. 父母对于婴儿的互动要求，如哭、喃喃低语、微笑、吸吮等无须回应。（   ）

5. 幼儿的情感、社会、个性等方面的发展基本是围绕自我的发展进行的。（   ）

6. 在埃里克森的自我发展理论中，对于3~6岁的儿童，这个时期是从自主行为发展为主动探究，主动性是这个时期最关键的发展任务。（   ）

7. 自我意识就是人对他人和他人心理的认识。（   ）

8. 面对陌生的、变化的环境，儿童必须适应才能生存和发展，适应的能力就是儿童的智力水平。（　　）

9. 顺应过程就是儿童通过不断练习，把拿勺子、筷子和送入口中等多个动作变成自己的动作系统。（　　）

10. 皮亚杰认为，个体认知发展分为四个阶段：感知运动阶段、前运算阶段、具体运算阶段、形式运算阶段。（　　）

11. 瞬时记忆、短时记忆、长时记忆是记忆的三种基本类型。（　　）

12. 人们常把婴儿语言称为儿语。（　　）

13. 思维是人的高级认知能力，其目的是适应环境。（　　）

14. "自我中心化"和"自我中心主义"的含义是相同的。（　　）

15. 在情绪的三要素中，身体唤醒表现为语言表情、面部表情和体态表情。（　　）

16. 社会化发展是指个体在发展过程中，个体在与他人关系中表现出来的观念、情感、态度和行为等随着年龄增长而发生的变化。（　　）

17. 一个抚育困难型的幼儿如果遇到关爱而专业的母亲或保教人员，也容易向抚育型方向发展。（　　）

18. "点红实验"研究表明，当看到镜中孩子头上有一个红点马上去摸，表明婴儿意识到镜中的孩子就是自己，说明他此时已经有了自我意识。（　　）

19. 3岁儿童视力已经达到1.0，可以分清红、绿、黄、蓝、黑几个基本颜色，也能区分相近色。（　　）

20. 思维是儿童心理活动的基础。（　　）

21. 在婴幼儿注意的发展过程中，注意的时间是逐渐延长的。（　　）

22. 3~4岁儿童的想象是无意识的，也难以与现实区分开来。（　　）

23. 一个4岁男孩，认为家里的玩具都是有生命的，针对这种现象应该及时纠正。（　　）

24. 3岁以后的幼儿审美体验会逐渐社会化，受到成人的影响，会根据成人的评价而产生审美体验。（　　）

25. 小班幼儿开始关注与同伴的交往，而且能够建立友谊。（　　）

26. 女孩在同伴交往中的水平要高于男孩。（　　）

27. 幼儿期自我意识的发展主要表现在自我评价、自我体验和自我控制三个方面。（　　）

28. 注意是对外界事物的指向和集中，是一种心理定向能力。（　　）

29. 2~3岁的儿童在语言发展中处于"双语句"阶段，例如，会说妈妈亲、姐姐吃等。
（　　）

30. 依恋关系建立的时期出现在婴儿2~7个月。（　　）

二、单项选择题（下列每题有4个选项，其中只有1个是正确的，请将其代号填写在横线空白处）

1. ＿＿＿＿直接指导、调控着儿童的行为，驱动、促使着儿童去做这样或那样的行为，或者不去做某种行为。

    A. 情绪　　　　　　　　　　　B. 动机
    C. 感知觉　　　　　　　　　　D. 注意力

2. 对某些物体或某些特殊环境明知不存在对自身具有真实的危险却产生异常强烈的恐惧，伴有焦虑情绪、自主神经系统功能紊乱症状以及回避行为称为＿＿＿＿。

    A. 儿童强迫症　　　　　　　　B. 儿童恐怖症
    C. 儿童多动症　　　　　　　　D. 儿童焦虑症

3. 儿童口语明显落后于同龄儿童，到相应年龄仍不能讲完整的句子，甚至仅能讲少数单词，有的表现为讲话词不达意或构音不清称为＿＿＿＿。

    A. 语言发育迟缓　　　　　　　B. 口吃
    C. 语言落后　　　　　　　　　D. 智力落后

4. 能够精确地辨别细微的物体或远距离物体的能力称为＿＿＿＿。

    A. 触觉　　　　　　　　　　　B. 视觉感受性
    C. 触摸觉　　　　　　　　　　D. 知觉

5. 一个人比较稳定、比较经常的心理特性称为＿＿＿＿。

    A. 能力　　　　　　　　　　　B. 性格
    C. 人格　　　　　　　　　　　D. 个性

6. 关于动作和语言在婴幼儿思维发展过程中的相互关系，下列表述正确的是＿＿＿＿。

    A. 起初动作在前，语言在后　　B. 最后动作在前，语言在后
    C. 起初是动作伴随语言　　　　D. 动作和语言的顺序无所谓先后

7. 对婴幼儿进行心理发育评价时获取所需信息的一种简单而又十分普遍运用的方法是＿＿＿＿。

    A. 谈话法　　　　　　　　　　B. 问卷法
    C. 观察法　　　　　　　　　　D. 调查法

8. 导致婴幼儿多动症最主要的原因是＿＿＿＿。

    A. 遗传因素　　　　　　　　　B. 不良的教育方式

C. 非遗传因素　　　　　　　　　　D. 脑组织器质性损害

9. 婴幼儿对理解了的材料，记忆效果较好。在日常生活中，婴幼儿对儿歌的识记比不理解的诗歌效果好，这说明_____。

　　A. 婴幼儿无意记忆占优势　　　　B. 婴幼儿机械记忆效果好
　　C. 婴幼儿意义记忆效果好　　　　D. 婴幼儿词语记忆占优势

10. 在生活自理能力方面，_____岁的幼儿应能帮助家长做一些简单的家务劳动，如扫地、擦桌子、收拾碗筷等。

　　A. 2~3　　　　　　　　　　　　B. 3~4
　　C. 4~5　　　　　　　　　　　　D. 5~6

11. 婴幼儿对熟悉的物体记忆效果优于熟悉的词，而对生疏的词，记忆效果显著低于熟悉的物体和熟悉的词，这说明_____。

　　A. 婴幼儿无意记忆占优势　　　　B. 婴幼儿机械记忆效果好
　　C. 婴幼儿意义记忆效果好　　　　D. 婴幼儿形象记忆占优势

12. 新生儿已能对某些声音发生反应，但明显的听觉集中在_____个月时才能清楚地看出来，即能感受不同方位发出的声音，并把头转向声源。

　　A. 1　　　　　　　　　　　　　B. 2
　　C. 3　　　　　　　　　　　　　D. 4

13. _____认为，语言是自然赋予人类的一种本能。

　　A. 蒙台梭利　　　　　　　　　　B. 皮亚杰
　　C. 杜威　　　　　　　　　　　　D. 维果茨基

14. 利用观察法对婴幼儿心理发育状况进行评价时，一是以婴幼儿的社会适应性作为评价标准，二是以_____作为标准。

　　A. 生理状况的好坏　　　　　　　B. 道德水平的高低
　　C. 是否存在病理症状　　　　　　D. 是否有心理疾病

15. 婴幼儿与周围环境取得平衡和协调的基本心理条件是_____。

　　A. 正常的智力水平　　　　　　　B. 情绪稳定
　　C. 行为统一协调　　　　　　　　D. 性格特征良好

16. 儿童在个人要求或欲望没有得到满足，或者在某些方面受到挫折时，出现哭闹、尖叫、在地上打滚、用头撞壁、撕扯自己的头发或衣服，以及其他发泄不愉快情绪的过火行为称为_____。

　　A. 情绪失控　　　　　　　　　　B. 暴怒发作
　　C. 情感发作　　　　　　　　　　D. 行为失控

17. 根据我国学者调查，3~4岁儿童的常用词有_____多个。
    A. 1 000   B. 2 000
    C. 3 000   D. 4 000

18. 婴幼儿最早的思维是依靠感知和_____进行的。
    A. 动作   B. 语言
    C. 想象   D. 声音

19. 对头脑中已有的表象进行加工改造，重新组合成为新形象的过程称为_____。
    A. 记忆   B. 想象
    C. 思维   D. 创造

20. 学前儿童的词汇，在婴儿期发展的基础上得到进一步发展，这主要表现在_____。
    A. 词汇的数量增加   B. 词类的范围缩小
    C. 词汇的内容匮乏   D. 词汇的含义扩展

21. 下列属于幼儿记忆特点的是_____。
    A. 记忆准确   B. 语词记忆效果好
    C. 有意记忆占优势   D. 记得快忘得也快

22. 当婴幼儿出现错误行为时，保育员应_____。
    A. 首先对行为好的方面进行表扬和鼓励
    B. 首先对行为不好的方面进行批评和惩罚
    C. 顺其自然
    D. 一视同仁

23. 保育员协助教师组织婴幼儿安全有序地到户外活动时，错误的做法是_____。
    A. 教师走在队前   B. 保育员和教师一方带队即可
    C. 保育员走在队尾   D. 教师和保育员一起共同带队

24. 心理学认为，最容易被交往对象所看重的品质是_____。
    A. 尊重   B. 平等
    C. 真诚   D. 换位

25. 目前国际上广为应用的发展筛选测验是_____测验。
    A. 比纳-西蒙智力   B. 斯坦福智力
    C. DDST   D. 绘人

26. 典型的依恋类型中，反抗依恋又被称为_____。
    A. 焦虑型依恋   B. 回避型依恋

C. 无定向依恋　　　　　　　　D. 安全依恋

27. 自我发展理论的提出者是心理学家_____。

　　A. 艾宾浩斯　　　　　　　　B. 皮亚杰

　　C. 埃里克森　　　　　　　　D. 弗洛伊德

28. 情绪是对外部世界是否满足其需要的反映。它有三个重要构成要素，分别是：体验、表情和_____。

　　A. 身体唤醒　　　　　　　　B. 情感

　　C. 高兴　　　　　　　　　　D. 体态

29. 婴幼儿人际交往的基础是_____。

　　A. 依恋理论　　　　　　　　B. 埃里克森自我发展理论

　　C. 皮亚杰认知发展理论　　　D. 感知觉发展理论

30. 婴儿的社会化可分为三个时期，分别是：早期单纯社会反映阶段、社会性感情联结建立阶段、_____。

　　A. 游戏伙伴阶段　　　　　　B. 退缩阶段

　　C. 自我意识出现阶段　　　　D. 伙伴关系发展阶段

参考答案及说明

一、判断题

1. ×　2. √　3. √　4. ×　5. √　6. √　7. ×　8. √　9. ×　10. √
11. √　12. √　13. √　14. ×　15. ×　16. √　17. √　18. √　19. ×　20. ×
21. √　22. √　23. ×　24. √　25. ×　26. √　27. √　28. √　29. ×　30. √

【说明】

1. ×　新生儿降临人世，生存能力甚至不如新生的羔羊，所以需要有人来帮助他们生存，从而获得安全感。

4. ×　父母在依恋形成三个时期要理解并读懂婴儿的互动要求，与他们积极互动，建立稳定健康的情感联结，形成安全型依恋。

7. ×　自我是主体对自己的认识、体验和调控，其中心是自我意识。

9. ×　顺应，是当儿童面临新的环境时认识和探究的过程。同化，是把外在于自己的东西变成自己的东西。

14. ×　自我中心化，是没有认识到"我"的存在；自我中心主义，是知道他人也需要却努力归为己有，知道会损害他人利益却明知故犯，是自私自利的表现。

15. ×　身体唤醒表现为心跳、呼吸、血压等身体方面的变化，如怒发冲冠、心跳不止等。

19. ×　3岁儿童视力已经达到1.0，可以分清红、绿、黄、蓝、黑几个基本颜色，但不能区分相近色。

20. ×　注意是儿童心理活动的基础。

23. ×　4岁以前的儿童在思维发展中，会把所有的事物都视为有生命的东西，这是泛灵观念的体现。

25. ×　在幼儿的社会性发展中，交往对象和友谊对象是逐渐拓展的，所以小班儿童还不能建立友谊，到中班左右已经可以与小伙伴建立稳定的友好关系。

29. ×　2~3岁儿童语言发展已经开始掌握简单句和简单的语法。例如，会说"阿姨再见！""我好累啊！"

二、单项选择题

1. A	2. B	3. A	4. B	5. D	6. A	7. A	8. D	9. C	10. D
11. D	12. C	13. A	14. C	15. A	16. B	17. A	18. A	19. B	20. A
21. D	22. A	23. A	24. C	25. C	26. A	27. C	28. A	29. A	30. D

职业模块五　婴幼儿营养学知识

考 核 要 点

考核范围	考核要点	重要程度
婴幼儿的营养需要	1. 能量的作用	掌握
	2. 六大营养素的作用及食物来源	掌握
婴幼儿合理膳食	1. 6月龄内母乳喂养方法	掌握
	2. 7~24月龄辅食添加方法	掌握
	3. 3~6岁幼儿的膳食喂养方法	掌握
婴幼儿健康饮食习惯培养	1. 婴幼儿对食物的认知与接受	掌握
	2. 影响婴幼儿食物偏好的因素	掌握
	3. 健康饮食习惯的建立	掌握
	4. 倡导顺应喂养	掌握
婴幼儿营养状况的评价	1. 体格评价与测量	掌握
	2. 膳食调查	掌握
婴幼儿常见营养问题	1. 营养不良流行病学	掌握
	2. 营养缺乏与过剩	掌握
	3. 营养素缺乏	掌握
	4. 营养相关性疾病	掌握

重点复习提示

一、婴幼儿的营养需要

1. 能量的作用

能量是由食物中的碳水化合物、脂肪和蛋白质在体内代谢时释放出来的化学能。人体对于能量的需要仅次于空气和水。婴幼儿的能量消耗主要用于维持基础代谢、供给生长发育、身体活动和排泄。

2. 六大营养素的作用及食物来源

营养素是食物中维持生命、生长和正常生理功能所必需的各种有效成分。蛋白质、脂肪、碳水化合物、矿物质、维生素、水被称为六大营养素。

（1）蛋白质。蛋白质以氨基酸为基本单位构成，是一切生命活动的重要物质基础，是组成细胞和组织结构的基本材料，还是合成一些重要生物活性物质的原料。

1）生理功能

①维持机体生长、更新和修补组织。

②它是酶的主要构成，参与调节生理功能。

③它是疾病抗体的主要构成，能增强人体抗病能力。

④它是产能营养素，供给能量。

⑤提供必需氨基酸。必需氨基酸，即异亮氨酸、亮氨酸、赖氨酸、蛋氨酸、苯丙氨酸、苏氨酸、色氨酸、缬氨酸、组氨酸。这9种氨基酸人体不能合成，必须由食物供给。

2）需求与供给。婴幼儿处于生长发育阶段，对蛋白质的需要量相对高于成年人。动物蛋白的生物价优于植物蛋白，为确保婴幼儿膳食蛋白质的质量，来自动物性食物的优质蛋白质最好能占到总摄入量的一半以上。

（2）脂类。脂类包括脂肪和类脂，是人体的能量来源和储备，也是人体重要的组成成分。

1）生理功能

①储存和供给能量。

②参与构成人体组织细胞生物膜。

③保护器官及维持体温。

④吸收、转运脂溶性物质。

⑤供给人体"必需脂肪酸"。由亚油酸合成的花生四烯酸（C20：4，n-6，ARA）以及由 α-亚麻酸合成的二十二碳六烯酸（C22：6，n-3，DHA）是脑、神经组织以及视网膜中含量最高的脂肪酸，影响婴幼儿脑和视觉发育。

⑥参与激素生成。

⑦改善食物性状，给人饱腹感。

2）需求与供给。婴幼儿期生长发育速率不同，对脂类的需求也有所不同。主要来源于动物的脂肪组织和肉类以及坚果等。

（3）碳水化合物。碳水化合物也称为糖类，对人类能量供给有重要作用，分为糖、寡糖、多糖三大类。

1）生理功能

①供给人体大部分能量。1 g碳水化合物在体内可产生16.7 kJ（4 kcal）能量。成人所

需能量50%~65%由碳水化合物提供。

②参与构成人体组织，如细胞膜、骨骼、肌腱、抗体、激素等。

③节约蛋白质和抗生酮。

④促进排便和增强消化系统功能。

2）需求与供给。膳食中淀粉的主要来源是粮谷类和薯类食物。单糖和双糖的主要来源是蔗糖、糖果、甜点、水果、含糖饮料等。

（4）矿物质

1）钙。钙是人体内含量最丰富的矿物质，是构成骨骼、牙齿的主要成分。钙离子对维持细胞膜完整、发挥细胞膜正常生理功能有重要作用；神经递质释放和传导、心脏搏动和细胞调节等都需要钙的参与；钙离子对许多参与细胞代谢的酶有重要调节作用；钙也是血液凝固所必需的。长期缺钙可导致婴幼儿骨骼钙化不良，严重者出现佝偻病，并与成年期骨质疏松有关。

2）铁。铁是人体内含量最多的必需微量元素。铁缺乏可影响血红蛋白的合成，从而造成缺铁性贫血。铁还参与体内氧的运送和组织呼吸过程，调节酶活性、线粒体呼吸、核糖体生物合成等。

食物中的铁可分为血红素铁和非血红素铁，动物性食物中血红素铁的吸收率高于植物性食物中的非血红素铁。

3）锌。锌在人体内分布广泛，多以辅酶形式参与体内代谢活动，对体格生长、免疫、中枢神经系统均有重要作用。锌具有三大基本功能，即催化功能、结构功能和调节功能。

牛肉、瘦肉等富含蛋白质的动物性食物，以及牡蛎等贝类是锌的最好来源。植物性食物含锌量较低，主要存在于胚芽中。

4）碘。碘在人体内的生理功能是合成甲状腺素。甲状腺素的主要功能是参与能量代谢，促进DNA及蛋白质合成和维生素的吸收利用，活化多种重要的酶，对生物氧化和代谢有促进作用；促进神经系统发育，包括神经元的迁移和分化、神经突起的分化和发育等。碘的膳食来源主要是海鱼、海藻。全民食盐加碘可有效预防碘缺乏及碘缺乏性疾病。

（5）维生素。维生素可分为脂溶性维生素和水溶性维生素。脂溶性维生素包括维生素A、维生素D、维生素E和维生素K，水溶性维生素包括B族维生素和维生素C等。

（6）水。水是所有生命生存不可缺少的物质，是人体内含量最多的成分。年龄越小，体内含水量越多，0~6个月婴儿身体水含量可达80%。水参与人体的新陈代谢，维持体液正常渗透压及电解质平衡，调节体温以及对器官、组织等起到缓冲、润滑和保护的作用。人体摄入的水来源于饮用水以及食物。

二、婴幼儿合理膳食

1. 6月龄内母乳喂养方法

纯母乳喂养是6月龄内婴儿最佳的喂养方式。

(1) 尽早开奶,坚持新生儿第一口食物是母乳。

(2) 坚持6月龄内纯母乳喂养。

(3) 顺应喂养,建立良好的生活规律。

(4) 生后数日开始补充维生素D,无须补钙。母乳中维生素D含量低,婴儿出生后数日就应补充维生素D每天10 μg(400 IU)。

(5) 婴儿配方奶是不能进行纯母乳喂养时的无奈选择。

(6) 监测体格指标,保持健康生长。定期监测婴儿体重、身长、头围等体格生长指标,并与世界卫生组织儿童生长标准进行比较,可判断婴儿是否获得足够的营养。

2. 7~24月龄辅食添加方法

辅食是指除母乳和(或)配方奶以外的其他各种性状的食物。

(1) 继续母乳喂养,满6月龄起添加辅食。辅食添加时间一定不能早于满4月龄前,并在满6月龄后尽快添加。

(2) 从富含铁的泥糊状食物开始,逐步添加达到食物多样。辅食添加应遵循由少到多、由稀到稠、由细到粗的原则,循序渐进地增加食物种类,并逐渐过渡到半固体或固体食物。每次只添加一种新食物,并观察2~3天,注意是否有呕吐、腹泻、皮疹等不良反应,待婴儿适应一种食物后再添加其他食物。

(3) 提倡顺应喂养,鼓励但不强迫进食。在辅食喂养过程中,父母应及时感知婴儿所发出的饥饿或饱足的信号,并作出恰当的回应,达到顺应喂养的目的。尊重婴儿对食物的选择,不强迫进食,帮助婴儿逐步实现与家人一致的规律进餐模式,并学会自己吃饭。进餐时不能看电视、玩玩具,每次进餐时间不超过20 min。父母应做好榜样。

(4) 辅食不加调味品,尽量减少糖和盐的摄入。清淡口味食物有利于提高婴幼儿对不同天然食物的接受度,减少挑食的风险,降低儿童期及成人期肥胖、糖尿病、高血压、心血管疾病的风险。

(5) 注重饮食卫生和进食安全。

(6) 定期监测体格指标,追求健康生长。7~24月龄婴儿应每三个月测量一次身长、体重等,及时发现婴儿的喂养和营养问题。

3. 3~6岁幼儿的膳食喂养方法

(1) 学龄前儿童膳食接近成人。

（2）规律就餐，自主进食不挑食，培养良好饮食习惯。

（3）每天饮奶，足量饮水，正确选择零食。学龄前儿童仍应每天饮奶 300~400 mL，或相当量的奶制品。建议可将奶类作为学龄前儿童加餐食物。

学龄前儿童每天水需要量为 1 300~1 600 mL，其中一半可由食物供给，如富含水分的奶、水果、蔬菜等，另外 600~800 mL 水由饮用水供给。白开水和优质矿泉水是最佳的饮用水，尽量避免饮用含糖饮料，新鲜果汁也应控制饮用量。100%鲜榨果汁每天饮用量不超过 120 mL。

零食应选择新鲜、天然、易消化的食物，少吃油炸、膨化食品以及各种含糖饮料。

（4）食物应合理烹调，易于消化，少调料、少油炸。

（5）鼓励参与食物选择与制作，增进对食物的认知与喜爱。在保证安全的前提下，通过"食育"，鼓励儿童体验和认识各种食物的天然味道和质地，参与食物的选择和制作。注重儿童基本用餐礼仪的培养，珍惜食物、不浪费食物，适当让幼儿参与餐前、餐后餐具摆放、收拾等力所能及的工作。

（6）经常进行户外活动，保证健康生长。学龄前儿童每天至少进行 60 min 的体育活动，除睡觉外，避免让学龄前儿童有连续超过 1 h 的静止状态。每天看电视、电脑等屏幕的累计时间不超过 2 h。建议每半年测量一次身高、体重等体格生长指标，以判断儿童的生长情况以及儿童膳食营养摄入状况。

三、婴幼儿健康饮食习惯培养

1. 婴幼儿对食物的认知与接受

婴幼儿期是学习接受新食物的敏感期。辅食添加期是婴幼儿学习接受新食物最重要的阶段，婴幼儿可能会拒绝接受新的食物。在此期间，婴幼儿通过熟悉、观察、联想、分类而学习接受新的食物。如果婴幼儿有足够的机会（8~15次），并且在愉快的情况下尝试新的食物，增加熟悉度，就会很快从拒绝转变为接受。因此，反复尝试是婴幼儿学习认知食物的关键。

2. 影响婴幼儿食物偏好的因素

（1）婴幼儿自身的因素。人类有先天偏好，不同基因类型也决定着婴幼儿对食物的偏好、对苦味的敏感度等。婴幼儿越早接触蔬菜，就越容易接受不同种类的蔬菜。在满 6 月龄时引入多样化的食物，反复尝试，均有助于增加婴幼儿对健康食物的偏好。

（2）父母或照顾者的喂养习惯。

（3）社区及社会环境。

3. 健康饮食习惯的建立

6月龄内婴儿纯母乳喂养，满6月龄起在继续母乳喂养的基础上添加辅食，让婴儿逐步进食多样化食物，自主、规律进食，学习并接受健康食物，形成健康饮食习惯。让婴儿定时、定点、定量进餐，并营造出良好的进餐环境，家长做好榜样示范，鼓励婴儿自主进餐，培养就餐礼仪。

4. 倡导顺应喂养

顺应喂养是在顺应养育模式框架下发展起来的婴幼儿喂养模式。倡导父母细心观察婴幼儿的需求，解读婴幼儿以动作、表情、声音等发出的各种信号，并作出及时、有针对性、恰当的反应，从而满足婴幼儿的需求。

（1）面对面喂食，方便父母及时了解婴幼儿的需求，准确理解婴幼儿饱足或饥饿的信号，并作出有针对性的回应。

（2）进食时不看电视、不玩玩具、不逗引，尽量减少对婴幼儿注意力的干扰。

（3）鼓励婴幼儿自主进食，抓食或使用餐具进食。

（4）使用固定的小碗、盘子，有助于父母了解婴幼儿的进食量。

（5）让婴幼儿尽早加入家庭用餐，并拥有固定的座位。

（6）耐心鼓励婴幼儿多摄入食物，但不能强迫进食。

四、婴幼儿营养状况的评价

1. 体格测量与评价

（1）体格测量，包含体重测量、身长（高）测量、头围测量。

（2）体格生长评价。儿童体格生长评价，包括生长水平、生长速度以及匀称度三个方面。

1）临床婴幼儿体格生长评价流程

①体格生长指标的测量。

②使用儿童生长标准或儿童生长参照值进行评估。

③发现生长指标异常的儿童。

④生长速度与匀称度评估以及临床资料收集。

⑤给予初步的诊断。

⑥做针对性的实验室检查或转诊，以确定原因。

2）儿童体格生长评价指标，包括生长水平、生长速度和匀称度。

2. 膳食调查

（1）膳食调查方法，包括24 h膳食回顾法、膳食史法和食物频数法、称重记录法。

(2) 膳食调查结果的评价，可从两方面进行，一是将婴幼儿食物消费量与相关推荐量进行比较，二是计算出婴幼儿膳食营养素摄入量，然后与相应人群膳食营养素参考摄入量相比较。

3. 临床及实验室评估

临床体征和症状检查也是评估婴幼儿营养状况的重要手段之一。通过实验方法测定血液、尿液或粪便等标本中各种营养素及其代谢产物或其他有关化学成分，可以了解体内营养素储存、缺乏水平以及营养素的吸收利用情况。

五、婴幼儿常见营养问题

1. 婴幼儿营养不良的流行病学

营养不良是指个体摄入的能量和/或营养素的缺乏、过量以及不平衡，包括以下三类：营养缺乏，即消瘦、生长迟缓及体重不足；微量营养素相关营养不良，包括微量营养素缺乏（缺乏重要的维生素和矿物元素），或微量营养素过量；超重、肥胖以及与饮食相关的非传染性疾病（如心血管疾病、脑卒中、糖尿病和部分肿瘤）。

2. 婴幼儿营养缺乏与过剩

营养缺乏有消瘦、生长迟缓、体重不足三种情况。营养过剩表现为婴幼儿超重与肥胖。教育父母合理喂养和提供营养、合理安排生活、积极预防各种疾病、矫正先天畸形等是预防婴幼儿营养缺乏的重要手段。

3. 营养素缺乏

常见的营养素缺乏有维生素 A 缺乏、维生素 D 缺乏、铁缺乏、锌缺乏、碘缺乏。

4. 营养相关性疾病

(1) 食物过敏。食物过敏是指由食物蛋白引起的异常或过强的免疫反应，可由 IgE 或非 IgE 介导或两者混合导致。婴幼儿时期 90% 的食物过敏与牛奶、鸡蛋、大豆、小麦、花生、鱼、甲壳类动物、坚果类（腰果、胡桃、榛果）8 种食物有关。

食物过敏干预原则：回避致敏食物，对症治疗，加强教育，定期监测。

(2) 饮食行为问题。儿童饮食行为问题是指因持续性进食或与进食相关行为的干扰，导致进食量以及消化吸收改变，显著影响身体健康和社会心理功能，包括食欲缺乏、挑食、恐惧进食和喂养互动不良。儿童饮食行为问题是生长发育过程中常见问题，多见于 2~6 岁儿童。

理论知识辅导练习题

一、判断题（下列判断正确的请在括号中打"√"，错误的请在括号内打"×"）

1. 营养素是指维持和促进人体生长发育和健康所需要的营养成分。（   ）
2. 组成蛋白质的氨基酸有 20 种，都能在人体内合成。（   ）
3. 人体中的钙 99%存在于骨骼与牙齿中，其余 1%存在于血液与细胞外液中。（   ）
4. 维生素 D 可以帮助钙沉积到骨骼上。（   ）
5. 营养是人体为了满足机体生长发育、组织更新和良好健康状态等正常生理、生长和免疫功能的需要，从外界摄入、消化、吸收、代谢和利用食物中养分的生物学过程。
（   ）
6. 营养素包括蔬菜、药物两大类。（   ）
7. 食物中的营养成分不能直接被人体吸收利用。（   ）
8. 水缺乏可造成婴幼儿代谢紊乱，水电解质平衡失调。（   ）
9. 多吃含维生素 C 的食物有利于钙的吸收。（   ）
10. 膳食中的维生素 C 主要来源于新鲜的蔬菜和水果。（   ）
11. 蛋白质分为植物蛋白和动物蛋白，就生物价来看，植物蛋白优于动物蛋白。（   ）
12. 脂类是一切生命活动的重要基础，是组成细胞和组织结构的基本材料。（   ）
13. 必需脂肪酸是指人类需要但又不能自身合成，需依赖食物供给的脂肪酸，其中包括亚油酸和 α-亚麻酸。（   ）
14. 配方奶的营养比母乳全，应作为新生儿的主要喂养方式。（   ）
15. 母婴同室，新生儿饿了就喂，不必按钟点喂。（   ）
16. 初乳不是真正的乳汁，不宜喂给新生儿，应该丢掉。（   ）
17. 婴幼儿彻底断奶后才可以吃成人食物。（   ）
18. 给婴儿添加食物时要做到喜欢一种食物后再转换新食物。（   ）
19. 婴幼儿缺乏叶酸，主要表现为口唇干裂、血色素低、眼结膜发炎等。（   ）
20. 母乳中维生素 D 含量低，无法满足婴幼儿需要，需在出生后数日开始补充维生素 D。（   ）
21. 家长为婴幼儿树立良好的榜样，广泛摄食，可以培养婴幼儿喜食杂食的饮食习惯。
（   ）
22. 培养婴幼儿规律进餐的饮食习惯，一次就餐时间不超过 10 min。（   ）
23. 辅食添加遵循由少到多、由稀到稠、由细到粗的原则，循序渐进地增加食物种类，

并逐渐过渡到半固体或固体食物。( )

24. 因为母乳中铁含量有限，因此婴儿辅食应从强化铁的婴儿米粉、瘦肉、蛋黄等富含铁的食物开始。( )

25. 为了避免挑食，婴幼儿膳食应依其喜好来定，婴幼儿喜欢什么食物就吃什么食物。( )

26. 婴幼儿在进餐时经常遭受恐吓会在心理上留下痕迹，并可持续到成年期。( )

27. 保育员应按时提醒幼儿喝水，帮助幼儿学会渴了就喝、主动饮水的好习惯。( )

28. 3~6 岁幼儿的进餐时间不应超过 1 h。( )

29. 从儿童时期起就应该适当控制胆固醇的摄入量，少吃含胆固醇多的食物。( )

30. 注意饮食卫生，预防病从口入。引起疾病的细菌、病毒全是经消化道进入体内的。( )

31. 保育员为婴幼儿分发菜肴应均匀、齐全。( )

32. 为了防止发生低血糖，婴幼儿的早餐应只吃鸡蛋。( )

33. 为了制止幼儿挑食，当幼儿拒绝某些食物时，应严厉要求他吃下去。( )

34. 教养方式不当是导致儿童厌食偏食的主要原因。( )

35. 评价婴幼儿生长发育的指标主要有体重、身高、头围。( )

36. 某幼儿诉说有头晕、眼前发黑、耳鸣、容易疲劳等症状，他可能是得了佝偻病。( )

37. 婴幼儿过分饥饿或过度喂养均会出现肚子疼的症状。( )

38. 婴幼儿患缺铁性贫血，应让其多吃新鲜绿叶蔬菜和水果，增加铁摄入。( )

39. 婴幼儿经常皮下出血、牙龈出血，是由于缺乏维生素 A 所致。( )

40. 目前很多专家认为肥胖多与基因遗传无关，父母有肥胖症，其子女患肥胖的概率不一定增加。( )

41. 体内缺锌可能导致异食癖，缺铁性贫血不会导致异食癖。( )

42. 当人体缺碘时，甲状腺素合成不足，从而导致一系列障碍，如智力发育迟缓、甲状腺肿大等。( )

43. 营养性疾病是指因体内各种营养素过多引起的一类疾病。( )

44. 营养不良是由于蛋白质的摄入不足而引起的。( )

45. 为了给肥胖儿减肥，可以考虑食用减肥食品、减肥药品或者减肥饮品等，使其迅速减重，帮助肥胖儿建立信心。( )

46. 定期测量婴幼儿体格生长指标，可及时发现婴幼儿营养缺乏问题。( )

47. 海贝、牡蛎是维生素 A 的主要食物来源。( )

48. 佝偻症会对婴幼儿大脑发育造成不可逆的影响，即使治愈了，婴幼儿智力也会处于低下水平。（　　）

49. 经常腹泻、反复感染的婴幼儿容易出现锌缺乏。（　　）

50. 一旦发现婴幼儿出现食物过敏现象，应立刻停止该食物的摄入，并且永远不能再添加。（　　）

二、单项选择题（下列每题有4个选项，其中只有1个是正确的，请将其代号填写在横线空白处）

1. 在六类营养素中，可以产热的营养素有_____类。
   A. 2　　　　　　　　　　　　B. 3
   C. 4　　　　　　　　　　　　D. 5

2. 婴幼儿的能量消耗包括_____。
   A. 维持基础代谢　　　　　　　B. 供给生长发育
   C. 人体活动、排泄的消耗　　　D. 以上都是

3. 下列不属于产能营养素的是_____。
   A. 碳水化合物　　　　　　　　B. 脂肪
   C. 水　　　　　　　　　　　　D. 蛋白质

4. 下列食物中，含铁量最高的是_____。
   A. 大米　　　　　　　　　　　B. 牛奶
   C. 猪肝　　　　　　　　　　　D. 西红柿

5. 维生素C有_____功能。
   A. 抗病毒　　　　　　　　　　B. 预防坏血病
   C. 清除自由基　　　　　　　　D. 以上都是

6. 缺乏维生素A可患_____。
   A. 佝偻病　　　　　　　　　　B. 大脖子病
   C. 渐冻症　　　　　　　　　　D. 夜盲症

7. 钙缺乏可能会引起_____。
   A. 佝偻病和手足抽搐
   B. 血红细胞减少，产生贫血
   C. 矮小症、异食癖、食欲减退、伤口愈合差等
   D. 白血病、智力低下、呆傻等

8. _____是碘的主要作用。
   A. 构成人体骨骼和牙齿　　　　B. 多种酶的激活剂

C. 制造甲状腺素　　　　　　　　　D. 促进血液凝固

9. _____ 含胡萝卜素丰富。
   A. 大米　　　　　　　　　　　　B. 白菜
   C. 红薯　　　　　　　　　　　　D. 土豆

10. _____ 缺乏可造成婴幼儿代谢紊乱，水电解质平衡失调。
    A. 水　　　　　　　　　　　　　B. 维生素
    C. 蛋白质　　　　　　　　　　　D. 母乳

11. 不能被人体吸收的糖类，包括粗纤维和果胶等，总称 _____。
    A. 维生素 C　　　　　　　　　　B. 蛋白质
    C. 膳食纤维　　　　　　　　　　D. 水

12. 医学上将胎龄在 _____ 足周以前出生的活产婴儿称为早产儿。
    A. 37　　　　　　　　　　　　　B. 38
    C. 39　　　　　　　　　　　　　D. 40

13. 母乳为婴幼儿天然食品，且喂养方式最为合理，根据不同情况，可以延长母乳喂养时间，但最迟不宜超过 _____ 岁。
    A. 1　　　　　　　　　　　　　B. 2
    C. 3　　　　　　　　　　　　　D. 4

14. 母乳营养价值高的原因之一是 _____。
    A. 含饱和脂肪酸　　　　　　　　B. 钙磷比例合适
    C. 钙磷比例不合适　　　　　　　D. 不含乳糖

15. 为提高婴幼儿食欲，保育员向婴幼儿介绍食物的营养成分时应注意 _____。
    A. 浅显性　　　　　　　　　　　B. 年龄特点
    C. 直观性　　　　　　　　　　　D. 以上都是

16. 幼儿园两餐间隔时间不得少于 _____ h。
    A. 3.5　　　　　　　　　　　　B. 1
    C. 0.5　　　　　　　　　　　　D. 2.5

17. _____ 是营养素。
    A. 维持动物活动的主要物质　　　B. 维持人类生存的主要营养物质
    C. 维持植物生存的主要营养物质　D. 维持生物生存的主要营养物质

18. 在添加泥糊状食品时，要 _____。
    A. 多加些糖　　　　　　　　　　B. 多加些盐
    C. 避免食用过量的化学添加剂　　D. 脂肪适当高些

19. 辅食添加的原则是_____。
    A. 一种、多量添加　　　　　　　B. 多种、多量添加
    C. 多种、少量添加　　　　　　　D. 一种、少量、逐渐添加

20. 保育员对食欲差的体弱儿应做到_____。
    A. 逐渐增加膳食量　　　　　　　B. 不想吃就不吃
    C. 只给喝果汁　　　　　　　　　D. 只给喝奶

21. 婴幼儿食物的烹调不适合_____。
    A. 煮　　　　　　　　　　　　　B. 蒸
    C. 焖　　　　　　　　　　　　　D. 煎

22. 婴幼儿挑食的生理原因是_____。
    A. 幼儿园环境不好　　　　　　　B. 饭菜不好
    C. 体内缺锌、钙等微量元素　　　D. 运动量小

23. _____是科学膳食的要求。
    A. 食物多样化　　　　　　　　　B. 单一膳食
    C. 固定口味　　　　　　　　　　D. 偏食

24. 婴幼儿不喜欢的口味有_____。
    A. 温热　　　　　　　　　　　　B. 甜味
    C. 纯味　　　　　　　　　　　　D. 苦味

25. 婴幼儿喜欢吃_____口味的食物。
    A. 酸　　　　　　　　　　　　　B. 辣
    C. 苦　　　　　　　　　　　　　D. 甜

26. 婴幼儿反复感染疾病，其膳食应该做到_____。
    A. 多吃流食
    B. 多吃有营养的固体食物
    C. 多吃甜食
    D. 多吃有营养、易消化、流质、半流质的食物

27. 婴幼儿要摄取钙应尽量多地_____。
    A. 吃菜　　　　　　　　　　　　B. 晒太阳
    C. 吃面食　　　　　　　　　　　D. 吃炸食

28. 影响婴幼儿食物偏好的因素有_____。
    A. 婴幼儿先天的偏好　　　　　　B. 父母或照护者的喂养习惯
    C. 社区及社会环境　　　　　　　D. 以上都是

29. _____不属于婴幼儿合理膳食的要求。

A. 6 月龄内纯母乳喂养　　　　　　　B. 注意饮食卫生

C. 使用调味品增强食物口感　　　　　D. 每天饮奶，足量饮水

30. 影响儿童体格生长的最主要因素是_____。

A. 营养与环境　　　　　　　　　　　B. 环境与保健

C. 遗传与营养　　　　　　　　　　　D. 活动量与睡眠

31. 研究儿童生长发育的一个基本方法是_____。

A. 人体测量学　　　　　　　　　　　B. 心理学

C. 教具学　　　　　　　　　　　　　D. 营养学

32. 儿童体格生长评价指标包括_____。

A. 生长水平　　　　　　　　　　　　B. 生长速度

C. 匀称度　　　　　　　　　　　　　D. 以上都是

33. 为婴幼儿进行身长（高）、头围测量时，读数要精确到_____cm。

A. 0.1　　　　　　　　　　　　　　B. 0.2

C. 0.5　　　　　　　　　　　　　　D. 1

34. 婴幼儿膳食调查的常用方法有_____。

A. 24 h 膳食回顾法　　　　　　　　B. 膳食史法和食物频数法

C. 称重记录法　　　　　　　　　　　D. 以上都是

35. _____是筛查碘缺乏的常用实验室指标。

A. 血常规　　　　　　　　　　　　　B. X 光片

C. 尿碘　　　　　　　　　　　　　　D. 甲状腺功能检查

36. 佝偻病是因缺乏_____所导致的。

A. 维生素 A　　　　　　　　　　　　B. 维生素 B 族

C. 维生素 D　　　　　　　　　　　　D. 维生素 E

37. 婴幼儿贫血中最常见的是_____。

A. 再生障碍性贫血　　　　　　　　　B. 缺铁性贫血

C. 营养性巨幼红细胞贫血　　　　　　D. 白血病

38. _____的早期，以烦躁夜啼、多汗、摇头和秃枕等表现为主。

A. 佝偻病　　　　　　　　　　　　　B. 肥胖症

C. 缺铁性贫血　　　　　　　　　　　D. 流行性乙型脑炎

39. _____不属于引起喂养不足的原因。

A. 母亲心情不好　　　　　　　　　　B. 婴儿有器质性疾病

C. 婴儿喝奶的口味　　　　　　　　D. 配方奶质量存在问题

40. 肥胖对婴幼儿的危害是导致_____。

　　　A. 多动症　　　　　　　　　　　　B. 贫血

　　　C. 动脉硬化　　　　　　　　　　　D. 感冒

41. 造成婴幼儿营养不良的原因是_____。

　　　A. 急慢性感染　　　　　　　　　　B. 先天因素

　　　C. 运动量过大　　　　　　　　　　D. 没有好的进餐环境

42. 缺铁性贫血的体弱儿在餐后还应补充_____。

　　　A. 含维生素 C 丰富的酸味水果　　　B. 补铁剂

　　　C. 茶水　　　　　　　　　　　　　D. 水果

43. _____又称坏血病，是一种以多处出血为特征的疾病。

　　　A. 白血病　　　　　　　　　　　　B. 夜盲症

　　　C. 佝偻病　　　　　　　　　　　　D. 维生素 C 缺乏症

44. 婴幼儿因某些食物导致过敏反应，常出现的症状不包括_____。

　　　A. 湿疹、荨麻疹　　　　　　　　　B. 嗜睡、焦躁

　　　C. 腹泻、嗜睡　　　　　　　　　　D. 紫绀、呕吐

45. 导致婴幼儿食物过敏的主要原因是_____。

　　　A. 体内蛋白质结构变异　　　　　　B. 体内蛋白质结构缺陷

　　　C. 体内蛋白质结构变异缺陷　　　　D. 体内某种蛋白质结构变异缺陷

46. _____是目前治疗食物过敏唯一有效的方法。

　　　A. 查看病史　　　　　　　　　　　B. 过敏原检测

　　　C. 抗过敏药物治疗　　　　　　　　D. 口服食物激发试验

47. 婴幼儿若服用过大剂量的_____，就会造成中毒。

　　　A. 维生素 A　　　　　　　　　　　B. 辅食

　　　C. 零食　　　　　　　　　　　　　D. 清水

48. 造成碘缺乏和碘缺乏病的最根本原因是_____。

　　　A. 环境污染　　　　　　　　　　　B. 甲状腺功能不良

　　　C. 疾病　　　　　　　　　　　　　D. 生活环境缺碘

49. _____是消化系统过敏症状。

　　　A. 便秘　　　　　　　　　　　　　B. 腹泻

　　　C. 呼吸困难　　　　　　　　　　　D. 中耳炎

50. 含碘丰富的食物是_____。

A. 紫菜 B. 油菜
C. 水果 D. 牛肉

参考答案及说明

一、判断题

1. √ 2. × 3. √ 4. √ 5. √ 6. × 7. × 8. √ 9. × 10. √
11. × 12. × 13. √ 14. × 15. √ 16. × 17. × 18. × 19. × 20. √
21. √ 22. × 23. √ 24. √ 25. × 26. √ 27. √ 28. × 29. × 30. √
31. √ 32. × 33. × 34. √ 35. √ 36. × 37. √ 38. √ 39. √ 40. ×
41. × 42. √ 43. × 44. √ 45. √ 46. × 47. × 48. √ 49. √ 50. ×

【说明】

2. × 有9种氨基酸不能在人体内合成，或其合成的速度不能满足人体需要，而必须由每日食物供给。这9种氨基酸被称为"必需氨基酸"，即异亮氨酸、亮氨酸、赖氨酸、蛋氨酸、苯丙氨酸、苏氨酸、色氨酸、缬氨酸、组氨酸。

6. × 营养素包括蛋白质、脂肪、碳水化合物、矿物质、维生素和水。

7. × 食物中的营养素不能被完全消化吸收，部分食物未经消化吸收就被排泄到体外。排泄所消耗的能量约占总能量的10%。

9. × 维生素C是一种很强的水溶性抗氧化剂，可促进铁的吸收。

11. × 动物性蛋白优于植物性蛋白，如鸡蛋、牛奶、瘦肉等。

12. × 蛋白质是一切生命活动的重要物质基础，是组成细胞和组织结构的基本材料，还是合成一些重要生物活性物质的原料。

14. × 纯母乳喂养是6月龄内婴儿最佳的喂养方式。婴儿配方奶粉能基本满足6月龄内婴儿的营养需求，是因各种原因无法母乳喂养时的首选。

16. × 初乳能很好地满足新生儿的营养需要，又能适应其消化和代谢能力。确保新生儿第一口食物为母乳可明显降低婴儿患过敏性疾病的风险。

17. × 辅食添加，即在继续母乳喂养的基础上引入各种营养丰富的食物。

18. × 辅食添加每次只添加一种新食物，并观察2~3天，注意是否有呕吐、腹泻、皮疹等不良反应，待婴儿适应一种食物后再添加其他食物。

19. × 膳食叶酸缺乏可致婴幼儿巨幼红细胞贫血、高同型半胱氨酸血症，孕早期叶酸缺乏可引起胎儿神经管缺陷。

22. × 培养婴幼儿规律进餐的饮食习惯，一次就餐时间不超过30 min。

25. × 学龄前期是培养健康饮食习惯的关键时期，应培养良好的就餐习惯，不挑食，烹饪方法合理，正确选择零食。

28. × 3~6岁幼儿的进餐时间不应超过30 min。

32. × 低血糖主要是由碳水化合物缺乏而引起的症状，为了防止低血糖出现，早餐还应进食谷类和淀粉类食物。

33. × 营造安静温馨、轻松愉快的进餐环境，远离电视和玩具，专心进食。在用餐期间对婴幼儿出现的挑食、偏食行为，保育员应耐心提醒、循循善诱。当婴幼儿拒绝某些食物时，应鼓励尝试，但不能强迫。

36. × 佝偻病初期表现为易激惹、烦躁、多汗、摇头、枕秃等，随着疾病进展，骨钙化不良而出现骨骼改变。

39. × 维生素C缺乏易导致坏血病，表现为血管壁变薄，皮下易出血。

40. × 肥胖易受遗传影响，父母双方都超重或肥胖是父母双方都是正常体重儿童的4倍。

41. × 缺锌会影响婴幼儿食欲，严重者会形成异食癖。在患轻至中度缺铁性贫血时，婴幼儿可能有烦躁、喜食冰块、异食癖等神经系统的异常表现。

43. × 体内各种营养素过多或过少都会引起营养性疾病。

45. × 婴幼儿肥胖的干预和预防应从合理喂养和营养着手，并进行适当的运动干预。

47. × 海贝、牡蛎是锌的主要食物来源。

48. × 呆小症会对婴幼儿大脑发育造成不可逆的影响，即使治愈了，婴幼儿智力也会处于低下水平。

50. × 目前研究证实，推迟添加易过敏食物并不能减少食物过敏。故建议满6月龄起添加辅食，不盲目回避易过敏食物，而且一旦易致敏食物引入后，保持常规摄入对于维持其耐受性很重要。

二、单项选择题

1. B	2. D	3. C	4. C	5. D	6. D	7. A	8. C	9. C	10. A
11. C	12. A	13. B	14. B	15. D	16. A	17. B	18. C	19. D	20. A
21. D	22. C	23. A	24. D	25. C	26. D	27. C	28. D	29. C	30. D
31. A	32. D	33. A	34. C	35. C	36. C	37. B	38. A	39. C	40. C
41. A	42. A	43. D	44. B	45. D	46. D	47. A	48. D	49. A	50. A

职业模块六　婴幼儿发育行为知识

考核要点

考核范围	考核要点	重要程度
婴幼儿发育行为特点	1. 0~1岁婴儿发育行为特点	掌握
	2. 1~3岁婴儿发育行为特点	掌握
	3. 3~6岁幼儿发育行为特点	掌握
不良行为习惯和语言发育障碍	1. 常见不良行为习惯、行为偏异问题及常见矫正方法	掌握
	2. 语言发育障碍的特点及常见矫正方法	掌握
情绪和睡眠障碍	1. 常见情绪障碍及一般处理方法	掌握
	2. 常见睡眠障碍及一般处理方法	掌握
孤独症谱系障碍和智力发育障碍	1. 孤独症谱系障碍及一般处理方法	掌握
	2. 智力发育障碍及一般处理方法	掌握
注意缺陷多动障碍和学习障碍	1. 注意缺陷障碍及一般处理方法	掌握
	2. 学习障碍及一般处理方法	掌握

重点复习提示

一、婴幼儿发育行为特点

1. 0~1岁婴儿发育行为特点

（1）大运动发育特点。0~1岁婴儿的大运动发育包含两部分，一是一些原始反射仍存在；二是伴随着年龄的增长，出现一些姿势的发育。婴儿大运动的发育，遵循从头到脚的顺序，先会抬头，然后翻身、坐、爬、站等。

（2）精细运动发育特点。精细运动能力是指婴幼儿手以及手指等部位的小肌肉或小肌群的运动，在感知觉、注意力等心理活动的配合下完成特定任务的能力。精细动作主要包括伸手取物，手掌大把抓握较大物品，拇指与其他手指分开取一些小的物品，拇指与食指分开准确捏取一些很小的东西等。

（3）情绪发育特点。情绪是客观事物是否符合人的需要而产生的态度体验，反映客观事物与人的需要之间的关系，具有本能的、情景的、不稳定和易变性。

情绪有三个功能：首先是信号功能，情绪可以传递自己的思想和意图，通过表情来实现；其次是动机功能，具有激励作用，表现为积极增力的情绪和消极减力的情绪；最后是健康功能，情绪调控得好坏会直接影响身心健康。

情绪依据性质可分为快乐、愤怒、恐惧、悲哀等。

（4）社会性发育特点。婴儿的社会性发育主要体现在亲子依恋、同伴交往、亲社会行为和自我发展等几个方面。

2. 1~3岁婴儿发育行为特点

（1）大运动发育特点。1岁婴儿可扶着家具或被拉着走，有的会独站或独走。18~24月龄婴儿会跑和倒退走。24月龄婴儿会上下楼梯、踢球、站立、扔东西等。24~30月龄婴儿可单足站立1~2 s，原地并足跳等。30月龄婴儿独自上楼、扶墙下楼、双脚跳等。36月龄婴儿独自上下楼梯、自己转圈跑、用一只脚站立、单脚跳、踢球等。

（2）精细运动发育特点。1~3岁是婴儿手眼协调能力快速发展的时期，此期间涂鸦、挖沙、捞鱼、串珠子、玩积木、堆各种建筑、捏橡皮泥等活动会进一步加强其手眼协调能力的发展。

（3）情绪发育特点

1）情绪逐渐分化与丰富。婴儿的情绪在成长与环境的影响下逐渐分化与丰富。1岁以后，随着自我意识、交往以及认知的逐渐发展，产生了羞愧、自豪、骄傲、内疚、同情等更高级、更复杂的情感。

2）情绪的社会性参照迅速发展。婴儿情绪社会化的一个标志就是自我意识情绪的出现，主要是指根据他人对自身或自身行为的评价所产生的情绪。自我意识情绪在1岁半左右开始出现，且依赖于成人的监督与鼓励。

3）情绪的自我调节能力不断发展。1岁左右时，婴儿学会了使用意识控制和自我安慰的方式来调节自身不愉快的情绪。2岁开始，婴儿的情感表现日渐丰富、复杂，如喜、怒，初步的爱与憎等。在3岁左右，婴儿就拥有了基本情绪，根据美国斯坦福大学心理学家的分析，婴儿足足有11种基本情绪，包括对某个物体、活动和人表现出兴趣、愉快、痛苦、惊奇、悲伤、愤怒、厌恶、轻视、惧怕、害羞、内疚等。

（4）社会性发育特点

1）调整伙伴关系。在与同伴交往的过程中，婴儿逐渐开始与同伴和不熟悉的人进行交往。1~1.5岁可进行简单交往，如能模仿对方行为，进行简单"对话"，为对方拿玩具等。1.5~3岁开始互补交往，表现在婴儿之间轮流玩玩具、躲藏、追赶等。

2）亲社会行为。1~3岁的婴儿逐渐学会与人分享，表现在能与别人共享玩具，能将自己的东西借给别人。开始关心他人，慢慢理解他人的内在情感，表现在经常模仿成人的社会情绪和行为。

3）自我意识的发展。出生后12~15个月开始主体我发展阶段，能区分由自己作出的活动与他人所作出的活动。出生后15~18个月是初步客体我阶段，把自己作为客体来认识。出生后18~24个月是客体我发展阶段，已具有了用语言标示自我的能力。

3. 3~6岁幼儿发育行为特点

（1）大运动发育特点。3岁儿童会上下楼梯，并足跳远、单足跳，能在攀登架上爬上爬下，从高处跳下时能保持身体平衡。4岁儿童能沿直线走、滑滑梯、玩跷跷板，在日常生活中会自己洗脸、洗手，穿脱简单的衣服、鞋袜。5~6岁儿童跑跳自如，能连续走20~30 min的路程。

（2）精细运动发育特点。3~4岁儿童会使用一些"工具性"玩具，如用小锤子敲打小柱钉、玩泥胶、拧开瓶盖等。4~5岁儿童能穿鞋带、剪纸，能画出圆形、三角形和正方形的东西，如太阳、苹果等。5~6岁儿童能用笔学习写字、折纸、剪复杂图形，会自己穿鞋、扣扣子。

（3）社会性发育特点。3岁儿童逐步建立生活规律，学习遵循游戏规则，开始团体游戏，出现更多的合作性行为。4岁儿童会表现出"一种自负的、武断的，甚至是专横的炫耀"。5岁儿童会很自信，有自控力。6岁儿童会体验到在保持情感行为平衡方面的困难。

（4）学习能力发育特点。根据皮亚杰的认知发展理论，学龄前儿童的前运算阶段认知发育出现了符号功能或象征性功能。此阶段儿童学习能力的发育特点，表现在以下几个方面。

1）知觉。此阶段儿童能区别各种色调和明度，懂得各种颜色的名称，逐渐发展对物体的大小、轻重、粗细和软硬等属性的感知觉，有空间方位知觉。如3岁儿童能分上下方位，4岁开始辨认前后，5岁以自身为中心辨认左右方位，但不能区分他人的身体左右。儿童对时间的认知较空间方位的认知困难，但易理解人物的年龄，如可以根据人物的外貌与年龄称呼对方。4岁儿童可以理解早晨起床、晚上睡觉；4~5岁儿童逐渐认识一日内的时间顺序，如早、中午、晚；5~6岁儿童开始逐渐掌握周内时序、四季等概念。

2）想象力。3~4岁儿童想象能力发展迅速，但想象多为自由联想，内容贫乏。5~6岁儿童以有意想象为主。学龄前儿童想象活跃，贯穿于各种活动中，但想象常与现实相混淆。

3）观察力。此阶段的儿童初步形成观察事物的能力，但持续时间较短，多注意事物表面特征。随着年龄的增长，儿童观察事物的时间逐渐延长并细致化，开始发现事物间的内部联系。

4）求知欲。此阶段儿童的求知欲迅速发展，表现为好奇、好问，并持续整个儿童阶段。

5）记忆力。3~4岁儿童逐渐发展有意记忆，5岁以后能用重复、联想等简单方法帮助记忆。学龄前儿童主要是机械记忆，无意记忆的效果优于有意记忆的效果，且以无意的形象记忆为主。因此，学龄前儿童学习背诵形象有趣的儿歌、诗词，不仅能发挥想象力，还可训练记忆能力。

二、婴幼儿不良行为习惯和语言发育障碍

1. 常见不良行为习惯、行为偏异问题及常见矫正方法

（1）吸吮手指

1）吸吮手指的原因和表现。吸吮手指是指婴幼儿自主或不自主地吸吮拇指、食指等手指的行为。3岁之前的儿童吸吮手指，是探索周围世界的一种方式，也是断乳后对母乳的依恋，4~5岁时会自动矫正这种做法。如果儿童4岁、5岁了还吸吮手指，就可能存在身体或心理方面的原因。

2）吸吮手指的矫治。一般吸吮手指的行为预后良好，随着年龄的增长，此行为常自然消失。

如果学龄前期儿童仍存在难以克服的吸吮手指行为，并干扰儿童的其他活动，或引起牙齿咬合不良等问题时应视为异常，要及时加以矫治。一般采用综合治疗方法，如纠正不良喂养习惯、按时喂养，增加亲子交往，使儿童有充足时间与周围环境接触和游戏，不断丰富儿童的活动内容，切忌对其进行呵斥。在矫治的过程中，家长的态度要和蔼，让儿童在宽松的环境中，放松心情。对于顽固的难以克服者，在手指上涂苦味剂或辣味剂可有一定的效果。

（2）咬指甲

1）咬指甲的表现和原因。咬指甲主要表现为反复地用嘴咬指甲和指甲周围的皮肤，甚至是脚指甲，一些儿童因反复咬指甲而出现手指受伤或感染。该行为发生的原因，通常和心理紧张、情绪不稳定有关。

2）咬指甲的矫治。主要通过行为疗法，如厌恶疗法和习惯矫正疗法加以矫治。

（3）拔毛发癖

1）拔毛发癖的原因和表现。拔毛发癖是指儿童长期、反复、不自主地将自己的毛发拔掉的行为。最常见的是拔头发，也有拔眉毛、睫毛、胡须、腋毛、阴毛等。拔毛发癖的原因通常与心理因素和情绪障碍有关。常在精神紧张、无聊或睡觉前出现，拔除毛发后有满足或紧张减轻感。

2）拔毛发癖的矫治。拔毛发癖的治疗以行为治疗为主，如阳性强化法、厌恶疗法和习

惯矫正疗法。

（4）习惯性摩擦综合征

1）习惯性摩擦综合征的原因和表现。习惯性摩擦综合征是指儿童反复用手或其他物体摩擦自己的外生殖器引起兴奋的一种行为障碍。目前病因不明，有人认为是外阴局部受刺激引起反复发作，也有人认为是因为性激素水平紊乱导致的。

2）习惯性摩擦综合征的矫治。平时使儿童生活轻松愉快，解除心理压力，鼓励其参与各种游戏活动。对于偶然的发作，应采取忽视的态度，以有趣的事物分散其注意力；对于年龄较大的、频繁发作的儿童，可到儿童发育行为科室咨询医生。

（5）屏气发作

1）屏气发作的原因和表现。屏气发作是指儿童因发脾气或需要得不到满足而剧烈哭闹时突然出现呼吸暂停的现象。哭闹有时时间短，有时时间长，面色发绀或苍白，全身强直，严重时会出现意识丧失、抽搐，有时还会伴有惊厥。

常见诱因有发怒、害怕、沮丧或轻微外伤。儿童该行为与环境或者父母之间存在明显的矛盾冲突有关，或因为儿童语言表达能力差发泄愤怒引起。屏气发作也与儿童的心理气质有关，困难型气质的儿童更易出现。

2）屏气发作的处理。通常屏气发作只是一种暂时的现象，预后良好。一般措施是消除病因和父母的紧张焦虑情结，避免各种可能的诱因，纠正不适当的抚育方式，指导父母与儿童之间建立良好的亲子关系，帮助儿童在面对困难和挫折时学会控制自己的情绪。

（6）发脾气

1）发脾气的原因和表现。发脾气是指儿童在受到挫折后哭叫吵闹的现象。该行为的发生与儿童气质和受教育环境有关。难养型气质儿童更易出现脾气爆发。

2）发脾气的矫正方法。发脾气的矫治主要采用教育疗法，同时结合儿童的气质特点，可采用"冷处理"或转移注意力的方法。

（7）其他不良行为习惯及矫正方法

1）爱吃零食。有些儿童正餐时不好好吃饭，饭后又说肚子饿，要零食吃；有些儿童零食不离口，见到自己喜欢吃的零食就缠着家长买。

可以每天定时定量为他准备能提供蛋白质、脂肪、碳水化合物、矿物质、维生素和水的餐点，不用或少用方便食品，尤其不能用零食替代新鲜饭菜。家长要以身作则，在购买零食和吃零食时，都要有所节制。

2）挑食偏食。儿童挑食的原因多种多样，一是源于儿童自身对食物的喜好，二是源于儿童的身体健康状况。家庭的饮食习惯也是导致儿童挑食的诱因之一。

如果是由于身体状况方面的原因，导致儿童厌恶某种食物，应对症治疗，以免日久成习。培养婴幼儿养成良好的饮食习惯，可拟制科学食谱，让婴幼儿少食多餐，同时注意烹饪方法，家长树立不挑食不偏食的榜样。

3) 经常剩饭。儿童经常剩饭的原因有很多，例如，家长的刻板思想，饭菜的量过大，儿童进餐习惯等。

应当遵循少盛多添的原则，指导儿童根据自己的饭量盛饭和添饭。如果儿童剩的饭太多，应及时进行教育。儿童进餐时，要注意观察，指导其专心进餐。成人需要以身作则，给儿童树立榜样。

4) 早晨赖床。应明确儿童每天需要多长时间的睡眠，制定科学合理的作息时间，晚上提醒儿童主动睡眠，养成早起的习惯。

5) 不讲究卫生。让儿童懂得良好卫生习惯的重要性，引导、帮助他们洗脸、刷牙，通过一段时间的锻炼，他们会自觉养成讲卫生的习惯。当儿童有进步时要及时表扬，表现欠佳时及时提醒，从而让他们逐步加深印象，形成自觉意识。

6) 不愿上幼儿园。儿童上幼儿园是离开家庭走向社会的关键一步，要教育他们在幼儿园必须服从保教人员的管理，必须有一定的约束力，保教人员要通过说服开导他们，提高他们对环境的适应能力。由于年龄小，儿童理解能力有限，成人对于儿童的引导教育更要细致、耐心。

7) 不会分享。要让儿童感受到分享的快乐，体验共同游戏的乐趣。在生活中抓住每个小事进行养成教育。成人要身体力行，为儿童做出榜样。

2. 言语与语言发育障碍的特点及常见矫正方法

(1) 言语与语言发育障碍的原因。婴幼儿言语障碍是指婴幼儿在口头语言表达时，出现的发声言语不流畅或言语的节律性障碍。婴幼儿语言障碍指的是婴幼儿对口语的理解、表达，以及交流中出现的障碍，或者婴幼儿的语言发展水平明显落后于同龄正常儿童。

目前已知的发病原因有遗传因素、听力障碍、认知受损或智力障碍、孤独症谱系障碍、环境等多种因素。

(2) 言语与语言发育障碍的分类。言语与语言发育障碍分为语言发育延迟（单纯表达型障碍、感受型障碍）、构音障碍、言语流利障碍（口吃）。

(3) 言语与语言发育障碍的矫治

1) 针对病因进行矫治。

2) 根据儿童的情况结合语言训练、口腔功能训练进行矫治。包括口肌训练、舌头操训练，认知理解力训练，社会交往能力训练，言语流利障碍矫治。

三、婴幼儿情绪和睡眠障碍

1. 常见情绪障碍及一般处理方法

情绪障碍是涉及焦虑、恐惧和强迫等症状的一组疾病。

（1）儿童焦虑症。儿童焦虑症是在儿童时期无明显原因下发生的紧张、莫名的恐惧与不安，常伴有自主神经系统功能的异常，是一种较常见的情绪障碍。

1）儿童焦虑症的表现。幼儿期情绪表现为烦躁、哭泣或吵闹，难以安抚和照料，不易抚养，属于"难养型"。一些儿童出现食欲缺乏、胃肠功能紊乱，如呕吐、腹泻等。一些儿童伴随自主神经系统功能的紊乱，如呼吸急促、心慌等。

2）儿童焦虑症的分类。根据发病的原因和症状特征一般分为分离性焦虑、广泛性焦虑、社交性焦虑和惊恐发作四种。

（2）儿童恐怖症。儿童恐怖症是指儿童对某些事物明明知道不存在危险，却产生异常强烈的恐惧感，兼有焦虑情绪及自主神经系统功能紊乱症状，并有回避和退缩行为，影响儿童的正常生活和社会功能。

1）儿童恐怖症的表现。儿童恐怖症表现为儿童对某些物体或某些特殊的环境产生异常强烈、持久的恐惧，如对黑暗、动物、昆虫、雷电、刺耳的强声、社交活动、上学、与亲人分离、流血、死亡等，存在回避行为；通常会出现呼吸困难、面色苍白或潮红、出汗、心慌、胸闷、四肢软弱无力，重者可瘫痪、晕厥等。

2）儿童恐怖症的分类。一般分为社交恐怖症、学校恐怖症和特异性恐怖症，其中特异性恐怖症分为动物恐惧、特殊环境恐惧、广场恐惧与疾病恐惧。

3）儿童恐怖症的矫治。可采取心理治疗、放松治疗等方法。

2. 常见睡眠障碍及一般处理方法

儿童常见的睡眠障碍是深度睡眠状态下的睡眠异常行为，包括夜醒、夜间摇头、睡行症、夜惊、梦魇、梦呓、磨牙等。

（1）夜醒。夜醒是指儿童在夜间睡眠时常常醒来，不能持续地整夜睡眠，为婴幼儿时期常见的睡眠障碍，多发于1~2岁婴儿，无明显性别差异。

1）夜醒的表现。夜醒表现为儿童夜间不能持续睡眠，容易惊醒，轻则2~3次，重则4~5次，并伴有哭闹不安。夜醒之后难以重新入睡，常重复就寝前入睡的过程。

2）夜醒的原因。夜醒通常和以下因素有关：

①护理方法不正确。儿童没有建立一致性和规律性的睡眠模式。

②家庭因素。如父母感情不和、家庭气氛紧张、母亲有焦虑或抑郁情绪。

③环境因素。睡眠环境过于嘈杂、卧室温度过冷或过热、湿度不适宜、衣被不合适等均

可引起入睡困难和夜醒。

3）夜醒的矫治

①支持性心理治疗。消除由父母造成的儿童心理困扰，建立信心，纠正不合理的抚养方式。

②行为疗法。建立正常睡眠模式；创设良好的睡眠环境，为儿童提供安静舒适的环境；必要时结合药物治疗。

（2）夜间摇头。夜间摇头是指睡眠时儿童头部发生异常运动，少数伴有全身摇动。

1）夜间摇头的表现。夜间摇头表现为儿童睡眠时有节律地来回运动，如点头、摇头或全身摆动，动作快速有力。

2）夜间摇头的矫治。轻症不需要治疗，只需加强护理，保护头部不受损伤即可；重症患儿可配合药物治疗。

（3）睡行症

1）睡行症的表现。睡行症又称梦游症，表现为儿童在床上坐起或行走，难以唤醒，或醒后常伴有精神错乱现象，意识混乱，对试图唤醒他们的人会出现反抗、攻击行为或表现出受惊吓后的恐慌，持续数分钟到半小时，最后自行上床入睡。

睡行症可以发生在儿童学会走路后的任何时候，但第一次发作多出现在 4~8 岁，在青春期后常自行消失。睡行症患者有明显的家族倾向。

2）睡行症的原因。睡行症的发病原因通常和遗传因素、神经生理发育不成熟、心理因素有一定的关系。

3）睡行症的矫治。对年龄较大的儿童不必治疗，随着年龄的增长症状有可能消失；对于年龄小的儿童要避免各种刺激和诱发因素，避免睡眠剥夺，建立合理、规律的睡眠—觉醒时间，避免使用安眠药、镇静剂，尽力避免儿童受伤，如关好门窗，避免接触尖锐物体。睡行症发作频繁时可应用小量药物治疗。

（4）夜惊。夜惊又叫睡惊症，表现为突然从 NREM 睡眠Ⅳ期（NREM 睡眠又叫非快速眼动睡眠，入睡后 30~45 min 后进入Ⅳ期睡眠，为深睡期）中苏醒，伴有尖叫或呼喊，同时可有极端恐惧的自主神经功能和行为改变。

1）夜惊的表现。夜惊主要发生于 4~12 岁的儿童，到青春期前发生率逐渐减少直至消失。夜惊多发生于入睡后 0.5~2 h 内。

夜惊表现为儿童在睡眠中猛然惊醒，两眼直视或紧闭，持续哭叫、手足乱动、表情惊恐，意识呈朦胧状态，对周围事物无反应，极难唤醒，发作时可伴随明显的自主神经症状，如心动过速、呼吸急促、皮肤潮红、多汗等，一般在几分钟内结束，发作过程中对外界刺激无反应，醒来则精神错乱和定向力缺乏，发作过程不能回忆或有简短片段的回忆。

2）夜惊的矫治

①找出发生夜惊的原因，针对病因治疗。

②教育父母和其他照顾者，加强对儿童的保护。

③心理治疗，可给予自我放松训练。

④必要时给予药物治疗。

（5）梦魇。梦魇又称为梦发作，是指儿童从噩梦中惊醒，能回忆恐怖、生动的梦境，可伴随焦虑和惊恐发作。

1）梦魇的表现。梦魇的表现常常是复杂的，恐惧和焦虑是梦魇的主要成因，噩梦发作时，肌肉常不能运动。儿童在完全清醒后因为害怕，不敢自己回床睡觉，常要父母在身边或做出保证后才敢再入睡。

2）梦魇的原因

①心理因素，如白天或夜晚读了恐怖的故事书。

②环境及躯体因素，如胸前受压、呼吸道不畅等。

③药物因素等。

3）梦魇的矫治。包括药物治疗和心理治疗。心理治疗方面，进行睡眠卫生教育，减少发作频率，可通过训练，降低儿童对梦的恐惧。该病预后较好，多数儿童随着年龄增长症状逐渐减轻或消失。

（6）梦呓。梦呓又称为说梦话，儿童在睡梦中喃喃自语，语言支离破碎，内容含混不清。

1）梦呓的表现。梦呓表现为儿童在睡眠中讲话，他人能听到短暂的说话声或哭泣声，内容不清，醒后对夜间情况不能回忆。

2）梦呓的矫治。表现时间短暂、不严重的，一般无须治疗，父母应意识到规律作息的重要性，减轻儿童玩耍的强度，避免过度疲劳，养成规律的作息习惯。

（7）磨牙。夜间磨牙是指儿童夜间入睡后因咀嚼肌强有力的、持续的非功能性收缩，使上下牙齿之间摩擦、产生声音的行为，可随年龄增长而减少发作。

磨牙的矫治：先查明引起儿童紧张、情绪不稳的原因，对症消除病因；同时给予生物反馈治疗、肌肉放松训练；严重者可服用药物治疗。

四、孤独症谱系障碍和智力发育障碍

1. 孤独症谱系障碍及一般处理方法

（1）孤独症谱系障碍的特点。孤独症谱系障碍表现多样，但均存在不同程度的社会交流障碍和刻板行为这两个主要症状，同时在智力、感知觉和情绪等方面也有相应的特征。一般从 1 岁半左右，家长逐渐会发现孩子与其他儿童存在不同。

（2）孤独症谱系障碍的表现

1）语言交流障碍。语言发展的延迟或缺失，如开口说话较晚，通常 2~3 岁仍然不会说话，或语言量少。一些儿童语言交流能力存在障碍，一些儿童存在语言重复的现象，如"鹦鹉学舌""广告语"或"电报语"，语调单一，机械刻板。

2）社会交往障碍。不能进行社会交往，不能建立伙伴关系，不会参与游戏，不会结交同伴。

3）狭隘兴趣和刻板行为。孤独症儿童会对某些特别的物件或活动表现出超乎寻常的兴趣，如只用白色的碗吃饭，喜欢重复听一种声音或音乐，总是注视、抚摸同一件东西等。

4）智力异常。50%左右的患儿智力低下，30%~40%的患儿智力在正常范围，10%的患儿智力超常，部分患儿在某些方面有较强能力，主要体现在音乐能力和记忆力方面。

5）感觉异常及其他。大多数患儿存在感觉异常，如声音的异常（对某些声音特别恐惧）、痛觉异常（一点不怕痛）、空间感异常（害怕狭小的空间）、触觉异常（喜欢触摸或害怕触摸某种固定材质的物品）、视觉异常（喜欢斜视、倒视）、本体觉异常（很多患儿不喜欢被人拥抱，特别喜欢或惧怕乘坐电梯等）。

（3）孤独症谱系障碍的矫治。目前主要以康复教育训练为主，国际上认可的康复训练方法有：应用行为分析、结构化训练、人际关系发展干预、早期丹佛介入干预、关键性技能等。

2. 智力发育障碍及一般处理方法

智力发育障碍又称为智力低下，国际上通用术语为精神发育迟缓，是指 18 岁以下儿童发育期智力明显低于同龄正常儿童水平，并伴有社会适应行为显著缺陷。

（1）智力发育障碍的病因。该病病因复杂，涉及范围较广，包括生物学因素和心理社会因素等诸多方面，约 2/3 患儿病因不明。常见的病因有感染和中毒、外伤、代谢障碍、内分泌因素、先天脑畸形及其综合征、围产期因素、染色体异常等。

（2）智力发育障碍的分度。根据患儿的表现，智力发育障碍可分为轻度、中度、重度、极重度四级。

1）轻度智力发育障碍。早期不易被发现，多在入托入学后出现学习困难。可能伴有语言发育迟缓，复杂语言表达能力困难和运动发育迟缓、学习能力差等表现。

2）中度智力发育障碍。幼儿期语言和运动发育明显落后，表达较复杂的话题内容困难，多与低龄儿童玩耍。部分中度患儿伴有躯体发育缺陷和神经系统异常。

3）重度智力发育障碍。患儿生后 3~6 个月即表现出精神运动发育明显落后，可有躯体先天畸形和神经系统异常，运动和语言能力差、学习困难、理解能力差，生活无法自理，缺乏社会行为能力。

4) 极重度智力发育障碍。出生即有明显躯体畸形和神经系统异常，无言语表达能力，不能识别亲人，大运动、语言发育落后，生活无法自理，完全需要他人照顾。

(3) 智力发育障碍的矫治

1) 针对病因治疗。对于一些病因比较清楚的代谢、内分泌疾病，要早诊断、早治疗。如苯丙酮尿症患儿最好在出生后 3 周内开始给予低苯丙氨酸饮食，半乳糖血症患儿应及早停止服用含乳类食物等。

2) 病因未明者对症治疗，如伴有多动行为者，可给予中枢兴奋剂治疗等。

3) 促大脑代谢治疗，可给予脑神经营养类治疗。

4) 教育和康复训练。教育和康复训练是主要治疗措施。按儿童发育水平制定个体化方案，尽早开展运动、感觉技能及日常生活技能训练。

五、注意缺陷多动障碍和学习障碍

1. 注意缺陷多动障碍及一般处理方法

注意缺陷多动障碍（ADHD）是以注意力不集中、活动过度、情绪冲动和学习困难为主的一组综合征。

(1) 注意缺陷多动障碍的病因。ADHD 的发病原因可能与遗传、孕产期不利因素、重金属中毒、神经生物学、神经生化、电生理学等因素有关。

(2) 注意缺陷多动障碍的表现。注意力存在缺陷，表现为多动、冲动。

(3) 注意缺陷多动障碍的矫治

1) 行为疗法。利用条件反射原理，正确行为出现时给予奖励，以保持行为，并促其改进；不正确行为出现时予以漠视，或剥夺一些权利，以表示惩罚，结合奖惩原则训练儿童正确的行为。

2) 认知训练。对于年龄较大的患儿，可通过改变其认知的方式，培养自我控制、自我时间管理观念、自我解决问题的能力。

3) 疏泄疗法。对于伴随情绪问题的患儿，鼓励其将不满情绪或对事物的不满讲出来，注意聆听分析，对的给予肯定，错的给予指导纠正，使患儿心情舒畅。同时利用适当的机会让患儿多做户外活动，使部分旺盛精力宣泄出来。

4) 脑电生物反馈治疗。

5) 药物治疗。

2. 学习障碍及一般处理方法

学习障碍是指智力正常的儿童在学龄早期，在同等教育条件下，出现学习技能障碍，通常表现为阅读、书写、拼字、计算等方面的技能损害，是发生在儿童期的一组综合征。

（1）学习障碍的病因。学习障碍的病因应考虑存在神经结构及功能异常，与遗传因素和神经心理因素有关。

（2）学习障碍的表现

1）语言理解困难。常表现为"听而不闻"，不理睬老师和父母的话，有时机械记忆好，但对文章的理解能力差，构音困难。

2）语言表达障碍。表现在学会说话较迟，说话时语调缺乏抑扬顿挫，形体语言偏多，语句中少用关系词。

3）阅读障碍。读文章时漏字或多字，阅读时出现语塞或太急，常用手指点行阅读，计算时位数排列混乱或颠倒。

4）视空间障碍。左右认知障碍，精细协调动作笨拙，计算时忘记进位或错位，远近、长短、方向以及空间方位辨别困难，如把"p"看成"q"，把"b"看成"d"，把"6"看成"9"等。

5）书写困难。缺乏主动书写意识，偏旁部首丢失或张冠李戴，写字错别字过多，手部笨拙，字迹排列不整齐，常溢出格外，难以成行。

6）情绪和行为。伴随多动、冲动、注意力不集中；学习动机不良，社会交往障碍；继发情绪问题，有不良的自我意识。

（3）学习障碍的矫治

1）学习能力训练。可通过计算机软件或专业医师一对一的训练，从注意力、记忆力、运动能力、听觉分辨、视动统合、阅读写作、数学计算、概念理解、逻辑推理等方面提高患儿的能力，克服自身的学习障碍。

2）行为疗法。采用学习行为记录表、代币制、操作性条件反射法等，针对学习障碍儿童本身的行为进行矫正，并强化良好的行为，对不适当的学习行为予以漠视，使这类行为逐渐消失。

3）药物应用。对学习障碍儿童的治疗主要是特殊教育和训练。若伴随注意缺陷多动障碍，要给予相应的药物治疗。

理论知识辅导练习题

一、**判断题**（下列判断正确的请在括号中打"√"，错误的请在括号内打"×"）

1. 幼儿的社会性主要是在日常生活和游戏中，通过观察和模仿学习发展起来的。

（　　）

2. 生理因素是影响幼儿情绪情感的主要因素之一。（   ）

3. 小班幼儿的行为不具有强烈的情绪性。（   ）

4. 应用幼儿感兴趣的方式发展基本动作，提高动作的协调能力。（   ）

5. 家庭环境对个体发展的影响是经久不变的。（   ）

6. 因为婴幼儿大脑皮层容易兴奋，所以当他们出现不良情绪时，应采用转移注意力的方法进行纠正。（   ）

7. 发育性口吃就是语言发育障碍。（   ）

8. 造成幼儿口吃的原因除了生理缺陷外，还常常是由于心理原因和模仿等引起的。（   ）

9. 婴儿1岁时才会出现分离焦虑现象。（   ）

10. 把"p"看成"q"，把"b"看成"d"，把"6"看成"9"等是语言表达障碍。（   ）

11. 对于母亲在场或者离开都感到无所谓，自己玩自己的，实际上这类婴儿与母亲之间并未形成特别亲密的情感联结，这种情况被称为"矛盾型依恋"。（   ）

12. 3~6岁时幼儿逐渐产生空间方位知觉，3岁儿童能辨认前后方位，4岁开始辨认上下，5岁开始辨认左右。（   ）

13. 学前儿童主要是机械记忆，无意记忆的效果优于有意记忆的效果。（   ）

14. 婴儿大运动的发育，遵循从头到脚的顺序，先会抬头，然后翻身、坐、爬、站等。（   ）

15. 根据3~6岁幼儿精细运动发育特点，可让3岁的幼儿开展拧开瓶盖、系鞋带等精细活动。（   ）

16. 情绪是一个人所特有的、较稳定的心理活动。（   ）

17. 与父母、其他家庭成员和小伙伴交往可提高婴幼儿的社会适应能力。（   ）

18. 有些儿童吃完饭，碗里总会剩下一些饭菜，家长不必太过在意，这是正常现象。（   ）

19. 情绪依据其性质，可分为快乐、愤怒、恐惧、悲哀等。（   ）

20. 大运动是指婴幼儿的手以及手指等部位的小肌肉或小肌群的运动。（   ）

21. 由无意识抓握向随意抓握的发育，遵循0~1岁婴儿抓握动作发育规律。（   ）

22. 认生是婴儿认识能力发展过程中的重要变化，5~6个月的婴儿开始认生。（   ）

23. 婴幼儿常见不良行为习惯和行为偏异有吸吮手指、咬指甲、拔毛发癖、习惯性摩擦综合征、屏气发作等。（   ）

24. 分离型焦虑出现在幼儿上幼儿园时。（   ）

25. 儿童的智力发育障碍可分为轻度、中度、重度、极重度四级。（   ）

26. 儿童多动的表现包括：跑来跑去，精力旺盛，坐不住，甚至任意离开位子，坐时身体扭来扭去，或玩弄手指，像被马达驱动着一刻也停不下来等。（   ）

27. 情绪调控得好坏会直接影响到身心健康。（   ）

28. 对于伴随情绪问题的儿童，应鼓励其将不满情绪或对事物的不满讲出来，注意聆听分析，对的给予肯定，错的给予指导纠正，使儿童心情舒畅。（   ）

29. 夜醒是指儿童在夜间睡眠时常常醒来，不能持续地整夜睡眠，为婴幼儿时期常见的睡眠障碍，多发于5~6岁儿童，女孩比男孩更容易夜醒。（   ）

30. 3~4岁儿童想象能力发展迅速，但想象多为自由联想，内容贫乏。5~6岁儿童以有意想象为主，有意想象和创造想象内容更丰富，更符合客观逻辑。（   ）

二、单项选择题（下列每题有4个选项，其中只有1个是正确的，请将其代号填写在横线空白处）

1. 关于幼儿记忆的特点，下列描述不正确的是_____。
   A. 以无意记忆为主，有意记忆正在发展
   B. 以形象记忆为主
   C. 语词记忆正在发展
   D. 记忆很精确

2. 关于幼儿想象的特点，下列描述正确的是_____。
   A. 想象的主题稳定   B. 想象受兴趣的影响
   C. 创造想象多于再造想象   D. 想象夸张且能分清与现实的关系

3. 幼儿在打针时，往往嘴里说要勇敢，不哭，可还是流了眼泪，这是因为幼儿_____。
   A. 言行不一   B. 情感外露，控制能力差
   C. 没有勇气   D. 自我安慰

4. 幼儿的性格不是先天的，而是在幼儿与_____相互作用的过程中形成的。
   A. 教养态度   B. 同伴
   C. 周围环境   D. 教养方式

5. 儿童午睡时，保育员可以_____。
   A. 睡觉   B. 聊天
   C. 巡视   D. 保洁

6. 应教儿童用正确的方法来处理自己的不良情绪，不可_____情绪。
   A. 宣泄   B. 压抑

C. 转移 D. 倾诉

7. 婴幼儿挑食的生理原因是_____。
   A. 饭菜不好 B. 幼儿园环境不好
   C. 体内缺乏锌、钙等微量元素 D. 运动量小

8. 小班幼儿有时看见别的孩子哭了，自己也会莫名其妙地哭起来，保育员拿来新玩具，马上又破涕为笑了。这是因为小班幼儿_____。
   A. 喜怒无常 B. 行为受情绪支配
   C. 行为受理智支配 D. 不懂事

9. 婴幼儿通过感觉、知觉、记忆、思维、想象等心理过程来认识周围的世界，人对客观世界的认识过程是从_____开始的。
   A. 感知觉 B. 记忆
   C. 思维 D. 想象

10. 合理安排饮食，辅食多样化，合理安排生活起居能够预防婴幼儿_____。
    A. 营养不良 B. 多动症
    C. 自闭症 D. 铅中毒

11. 儿童因为长期精神压抑或紧张而导致厌食、自闭、孤独等症状，这是_____所致。
    A. 学校教育与家庭教育不一致
    B. 幼儿园教育条件不够好
    C. 现在的医疗条件不够好
    D. 儿童心理上积聚的能量得不到及时发泄

12. 幼儿学习系鞋带的年龄应为_____岁。
    A. 2~3 B. 3~4
    C. 4~5 D. 5~6

13. 培养婴幼儿良好睡眠习惯的主要内容是培养其_____、快速入睡和独立入睡等。
    A. 安静入睡 B. 正确的睡姿
    C. 关灯入睡 D. 睡前盥洗

14. 矫治婴幼儿咬指甲的好办法是_____。
    A. 强行制止 B. 嘲笑
    C. 厌恶疗法 D. 恐吓

15. _____有利于缓解和消除屏气发作。
    A. 父母产生焦虑情绪 B. 给予漠视

C. 纠正不当的抚育方式　　　　D. 斥责

16. 婴儿大运动的发育，遵循_____的顺序，即先会抬头，然后翻身、坐、爬、站等。

   A. 从脚到头　　　　　　　　B. 从头到脚
   C. 从躯干到四肢　　　　　　D. 从四肢到躯干

17. _____是最复杂、最精细的器官，是认识客观世界、与外界交往的一种重要器官。

   A. 手　　　　　　　　　　　B. 眼睛
   C. 胳膊　　　　　　　　　　D. 腿

18. _____可以激发婴幼儿说话的需求。

   A. 强迫婴儿与陌生人打招呼
   B. 对不爱说话的婴儿进行惩罚
   C. 与婴儿做发音游戏，进行面对面交流
   D. 对不爱说话的婴儿进行严厉的批评

19. 婴幼儿睡眠的正确姿势是_____。

   A. 仰卧　　　　　　　　　　B. 跪睡
   C. 缩成一团睡　　　　　　　D. 蒙头睡

20. 情绪调控得好坏会直接影响到身心健康，这属于情绪的_____。

   A. 信号功能　　　　　　　　B. 动机功能
   C. 健康功能　　　　　　　　D. 身心功能

21. 婴幼儿对于自己的情绪丝毫不能控制和掩饰，大都表露于外，这反映了婴幼儿情绪的_____特点。

   A. 易冲动　　　　　　　　　B. 易外露
   C. 易受感染　　　　　　　　D. 易变化

22. _____儿童可进行简单交往，对对方发出的信号能迅速做出反应，如能模仿对方行为，进行简单"对话"，为对方拿玩具等。

   A. 4~5 岁　　　　　　　　　B. 3~4 岁
   C. 2~3 岁　　　　　　　　　D. 1~1.5 岁

23. 根据 3~6 岁幼儿大运动发育特点，_____岁幼儿能跑跳自如，连续走 20~30 min 的路程。

   A. 5~6　　　　　　　　　　B. 4~5
   C. 3~4　　　　　　　　　　D. 2~3

24. 儿童因发脾气或需要得不到满足而剧烈哭闹时突然出现呼吸暂停的现象，属于_____的行为表现。

   A. 吸吮手指　　　　　　　　　　B. 咬指甲

   C. 发脾气　　　　　　　　　　　D. 屏气发作

25. 儿童焦虑症是在儿童时期无明显原因下发生的紧张、莫名恐惧与不安，常伴有自主神经系统功能的异常，是一种较常见的_____。

   A. 语言障碍　　　　　　　　　　B. 言语障碍

   C. 情绪障碍　　　　　　　　　　D. 行为障碍

26. 注意缺陷多动障碍的矫治方法包括_____。

   A. 行为疗法　　　　　　　　　　B. 认知训练

   C. 疏泄疗法　　　　　　　　　　D. 以上均可

27. 婴幼儿_____能力包括感知觉、注意、记忆、思维和想象等多种能力。

   A. 语言　　　　　　　　　　　　B. 认知

   C. 动作　　　　　　　　　　　　D. 情绪

28. 关于婴儿搂抱方法，下列做法不正确的是_____。

   A. 可以摇晃婴儿

   B. 放下婴儿前必须先牢牢支撑婴儿的脖子和臀部

   C. 4个月以上的婴儿可以采用"飞机抱"

   D. 3个月以上的婴儿可以直立抱

29. 婴儿最早出现的动作发生在_____，其次是在躯干，最后是下肢。

   A. 上肢　　　　　　　　　　　　B. 头部

   C. 手指　　　　　　　　　　　　D. 脚趾

30. 出生后_____个月是抓、握动作发展的时期。

   A. 0～6　　　　　　　　　　　　B. 7～12

   C. 13～18　　　　　　　　　　　D. 19～24

参考答案及说明

一、判断题

1. √　2. √　3. ×　4. √　5. ×　6. √　7. ×　8. √　9. ×　10. ×
11. ×　12. ×　13. √　14. √　15. ×　16. ×　17. √　18. √　19. √　20. ×
21. √　22. √　23. √　24. ×　25. √　26. √　27. √　28. √　29. ×　30. √

【说明】

3. × 小班幼儿的行为常常受情绪的支配，而不受理智支配。情绪直接激发幼儿的行为，控制他们的活动，年龄越小表现越突出。

5. × 家庭环境对个体发展具有直接而深远的影响，家庭教育观念、家庭成员之间的相处方式、父母的期望等都会对个体性格、价值观和行为习惯产生影响。

7. × 口吃即言语流利障碍，是一种表现为言语节律异常的言语障碍，表现为说话时有停顿、重复、延长和阻塞现象。

9. × 分离焦虑在婴儿6~7个月时产生，随着母婴依恋的建立而同时发生。

10. × 视空间障碍是指计算时忘记进位或错位，远近、长短、方向以及空间方位辨别困难，如把"p"看成"q"，把"b"看成"d"，把"6"看成"9"等。

11. × 回避型依恋也叫躲避型依恋，这类婴儿对于母亲在场或者离开都感到无所谓，自己玩自己的，实际上这类婴儿与母亲之间并未形成特别亲密的情感联结，被称为无依恋婴儿。

12. × 3~6岁时幼儿逐渐产生空间方位知觉，3岁儿童能分上下方位，4岁儿童开始辨认前后，5岁儿童能以自身为中心辨认左右方位，但不能区分他人的身体左右。

15. × 根据3~6岁幼儿精细运动发育特点，3~4岁儿童会使用一些"工具性"玩具，如用小锤子敲打小柱钉、玩泥胶、拧开瓶盖等，4~5岁儿童可以练习系鞋带。

16. × 情绪是客观事物是否符合人的需要而产生的态度体验，反映客观事物与人的需要之间的关系，情绪具有本能的、情景的、不稳定和易变性。

18. × 剩饭是一种不良习惯，长此以往，不利于儿童养成做事善始善终的好作风和节约的好习惯。

20. × 手以及手指等部位的小肌肉或小肌群的运动属于精细运动。

24. × 从出生7个月到学龄前期，几乎所有的儿童都曾因为和父母或主要养育者分离而焦躁不安。

29. × 夜醒是指儿童在夜间睡眠时常常醒来，不能持续地整夜睡眠，为婴幼儿时期常见的睡眠障碍，多发于1~2岁儿童，无明显性别差异。

二、单项选择题

1. D 解析：幼儿记忆特点之一是记忆的精确性差，幼儿常常会遗漏或者忘记某些情节，或者用他自己臆造出来的情节来代替现实。幼儿的无意记忆占优势，头脑中的信息多数是在无意间获得的，记忆的内容往往不够精确。

2. B 解析：3~4岁儿童想象能力发展迅速，多为自由联想，凡是感兴趣的事都能引起幼儿的想象。幼儿的想象主题不稳定，在学前期幼儿的再造想象比创造想象多，想象夸张但容易和现实混淆。

3. B　解析：婴幼儿对于自己的情绪丝毫不能控制和掩饰，完全表露于外，打针会给婴幼儿带来恐惧、害怕、痛苦的感受，因此婴幼儿还是会通过流泪表现出自己的情绪。

4. C　解析：幼儿的性格不是先天的，也不是与生俱来的，而是在幼儿与周围环境相互作用的过程中形成的。

5. C　解析：儿童午睡时保育员应进行巡视，目的是随时观察婴幼儿的睡眠情况，及时解决婴幼儿在睡眠时出现的突发状况。

6. B　解析：儿童出现不良情绪时，要及时采用正确的方式进行调节。例如，合理地宣泄不良情绪，转移注意力，家长或老师作为倾诉的对象进行沟通交流等。不可让婴幼儿压抑情绪，否则对身心发展都是不利的。

7. C　解析：婴幼儿挑食的原因既有生理因素，也有客观因素（包括喂养不当、饭菜质量问题、运动量小等）。其中，体内缺乏锌、钙等微量元素是引起婴幼儿挑食的生理因素，缺锌会影响婴幼儿的味觉和食欲，长期缺钙也容易导致婴幼儿发育不良、食欲低下。

8. B　解析：情绪在人的行为活动中起着动机的作用，这一点在婴幼儿身上表现得更为明显。情绪直接激发婴幼儿的行为，控制他们的活动。因此，小班幼儿的行为受情绪而不受理智支配。

9. A　解析：婴幼儿通过感觉、知觉、记忆、思维、想象等心理过程来认识周围的世界，人对客观世界的认识过程是从感知觉开始的，感知觉是认识活动的开端，是形成记忆、思维、想象等复杂心理过程的基础。

10. A　解析：爱吃零食、偏食挑食、经常剩饭等都是婴幼儿不良行为习惯的表现，都不利于婴幼儿摄取营养。

11. D　解析：当儿童心理上积聚的能量得不到及时发泄，长此以往，很容易产生精神压抑或紧张情绪，从而导致厌食、自闭、孤独等症状。

12. C　解析：根据3~6岁幼儿精细运动发育特点，3~4岁会使用一些"工具性"玩具，4~5岁会穿系鞋带、剪纸，5~6岁用笔学习写字，会折纸、剪复杂图形，会自己穿鞋、扣扣子等。

13. B　解析：培养婴幼儿良好睡眠习惯的主要内容是培养孩子正确的睡姿、快速入睡和独立入睡。不正确的睡姿直接关系到婴幼儿的睡眠质量，也不利于婴幼儿的身心发育。婴幼儿睡眠应该采用仰卧位和左侧卧位以及右侧卧位。

14. C　解析：咬指甲主要通过行为疗法矫治，包括厌恶疗法和习惯矫正疗法，目的都是强化正性行为、消除负性行为，增强自我控制能力。

15. C　解析：屏气发作是一种暂时现象，预后良好。一般措施为消除父母的紧张焦虑情绪，纠正不当的抚育方式，指导父母与儿童建立良好的亲子关系，帮助儿童在面对困难和挫折时学会控制自己的情绪。严禁责罚、斥责。否则只会加重屏气发作。

16. B　解析：0~1岁婴儿的大运动发育包含两部分内容，一是一些原始反射仍存在；二是伴随着年龄的增长，出现一些姿势的发育。婴儿大运动的发育，遵循从头到脚的顺序，先会抬头，然后翻身、坐、爬、站等。

17. A　解析：手是最复杂、最精细的器官，是认识客观世界、与外界交往的一种重要器官。精细运动能力是指婴幼儿手以及手指等部位的小肌肉或小肌群的运动，在感知觉、注意力等心理活动的配合下完成特定任务的能力。

18. C　解析：1岁婴儿开始咿呀学语，通过听觉、视觉、触摸觉等感觉器官去获得环境中的概念和理解词义，模仿成人发出一些有意义的发音。与婴儿做发音游戏、进行面对面交流，可以激发婴儿说话的需求。

19. A　解析：婴幼儿睡眠的正确姿势是仰卧位、左侧卧位以及右侧卧位。

20. C　解析：情绪有三个功能：首先是信号功能，情绪可以传递自己的思想和意图，通过表情来实现；其次是动机功能，具有激励作用，分为积极增力的情绪和消极减力的情绪；最后是健康功能，情绪调控得好坏会直接影响到身心健康。

21. B　解析：婴幼儿情绪的特点是易冲动、易变化、易受感染、易外露。易外露的表现是婴幼儿对于自己的情绪丝毫不能控制和掩饰，大都表露于外。

22. D　解析：根据1~3岁婴儿社会性发育特点，在与同伴交往的过程中，婴儿开始与同伴和不熟悉的人进行交往。1~1.5岁可进行简单交往，对对方发出的信号能迅速做出反应，如能模仿对方行为，进行简单"对话"，为对方拿玩具等。

23. A

24. D

25. C　解析：儿童焦虑症是在儿童时期无明显原因下发生的紧张、莫名恐惧与不安，常伴有自主神经系统功能的异常，是一种较常见的情绪障碍。儿童焦虑症的临床表现为烦躁、哭泣或吵闹，难以安抚和照料。

26. D　解析：注意缺陷多动障碍是以注意力不集中、活动过度、情绪冲动和学习困难为主的一组综合征。注意缺陷多动障碍的矫治方法主要包括行为疗法、认知训练、疏泄疗法，还包括脑电生物反馈治疗、药物治疗等。

27. B　解析：婴幼儿的认知能力包括感知觉、注意、记忆、思维和想象等多种能力，婴幼儿是通过这些心理过程来认识周围世界的。

28. A　解析：错误的搂抱方法会影响婴儿的骨骼发育，甚至是正常的生长发育。婴儿还无法控制自己的头部，加上头部肌肉比较嫩，支撑力量也非常弱，甚至还不能抬头。因此，千万不要来回摇晃婴儿，否则会对婴儿的脑部造成不同程度的伤害。

29. B　解析：根据婴儿大运动的发育特点，婴儿最早的动作发生在头部。遵循从头到脚的顺序，先会抬头，然后翻身、坐、爬、站等。

30. A

职业模块七　婴幼儿常见病及常见传染病知识

考 核 要 点

考核范围	考核要点	重要程度
婴幼儿常见病及其保健	1. 婴幼儿常见病的一般检查方法	熟悉
	2. 婴幼儿常见病的预防方法	熟悉
	3. 婴幼儿常见病的照护方法	掌握
婴幼儿常见病及其防治	1. 上呼吸道感染的症状及防治方法	熟悉
	2. 反复呼吸道感染的症状及防治方法	熟悉
	3. 支气管哮喘的症状及防治方法	熟悉
	4. 腹泻的症状及防治方法	熟悉
	5. 便秘的症状及防治方法	熟悉
	6. 痱子的症状及防治方法	掌握
	7. 湿疹的症状及防治方法	熟悉
	8. 荨麻疹的症状及防治方法	熟悉
	9. 近视的症状及防治方法	掌握
	10. 龋病的症状及防治方法	掌握
	11. 斜视的症状及防治方法	掌握
	12. 弱视的症状及防治方法	掌握
	13. 癫痫的症状及防治方法	熟悉
	14. 先天性心脏病的症状及防治方法	熟悉
婴幼儿常见传染病及其防治	1. 传染病基本知识	掌握
	2. 流行性感冒的症状及防治方法	掌握
	3. 手足口病的症状及防治方法	掌握
	4. 水痘的症状及防治方法	掌握
	5. 流行性腮腺炎的症状及防治方法	掌握
	6. 麻疹的症状及防治方法	掌握
	7. 细菌性痢疾的症状及防治方法	掌握
	8. 猩红热的症状及防治方法	掌握

续表

考核范围	考核要点	重要程度
婴幼儿常见传染病及其防治	9. 蛔虫病的症状及防治方法	掌握
	10. 蛲虫病的症状及防治方法	掌握
	11. 钩虫病的症状及防治方法	掌握

重点复习提示

一、婴幼儿常见病及其保健

1. 婴幼儿常见病的一般检查方法

（1）观察精神状态。若出现精神萎靡、表情呆滞、疲倦、烦躁、嗜睡、哭声异常等症状，则表明可能出现病症。

（2）观测皮肤与体温。查看皮肤有无苍白、黄染、发绀、潮红、皮疹、瘀斑、脱屑、色素沉着、毛发异常、水肿等情况，触摸皮肤的弹性，检查皮下组织及脂肪的厚度。

（3）检查颈部与淋巴结。检查颈部肌肉是否柔软，有无斜颈、颈蹼等畸形，观察颈椎活动度、有无甲状腺肿大等情况。正常婴幼儿在颈部、枕部、腹股沟处可摸到单个淋巴结，大小不等，活动度好，无压痛，但颏下、锁骨及肘部淋巴结不应该摸到。

（4）检查五官

1）检查有无眼睑水肿、眼睑下垂、结膜出血、眼分泌物，检查有无斜视、眼球突出、角膜混浊等。

2）检查双外耳道有无分泌物、局部红肿，可轻柔牵拉外耳，观察有无外耳牵拉痛。

3）观察鼻形，注意有无鼻翼翕动、鼻腔分泌物及鼻塞等情况。

4）观察口唇的颜色，有无发绀、苍白、干燥、口角糜烂、疱疹。检查口腔内的黏膜、牙龈等部位有无充血、溃疡、黏膜斑等，腮腺开口处有无红肿、分泌物，牙齿数目及患龋齿情况，舌质、舌苔情况。观察双侧扁桃体是否肿大，有无充血、分泌物、脓点，观察咽部有无溃疡、充血、疱疹等情况。

2. 婴幼儿常见病的预防方法

（1）加强体育锻炼，增强体质。

（2）进行"三浴"锻炼，提高自身免疫力。"三浴"锻炼指的是日光浴、水浴、空气浴。

3. 婴幼儿常见病的照护方法

（1）体温测量法。主要有腋下测温、直肠测温、口腔测温，其中腋下测温是最常用的方法。正常腋温波动在36~37 ℃之间。

（2）热敷法。热敷法通常有三种：一是使用热水袋；二是把毛巾或布在热水中浸湿，拧干后敷在患处，并在热毛巾外加盖一层毛巾，以保持热度；三是把盐、米或沙子炒热后装入布袋内，代替热水袋或热毛巾热敷。

（3）冷敷法。冷敷法是指使用冰（冷水）袋或冷毛巾（湿布）敷在婴幼儿患处，以促进局部毛细血管收缩，减轻血管出血，具有消炎、止血、止痛、皮肤散热、降低体温的作用。

（4）给药法。给药法基本原则如下：

1）执行查对制度，在给药操作前、操作中、操作后查对婴幼儿姓名、药名、浓度、剂量、方法、时间等。

2）根据医嘱给药，并注意观察药物的疗效及病情变化。

3）准确掌握给药剂量、浓度、方法和时间。

4）注意用药后的反应，做好记录。

5）安抚患儿情绪。

二、婴幼儿常见病及其防治

1. 上呼吸道感染的症状及防治方法

上呼吸道感染是指包括鼻、咽、扁桃体和喉部这些部位的感染，简称"上感"，俗称"感冒"。90%以上的病原为病毒，也可见细菌、支原体等病原体感染。

（1）症状。局部症状有鼻塞、流涕、打喷嚏、干咳、咽部不适等，多于1周内自然痊愈。全身症状有发热、烦躁不安、头痛、全身不适、乏力等。一部分患儿还伴有食欲不振、呕吐、腹泻、腹痛等消化道症状。

（2）防治

1）上呼吸道感染有自限性的特点，在治疗时多以对症处理为主，注意防止婴幼儿之间交叉感染及并发症。

2）经常参加户外运动，呼吸新鲜空气，加强锻炼。

3）避免与呼吸道感染的病人接触，流感流行期间少去公共场所。

4）居室定时开窗通风，保持空气流通、新鲜，避免被动吸烟。

5）饮食宜清淡、易消化且富有营养，忌食辛辣、冷饮、肥甘厚味。

2. 反复呼吸道感染的症状及防治方法

儿童反复呼吸道感染是指一年中反复患上呼吸道感染5~7次以上或下呼吸道感染2~3次以上。

（1）症状。按照不同年龄组的婴幼儿每年反复发生呼吸道感染的次数来确定是否为反复呼吸道感染：0~2岁婴儿上呼吸道感染次数每年7次以上，或下呼吸道感染每年3次以上；3~5岁幼儿上呼吸道感染次数每年6次以上，或下呼吸道感染每年2次以上。

（2）防治

1）做好反复呼吸道感染科学宣教工作，规范进行免疫接种。

2）日常保持室内空气新鲜、流通，室内避免使用陈旧被褥及羽绒、海绵等填充物，被褥要勤晾晒。

3）保证充足的睡眠和休息，饮食要清淡、易于消化，摄入充足的水分和营养，适度进行体育锻炼及户外活动。

4）有感染性疾病的婴幼儿最好居家治疗，避免交叉感染。

3. 支气管哮喘的症状及防治方法

支气管哮喘是多种细胞和细胞组分共同参与的气道慢性炎症性疾病，这种慢性炎症导致气道反应性增加，引起反复发作性喘息、气促、胸闷或咳嗽等症状。常在夜间或者清晨发作或加剧。

（1）症状。哮喘可分为急性发作期、慢性持续期和临床缓解期。急性发作期主要表现为咳嗽和喘息呈阵发性发作，常在夜间或清晨发作或加剧。发作前可有流涕、打喷嚏和胸闷，发作时呼吸困难，呼气延长伴有喘鸣声。慢性持续期是指在相当长的时间内总是不同频度和不同程度地出现喘息、咳嗽和胸闷症状。

（2）防治

1）熟悉班级中有哮喘病史婴幼儿的哮喘发作诱因。在照护中尽可能避免接触过敏原，去除各种诱发因素。

2）避免活动过度和情绪激动，以防诱发哮喘。

3）注意气候影响，做好防寒保暖工作，冬季外出防止受寒。

4）居室空气流通，阳光充足，饮食宜清淡、富有营养，选择适宜的锻炼方式，增强体质。

5）掌握哮喘先兆、哮喘发作征象和急性期发作处理方法。

4. 腹泻病的症状及防治方法

腹泻病是一组由多病原、多因素引起的以大便次数增多和大便性状改变为特点的消化道综合征。

（1）症状。连续病程在2周以内的腹泻为急性腹泻，病程2周至2个月为迁延性腹泻，慢性腹泻的病程为2个月以上。

1）轻型急性腹泻。表现为食欲不振，可伴有恶心、呕吐，大便次数增多，但每次大便量不多，稀薄或带水，呈黄色或黄绿色，有酸味，常见白色或黄白色奶瓣和泡沫。

2）重型急性腹泻。除有较重的胃肠道症状外，还有较明显的脱水、电解质紊乱和全身感染中毒症状，如发热或体温上升、精神烦躁或萎靡、嗜睡、面色苍白、意识模糊甚至昏迷、休克。胃肠道症状包括食欲低下，常有呕吐，严重者可呕吐咖啡色液体；腹泻频繁，大便每日十余次至数十次，多为黄色水样或蛋花样便，含有少量黏液甚至血便。

（2）防治

1）帮助婴幼儿养成良好的卫生习惯，注意饮食卫生。

2）加强户外活动，避免腹部受凉。

3）按计划定时接种疫苗。

5. 便秘的症状及防治方法

便秘表现为排便次数减少、大便干结或排便困难。排便次数减少是指每周排便少于3次。排便困难包括排便费力、排出困难、排便不尽感、排便费时及需手法辅助排便。

（1）症状

1）出现不同程度的大便干燥。

2）排便次数减少，间隔时间延长。

3）排便艰涩或时间延长，或便意频频，难以排出或排净。

4）可伴有腹胀、腹痛、食欲不振、排便哭闹等症状。可因便秘而发生肛裂、便血、痔疮。

（2）防治

1）鼓励婴幼儿多进食粗纤维类食物，适量多饮水。

2）多参加体育活动。

3）养成良好的排便习惯。

4）顺时针方向按摩腹部，促进排便。

5）必要时可使用开塞露通便。

6. 痱子的症状及防治方法

（1）症状。痱子起病急骤，好发于手背、腋窝、肘窝、颈部、胸部、背部、乳房、臀部及头面部等，表现为针头大小密集的红色粟粒疹，成批出现，对称分布，伴有轻度红晕，自觉轻度烧灼感及瘙痒感，消退后有轻度脱屑。

（2）防治

1）炎热夏季，婴幼儿每日用温水洗澡一至数次，以利于散热，浴后擦干。

2）室内通风，减少出汗。

3）衣着宜宽大，并及时更换汗湿的衣物。

7. 湿疹的症状及防治方法

湿疹是由多种内外因素引起的一种具有明显渗出倾向的炎症性皮肤病，伴有明显瘙痒，易复发。其发病是在机体内部因素如免疫功能异常、皮肤屏障功能障碍等基础上，由多种内外因素综合作用的结果。

（1）症状

1）急性期表现为红斑、水肿基础上粟粒大丘疹、丘疱疹、水疱、糜烂及渗出，病变中心往往较重，且逐渐向周围蔓延。外围有散在丘疹、丘疱疹，故边界不清。

2）亚急性期红肿和渗出减轻，糜烂面结痂、脱屑。

3）慢性湿疹主要表现为皮肤粗糙肥厚、苔藓样变。可伴有色素改变，手足部湿疹可伴指甲改变。

（2）防治

1）内衣以纯棉、宽松为宜，避免剧烈搔抓和摩擦。

2）保持适宜的环境温度、湿度，尽量减少生活环境中的变应原。

3）照护中避免婴幼儿剧烈搔抓，避免辛辣刺激性食物，避免摄入致敏食物。

4）沐浴。在适宜的水温（<37 ℃）下沐浴，每日一至数次，每次 10 min 左右。

5）皮肤明显干燥者减少使用肥皂、沐浴露等清洁用品，尽量选择不含香料的清洁用品。

6）沐浴结束擦干皮肤后即可外用保湿剂、润肤剂。

7）严重湿疹可外用湿疹膏或尤卓尔等含糖皮质激素药物。

8. 荨麻疹的症状及防治方法

荨麻疹是由于皮肤、黏膜小血管扩张及渗透增加而出现的一种局限性水肿反应，易反复发作，病程迁延，除极少数并发呼吸道或其他系统症状外，绝大多数预后良好。

（1）症状。临床表现为风团样丘疹或血管性水肿，发作形式多样，风团的大小和形态不一，多伴有瘙痒。病情严重的急性荨麻疹还可伴有发热、恶心、呕吐、腹痛、腹泻、胸闷及喉梗阻等全身症状。

（2）防治

1）熟悉引起婴幼儿荨麻疹急性发作的诱因。在照护中，尽可能避免接触过敏原，去除各种诱发因素。

2）荨麻疹急性发作的婴幼儿，要及时就医。

3）对慢性荨麻疹，要遵医嘱按时帮助患儿用药。

9. 近视的症状及防治方法

根据病程进展和病理变化分类可分为单纯性近视、病理性近视。

（1）症状

1）远距离视物模糊，近距离视力好，注视远处物体时眯眼。

2）近视度数较高常伴有夜间视力差、飞蚊症、飘浮物、闪光感等症状，并可发生程度不等的眼底改变。

（2）防治

1）教室采光、照明应充足，课桌椅应根据婴幼儿身高进行调整。

2）监督指导婴幼儿用眼卫生，用眼时间不宜过长；课间要到户外活动；阅读、书写时，姿势要正确；眼离书本或纸的距离保持在30~35 cm之间；教材要印刷清除；禁止婴幼儿走路、卧位看书；避免在光线过强、过弱的地方读书。

3）均衡饮食，避免出现蛋白质、钙、磷、维生素及微量元素摄入缺乏，限制精制食品、脂肪及糖的摄入。

4）做好视力监测，每年检查视力两次，对已发生近视的婴幼儿及时进行矫正。

10. 龋病的症状及防治方法

龋病是严重危害婴幼儿健康的一种由细菌主导、多因素共同作用的慢性感染性疾病。

（1）症状。婴幼儿乳牙列中有1颗或1颗以上的牙齿龋坏、因龋缺失或充填。小于3岁的婴儿若出现平滑面龋，即为重度婴幼儿龋病。

（2）防治

1）教育婴幼儿及其家长认识口腔卫生的重要性，养成早晚刷牙、进食后漱口的习惯，掌握正确的圆弧刷牙法。

2）定期进行口腔检查，可每年检查2次。

3）合理饮食，适当增加多纤维食品，限制含糖高的食品。

4）定期给婴幼儿牙齿涂氟，一般龋病非高危婴幼儿6个月涂氟一次，龋病高危婴幼儿1~3个月涂氟一次。

11. 斜视的症状及防治方法

斜视是眼的视轴发生偏斜，并且不能为双眼的融合机能克服。

（1）症状。轻者无症状出现，重者会出现眼痛、视觉模糊、复视及眩晕等。

（2）防治

1）悬挂玩具时不可挂得太近，并要经常变换玩具的位置。

2）要注意避免长时间、近距离地注视玩具。

3）增加户外活动的时间。

4）避免夜间开灯睡觉或在摇篮内安装照明灯。

12. 弱视的症状及防治方法

弱视是指视觉系统没有器质性病变，在经过矫正后仍达不到正常视力的疾病。

（1）症状。常出现视力减退，重度弱视者的视力≤0.1，中度者视力为0.2~0.5，轻度者视力为0.6~0.8，同时常伴有眼位偏斜。

（2）防治

1）早发现、早治疗，婴幼儿每年要定时进行健康体检。

2）增加户外活动时间。

3）注意减少用眼疲劳，及时纠正不正确的姿势。

4）养成均衡饮食的习惯，不挑食。

13. 癫痫的症状及防治方法

癫痫是以反复惊厥发作为共同特征的慢性脑部疾病状态。除惊厥发作外，还合并认知减退、行为异常、抑郁等脑部功能异常及相应社会、心理的变化。

（1）症状。癫痫发作可表现为惊厥性发作和非惊厥性发作。惊厥性发作是指伴有骨骼肌强烈收缩的痫性发作，多表现为全身骨骼肌强烈收缩，伴意识丧失、呼吸暂停、口唇发绀，全身反复、短促、猛烈地屈曲性抽动，发作后昏睡，逐渐醒来的过程中可有自动症、头痛、疲乏等发作后状态。非惊厥性发作可表现为典型的失神发作，发作时突然停止正在进行的活动，意识丧失但不摔倒，两眼凝视，持续数秒后意识恢复，发作后不能回忆。

（2）防治

1）保育员要熟悉自己负责的班级中有癫痫病史患儿发作的诱因，尽量避免这些诱因出现。

2）避免患儿进行高空游戏或者睡在上铺。

3）帮助患儿养成良好的生活习惯、生活规律，按时按量服药，进食营养丰富、清淡易消化的食物，保证充足睡眠，避免睡前兴奋。

4）患儿在托幼机构惊厥发作时，除拨打"120"、通知校医现场急救外，保育员要把患儿放至平卧位，用压舌板或者筷子、笔杆放在上下牙之间，避免咬伤舌头。

5）遵医嘱口服抗癫痫药物。

14. 先天性心脏病的症状及防治方法

先天性心脏病是胎儿期心脏及大血管发育异常所致的先天性畸形，最常见的先天性心脏病为房间隔缺损、室间隔缺损、动脉导管未闭、法洛氏四联症。

（1）症状

1）房间隔缺损。症状出现的早晚和轻重取决于缺损的大小，缺损小的可以没有症状；

缺损较大时因为分流量大，导致肺充血、体循环血流量不足，表现为体形瘦长、面色苍白、乏力、多汗、活动后气促和生长发育迟缓。由于肺循环血流增多而易发生反复呼吸道感染。

2）室间隔缺损。多表现为生长迟缓、体重不增、消瘦、喂养困难，活动后乏力、气短、多汗，易患反复呼吸道感染，易并发支气管炎、充血性心力衰竭、肺水肿及感染性心内膜炎。

3）动脉导管未闭。动脉导管细小者临床上可无症状，导管粗大者在婴幼儿期可表现出咳嗽、气急、喂养困难、体重不增、生长发育落后等，分流量大者可有心前区突出、鸡胸等现象。

4）法洛氏四联症。患儿多表现为唇、指甲青紫，活动耐力差，稍一活动，如啼哭、情绪激动、体力劳动、寒冷等，即可出现气急及青紫加重，行走、游戏时常主动下蹲片刻。

（2）防治

1）保证营养供给，以易消化、富有营养的食物为宜；避免因暴饮暴食增加心脏负担而诱发缺氧和心力衰竭。

2）平时应经常饮水，预防感染，去除引起缺氧发作的诱因。

3）心肺功能不稳定患儿应居家治疗，以保证安全。

三、婴幼儿常见传染病及其防治

1. 传染病基本知识

传染病是由病原微生物所引起的具有传染性的疾病。急性传染病在托幼机构易引起传播，造成流行。托幼机构应早预防、早发现、早诊断、早报告、早隔离、早治疗，并实行及时正确的检疫等综合措施，及时保护易感儿童。

（1）传染病的特性

1）由病原体引发。病原体主要有细菌、病毒、真菌、原虫等。

2）具有一定传染性。传染病可以在人与人、动物与动物以及人与动物之间传播，其传染强度与病原体种类、数量、毒力、易感者的免疫状态等有关。

3）具有免疫性。大多数患者在传染病痊愈后，机体会自动产生对该传染病不同程度的免疫力。

4）病程具有一定规律性。传染病的发生、发展及恢复可分为四个时期：潜伏期、前驱期、发病期、恢复期。

（2）传染病流行的基本环节

1）传染源。传染源是指有病原体在体内发育、繁殖并能排出病原体的人和动物。传染源包括病人、病原携带者和受感染的动物。

2）传播途径。传播途径主要有空气传播、接触传播、饮食传播以及媒介昆虫传播等。

3）易感人群。易感人群是指对某些传染病缺乏特异性免疫力、容易感染的人群。

(3) 传染病的主要类型。根据《中华人民共和国传染病防治法》将传染病依据危害程度的不同分为甲、乙、丙三类。

甲类为强制管理的传染病，共 2 种，分别为鼠疫、霍乱。

乙类为严格管理的传染病，共 25 种，分别为传染性非典型性肺炎、病毒性肝炎、细菌性和阿米巴痢疾、伤寒和副伤寒、人感染高致病性禽流感、艾滋病、淋病、梅毒、脊髓灰质炎、麻疹、百日咳、白喉、流行性脑脊髓膜炎、猩红热、流行性出血热、狂犬病、钩端螺旋体病、布鲁氏菌病、炭疽、流行性乙型脑炎、疟疾、登革热、血吸虫病、新生儿破伤风、肺结核。

丙类为监测管理的传染病，共 10 种，分别为流行性感冒、流行性腮腺炎、风疹、急性出血性结膜炎、麻风病、流行性和地方性斑疹伤寒、黑热病、包虫病、丝虫病，除霍乱、细菌性和阿米巴性痢疾、伤寒、副伤寒以外的感染性腹泻病。

(4) 传染病的预防

1）控制传染源。

2）切断传染途径。

3）保护易感儿童。

4）做好卫生与消毒。

2. 流行性感冒的症状及防治方法

流行性感冒（简称流感）是由流感病毒引起的急性呼吸道传染病，其流行病学特点为突然暴发、迅速扩散，具有季节性，发病率高但病死率低。流感患者及隐形感染病毒携带者为主要传染源，主要通过飞沫经呼吸道传播，也可通过口腔、鼻、眼睛等处黏膜直接或间接接触传播。

(1) 症状。该病多发生在冬季，潜伏期为 1~7 天。轻型流感主要症状为高热、寒战、头痛、全身肌肉酸痛、乏力、全身不适，而咳嗽、流涕、鼻塞、咽痛等上呼吸道感染症状较轻，少部分出现呕吐、腹泻等消化道症状。如无并发症出现，多呈自限性过程，多在发病 3~4 天后体温逐渐恢复，全身症状好转，但咳嗽及体力的恢复常需 1~2 周。重型流感则可表现为高热不退，并引发肺炎、心肌炎、脑炎等并发症。

(2) 防治

1）在流行地区或流行季节，加强晨、午、晚检及全日制观察，加强流感的检疫，做到早发现，及时报告、隔离、登记。

2）加强环境消毒。

3）帮助婴幼儿养成良好的个人卫生习惯，咳嗽、打喷嚏时应使用纸巾、毛巾等遮住口鼻，避免飞沫传播；用七步洗手法洗手，避免脏手接触口、眼、鼻。

4）居室定时开窗通风，保持空气流通、新鲜。

5）加强体格锻炼，提高抗病能力。

6）流行期间如出现流感样症状应及时就医，并减少接触他人，尽量居家休息。

7）诊断明确者可口服奥司他韦等抗病毒药物治疗。

8）每年9—11月接种流感疫苗。

3. 手足口病的症状及防治方法

手足口病是由肠道病毒（柯萨奇病毒A组16型、肠道病毒71型等）引起的传染性疾病，潜伏期多为2~10天。此病传染性强，好发于5岁以下儿童，可通过消化道、呼吸道和密切接触传播，主要通过粪—口途径传播，亦可经接触患者呼吸道分泌物、疱疹液及污染的物品而感染。

（1）症状。根据病情的轻重程度，分为普通病例和重症病例两种。

普通病例表现为急性起病，大多有发热，口腔内可见散发性的疱疹或溃疡，多位于舌、颊黏膜和硬腭等处，引起口腔溃疡，疼痛明显，导致患儿出现拒食、流口水、哭闹不安等症状，手掌或脚掌部出现同样疱疹，臀部及膝盖有时也可见。部分患儿伴有咳嗽、流涕、食欲不振、恶心、呕吐、头疼等症状。皮疹消退后不留瘢痕或色素沉着，多在1周内痊愈，预后良好。

重症病例在发病1~5天出现脑膜炎、脑炎、脑脊髓炎、肺水肿、循环障碍等，极少数病例病情危重，可致死亡，存活病例可留有后遗症。

（2）防治

1）在本病流行期间，托幼机构要加强对婴幼儿的晨、午、晚检及全日制观察，发现可疑患儿，要及时到医疗机构就诊，及时向卫生和教育部门报告，做好登记。

2）已确诊患儿注意隔离至14天，避免交叉感染。

3）做好个人卫生，养成饭前便后洗手的习惯。

4）对被污染的日常用品、食具等应及时进行消毒处理。

5）患病期间，充分休息，宜给予清淡无刺激的流质或软食，多饮开水。

6）注意保持皮肤清洁，对皮肤疱疹切勿挠抓，以防溃破感染。

7）接种EV71病毒灭活疫苗。

4. 水痘的症状及防治方法

水痘是由水痘—带状疱疹病毒引起的一种急性出疹性传染病，潜伏期为12~21天，平均14天。通过飞沫经呼吸道传播或接触水痘疱疹液是水痘的主要传播途径。本病四季皆可发病，以冬春两季发病最多，传染性强，感染后可获得持久免疫。

（1）症状。皮肤黏膜相继出现和同时存在斑疹、丘疹、疱疹和结痂等各类皮疹，全身症状轻微。

1）典型水痘。出疹前可出现前驱症状，如发热、不适和厌食等。24~48 h出现皮疹。

2）重症水痘。持续高热和全身中毒症状明显，皮疹多且容易融合成大疱型或呈出血性，可继发感染或因伴血小板减少而发生爆发性紫癜。

（2）防治

1）在本病流行期间，少去公共场所。

2）控制传染源。水痘患儿应隔离至疱疹全部结痂为止，一般不少于病后2周。已接触水痘者应检疫3周，并立即给予水痘减毒活疫苗肌肉注射。已被水痘患儿污染的衣被及用具，应进行消毒。

3）保持室内空气新鲜及皮肤清洁。

4）及时接种水痘减毒活疫苗。

5. 流行性腮腺炎的症状及防治方法

流行性腮腺炎是由腮腺炎病毒引起的一种急性传染病，冬春两季易流行，以5~15岁儿童较为多见。在患儿腮腺肿大前6天至肿大后9天均有传染性。通过空气中的飞沫经呼吸道传播，被唾液污染的食物、食具和用品也可传播。一次感染后可获得终身免疫。

（1）症状。儿童大多无前驱症状，常以腮腺肿大和疼痛为首发症状。腮腺肿大可持续5天左右，以后逐渐消退。可伴有头痛、乏力和食欲减退等。

（2）防治

1）流行性腮腺炎流行期间，少去公共场所。托幼机构要加强晨、午、晚检及全日制观察，有接触史的可疑患儿，要隔离观察，检疫期为21天。

2）发病期间应隔离治疗，直至腮部肿胀完全消退后3天为止。患儿的衣被、用具等物品均应煮沸或暴晒消毒。

3）患病期间注意休息，清淡饮食，保持口腔卫生。

4）按时接种腮腺炎减毒活疫苗。

6. 麻疹的症状及防治方法

麻疹是由麻疹病毒引起的一种具有高度传染性的疾病，麻疹患者是唯一的传染源，含有病毒的分泌物经过患者的呼吸、咳嗽或喷嚏排出体外并悬浮于空气中，通过呼吸道进行传播，与患者密切接触或直接接触患者的鼻咽分泌物亦可传播。麻疹患者出疹前后的5天均有传染性，如有并发症传染性可延长至出疹后10天。麻疹以冬春两季最为多见，病后大多可获得终身免疫。

（1）症状

1）前驱期主要表现为：

①发热。多为中度以上，热型不一。

②上呼吸道感染及结膜炎。在发热的同时出现咳嗽、喷嚏、咽部充血等上呼吸道感染症状，及结膜充血、流泪、畏光等结膜炎表现。

③麻疹黏膜斑。此症状常在出疹前1~2天出现，出疹后1~2天消失。

④其他表现。如全身不适、食欲减退、精神不振等。婴幼儿可有呕吐、腹泻等消化系统症状。偶见皮肤荨麻疹、隐约斑疹或猩红热样皮疹，在出现典型皮疹时消失。

2）出疹期。多在发热3~4天后出现皮疹，此时全身中毒症状加重，体温可突然高达40~40.5℃，咳嗽加剧，伴嗜睡或烦躁不安，重者有谵妄、抽搐。皮疹先出现于耳后、发际，渐及额、面、颈部，自上而下蔓延至躯干、四肢，最后达手掌与足底。皮疹初为红色斑丘疹，呈充血性，疹间可见正常皮肤，不伴痒感。以后部分融合成片，颜色加深，呈暗红色。

3）恢复期。若无并发症发生，出疹3~4天后发热开始减退，食欲、精神等全身症状逐渐好转，疹退后皮肤留有棕褐色色素沉着伴糠麸样脱屑。

（2）防治

1）麻疹流行期间，勿去公共场所和流行区域。

2）居室空气流通，温度、湿度适宜。

3）注意补足水分，饮食应清淡、易消化。

4）保持眼睛、鼻腔、口腔、皮肤的清洁卫生。

5）补充维生素A以提高眼、口腔、肠道和咽部黏膜细胞对麻疹病毒感染的抵抗力。

6）加强晨、午、晚检及全日制观察，尽早发现麻疹患儿，隔离治疗至出疹后5天，合并肺炎者延长隔离至出疹后10天。一般对接触者宜隔离检疫3周，已做过免疫接种者观察4周。

7）接种麻疹减毒活疫苗。

7. 细菌性痢疾的症状及防治方法

细菌性痢疾是由痢疾杆菌引起的肠道传染病，通过污染手、食品、水源或生活接触，或苍蝇、蟑螂等间接方式传播，最终均经口入消化道使易感者受到感染。夏秋多见，潜伏期一般为1~3天（数小时至7天），可分为急性菌痢与慢性菌痢。

（1）类型

1）急性菌痢。可分成四型：普通型（典型）急性菌痢、轻型（非典型）急性菌痢、重型急性菌痢、中毒型急性菌痢。

2）慢性菌痢。可分为三型：隐匿型慢性菌痢、迁延型慢性菌痢、急性发作型慢性菌痢。

（2）防治

1）做到早发现、早隔离、早消毒、早治疗。

2）患儿应进行消化道隔离，直至临床症状消失，大便培养连续2次阴性，方可解除隔离。密切接触者医学观察7天。

3）做好饮食卫生、水源及粪便管理。

4）注意休息，饮食选用富有营养、利于消化的食物。

5）诊断明确者给予抗生素治疗。

8. 猩红热的症状及防治方法

猩红热是感染A族β型溶血性链球菌引起的急性传染病，以冬春两季为多。任何年龄皆可发病，3~7岁儿童发病率较高。猩红热主要通过飞沫传播或直接密切接触传播，也可通过污染玩具、生活用品和食物等经口传播。

（1）症状

1）前驱期。一般不超过24 h，少数可达2天，起病急骤，高热、畏寒、咽痛，伴头痛、恶心、呕吐、厌食、烦躁不安等症状。

2）出疹期。多在发热24 h内出疹，皮疹最早见于耳后、颈部、上胸部、腋下，然后迅速由上而下波及全身。皮疹特点是全身皮肤弥漫性发红，其上有红色细小丘疹，呈鸡皮样，抚摸时似砂纸感，压之褪色。"贫血性皮肤划痕""帕氏线""红草莓舌""环扣苍白圈"都是猩红热的典型表现。出疹期间继续发热，待皮疹遍及全身后，体温逐渐下降。

3）恢复期。皮疹于3~5天后颜色转暗，按出疹顺序逐渐消退，体温正常，蜕皮后无色素沉着。

（2）防治

1）早发现、早隔离、早治疗。对密切接触的易感儿应隔离7~12天，对体弱儿可用药物预防，如口服青霉素类或头孢类药物。

2）对患儿的分泌物和污染物及时消毒处理，接触患儿时应戴口罩。该病流行期间，不要带婴幼儿去公共场所。

3）注意居室开窗通风，保证空气流通。

4）诊断明确者给予抗生素治疗。

9. 蛔虫病的症状及防治方法

蛔虫病是感染蛔虫卵引起的婴幼儿常见肠道寄生虫病，以反复发作的脐周疼痛、饮食异常、大便下虫，或粪便镜检有蛔虫卵为主要特征。蛔虫病患者是主要的传染源，生吃未经洗净且附有感染性虫卵的食物或用感染的手取食是主要的传染途径，虫卵亦可随飞扬的尘土被吸入咽下。

（1）症状

1）幼虫移行引起的症状。幼虫移行至肺可引起蛔幼性肺炎或蛔虫性嗜酸性粒细胞性肺炎，表现为咳嗽、胸闷、血丝痰或哮喘样症状。幼虫可侵入脑、肝、脾、肾、甲状腺和眼，引起相应的临床表现，如惊厥、肝肿大、肝功能异常、视网膜炎、眼睑水肿及尿的改变等。

2）成虫引起的症状。轻者无任何症状，大量蛔虫感染可引起食欲不振或多食易饥、异食癖；反复发作的脐周疼痛，腹部按之可有条索状物或团块，轻揉可散。部分患者烦躁易惊或萎靡、磨牙；虫体的异种蛋白可引起荨麻疹、哮喘等过敏症状。

（2）防治

1）加强知识宣教，普及卫生知识，注意饮食卫生和个人卫生。

2）妥善处理好粪便，不随地大小便。

3）诊断明确者及早驱虫治疗，控制传染源。在蛔虫感染率较高（感染率在50%以上）的地区或托幼机构，应采取集体驱虫治疗，治疗时间应在感染高峰期后2~3个月，即每年的秋冬季节。蛔虫感染率在5%以下的托幼机构无须定期驱虫。

10. 蛲虫病的症状及防治方法

蛲虫病是由蛲虫寄生在人体小肠末端、盲肠和结肠所引起的一种常见寄生虫病，尤以幼儿期多见，以肛门及会阴部附近瘙痒或见到蛲虫为主要特征。蛲虫患者是唯一的传染源，经粪—口传播。

（1）症状。蛲虫感染可引起局部和全身症状，最常见的症状是肛周与会阴皮肤强烈瘙痒和睡眠不安。局部皮肤可因瘙抓损伤而发生皮炎和继发感染。全身症状有胃肠激惹现象，如恶心、呕吐、腹痛、腹泻、食欲不振，还可见焦虑不安、失眠、夜惊、易激动、注意力不集中等精神症状。偶见异位寄生其他器官和侵入邻近器官引起阑尾炎、阴道炎、盆腔炎和腹膜炎等。

（2）防治

1）加强卫生宣教，普及预防蛲虫感染的知识，改善卫生环境，切断传播途径。

2）注意个人卫生，养成良好的卫生习惯。

3）如已感染蛲虫，在早晨起床后要立即用肥皂水洗手，轻轻地将床单、内衣裤放入盆内浸泡、清洗或煮沸消毒，以杀灭虫卵，避免重复感染。

4）患儿每天清洗肛门，防止用手搔抓肛门。

5）诊断明确者给予驱虫治疗。为避免交叉重复感染，对密切接触而未被感染的婴幼儿、工作人员和家庭中其他成员也应进行驱虫治疗。

11. 钩虫病的症状及防治方法

钩虫病是由于钩虫寄生于人体内引起的寄生虫病。轻者无临床表现，仅在粪便中发现虫卵，称为钩虫感染，典型的临床表现主要为贫血、营养不良、胃肠功能失调，严重者可出现心功能不全和生长发育障碍。钩虫病患者为主要传染源，皮肤接触污染的土壤是主要感染途径。

（1）症状

1）钩蚴引起的症状

①钩蚴皮炎。钩蚴入侵的皮肤处多见于脚趾或手指间皮肤较薄处及其他部位暴露的皮肤，可出现红色点状丘疹或小疱疹，烧灼、针刺感，奇痒，数日内消失。搔抓破溃后常继发感染，形成脓疱，并可引起发热和淋巴结炎。

②呼吸道感染。感染后 3~7 天，幼虫移行至肺部可引起喉咙发痒、咳嗽、发热、气急和哮喘，痰中带血丝，甚至大咯血。

2）成虫引起的症状

①贫血。失血性贫血是主要症状。表现为不同程度的贫血、皮肤黏膜苍白、乏力、眩晕，影响婴幼儿体格和智力发育。

②消化道症状。初期表现为贪食、多食易饥，但体重下降。后期食欲下降、胃肠功能紊乱、腹胀不适、腹泻、便秘、异食癖、营养不良等，严重者可出现便血。

（2）防治

1）钩虫病流行地区需普查、普治，加强卫生宣教，注意饮食卫生，不随地大便，加强粪便无害化管理，杀灭粪便中的钩虫卵。

2）托幼机构加强健康宣教，指导、监督婴幼儿做好个人防护。

3）诊断明确者给予驱虫治疗，加强营养，治疗贫血。

理论知识辅导练习题

一、判断题（下列判断正确的请在括号中打"√"，错误的请在括号内打"×"）

1. 烦躁、嗜睡等症状属于异常的精神状态。（　　）
2. 观察皮肤时应在光线不充足的屋里进行，以免阳光照射影响结果。（　　）
3. 儿童出现疾病时皮肤也会发生改变，高热时皮肤苍白，营养不良时面色发青。（　　）
4. 正常婴幼儿颏下、锁骨及肘部淋巴结不应该被摸到。（　　）

5. 体育锻炼对增强婴幼儿免疫力，促进其体格、智力发育具有直接作用。（   ）
6. 日光浴能促进身体骨骼的生长，但是没有防治佝偻病的作用。（   ）
7. 水浴能提高大脑皮质的兴奋，增强体温调节功能。（   ）
8. 腋下测温时，若儿童腋下出汗较多，可直接测量。（   ）
9. 热敷时，为了达到更好地促进血液循环的效果，热敷的温度应越高越好。（   ）
10. 当婴幼儿发热需要降低体温时，可把冷水袋或冷毛巾敷在婴幼儿额头、四肢、背部、腋窝、肘窝、腹股沟等处，冷敷后用毛巾擦干。（   ）
11. 保育员不需要熟悉常用药物的性能、作用，只需要查对和按照医嘱用药就可以了。（   ）
12. 引起上呼吸道感染的病原都是病毒。（   ）
13. 上呼吸道感染的儿童可能出现烦躁不安、全身不适、乏力等症状。（   ）
14. 反复呼吸道感染，根据不同年龄组婴幼儿每年反复发生呼吸道感染的次数来确定。（   ）
15. 支气管哮喘儿童急性发作期主要表现为：咳嗽和喘息呈阵发性发作，常在中午发作或加剧。（   ）
16. 在照护支气管哮喘儿童时应尽可能避免接触过敏原，以去除各种诱发因素。（   ）
17. 婴幼儿大便次数增多，大便稀薄或带水，呈黄色或黄绿色，有酸味，常见白色或黄白色奶瓣和泡沫，这是腹泻的症状。（   ）
18. 便秘的婴幼儿不宜多进食粗纤维类食物，可逆时针方向为其揉腹。（   ）
19. 痱子好发于夏季，表现为针头大小密集的红色粟粒疹，消退后有轻度脱屑。（   ）
20. 脓疱性粟粒疹其顶端有针头大小的浅表性小脓疱，可以刺破。（   ）
21. 患湿疹的婴幼儿应减少洗浴的次数。（   ）
22. 慢性湿疹主要表现为皮肤粗糙肥厚、苔藓样变。（   ）
23. 不论湿疹是否严重，都不应该给婴幼儿应用含激素的药物。（   ）
24. 保育员要与家长做好沟通，熟悉自己负责的班级中有荨麻疹病史的婴幼儿荨麻疹急性发作的诱因，尽可能避开诱因。（   ）
25. 眼离书本或纸的距离应保持在 25~30 cm 之间，禁止婴幼儿走路、卧位看书，避免在光线过强、过弱的地方读书，都可以预防近视。（   ）
26. 婴幼儿乳牙列中有 3 颗以上的牙齿龋坏、因龋缺失或充填，可诊断为龋齿。（   ）
27. 为预防龋齿，幼托机构应该提供低纤维食品，限制含糖高的食品。（   ）
28. 婴幼儿患斜视时，轻者无症状出现，重者会出现眼痛、视觉模糊、复视及眩晕等症状。（   ）

29. 弱视的儿童在经过矫正后可以达到正常视力。（　　）
30. 患癫痫的婴幼儿不能进行高空游戏或者睡在上铺。（　　）
31. 为了避免癫痫发作，保育员应该让患儿多食鱼肉，每天尽量多饮水。（　　）
32. 动脉导管未闭的儿童，严重者可出现心前区突出、鸡胸症状。（　　）
33. 急性传染病在托幼机构易引起传播，造成流行，但是不影响儿童生长发育。（　　）
34. 所有的传染病在患病一次后都可获得终身免疫。（　　）
35. 传染病在人群中发生和传播的过程包括三个基本环节，即传染源、传播途径、易感人群。（　　）
36. 根据法律规定，传染病依据危害程度的不同分为甲、乙、丙、丁四类。（　　）
37. 幼托机构应该建立健全室内外环境消毒制度，每周全面检查一次。（　　）
38. 流行性感冒诊断明确者可以口服奥司他韦等抗病毒药物治疗。（　　）
39. 发热、口腔和四肢末端出现斑丘疹、疱疹是水痘的主要表现。（　　）
40. 水痘的传染性强，感染后可获得持久免疫。（　　）
41. 流行性腮腺炎患儿腮腺肿大前6天至肿大后9天均有传染性。（　　）
42. 流行性腮腺炎常以腮腺肿大和疼痛为首发症状。（　　）
43. 麻疹出疹后，发热症状立即减退，食欲、精神等全身症状逐渐好转。（　　）
44. 补充维生素A能提高机体对麻疹病毒感染的抵抗力。（　　）
45. 菌痢患儿应进行消化道隔离，至临床症状消失即可解除隔离。（　　）
46. 患猩红热的婴幼儿应及时隔离，隔离至临床症状消失，咽拭子培养链球菌阴性时解除隔离。（　　）
47. 托幼机构要加强防治蛔虫病的知识宣教，普及卫生知识，注意饮食卫生和个人卫生，不吃生菜及未洗净的瓜果。（　　）
48. 对密切接触而未被蛲虫感染的婴幼儿、工作人员和家庭中其他成员不需要进行驱虫治疗。（　　）
49. 蛲虫感染可引起局部和全身症状，局部皮肤损伤不会引起继发性感染。（　　）
50. 钩虫幼虫移行至肺部可导致呼吸道感染。（　　）

二、单项选择题（下列每题有4个选项，其中只有1个是正确的，请将其代号填写在横线空白处）

1. 关于观察婴幼儿皮肤时的注意事项，下列描述错误的是_____。
   A. 要注意给儿童保暖　　　　　　B. 观察皮肤的颜色
   C. 要在强光下仔细观察　　　　　D. 触摸皮肤的弹性

2. 关于婴幼儿皮肤的观察，下列描述错误的是_____。

A. 健康的婴幼儿面色红润　　　　　B. 皮下脂肪的厚薄不能显示营养好坏

C. 营养不良时面色苍白　　　　　　D. 出现黄疸时可见皮肤和巩膜发黄

3. 健康婴幼儿_____淋巴结不能被触及。

A. 颈部　　　　　　　　　　　　　B. 枕部

C. 腹股沟部位　　　　　　　　　　D. 锁骨下部位

4. 关于婴幼儿正常口腔的描述错误的是_____。

A. 双侧扁桃体可见黄色分泌物　　　B. 双侧扁桃体无肿大

C. 口腔内的黏膜无充血、溃疡　　　D. 咽部无溃疡、充血

5. "三浴"锻炼不包括_____。

A. 日光浴　　　　　　　　　　　　B. 水浴

C. 氧气浴　　　　　　　　　　　　D. 空气浴

6. 关于日光浴的作用描述错误的是_____。

A. 可制造内源性维生素 D　　　　　B. 促进身体骨骼的生长

C. 促进身体内钙和磷的吸收　　　　D. 使身体皮肤血管收缩，促进血液循环

7. 关于水浴的作用描述错误的是_____。

A. 增强体温调节功能　　　　　　　B. 抑制大脑皮质的兴奋

C. 增强机体对温度变化的适应能力　D. 有锻炼身体的作用

8. 关于空气浴的作用描述错误的是_____。

A. 锻炼呼吸器官并抑制心脏功能　　B. 促进机体新陈代谢

C. 使皮肤和呼吸道得到锻炼　　　　D. 增强身体抵抗力

9. 关于腋下测温描述错误的是_____。

A. 先把体温计上的水银柱甩到 35 ℃以下

B. 腋窝有汗时应擦干腋窝汗水

C. 10 min 后取出查看

D. 把体温计有水银的一头放入腋部中央

10. 关于热敷法的描述正确的是_____。

A. 使用热水袋时，水温以 80 ℃以上为宜

B. 使用热毛巾时热敷时间以 20~30 min 为宜

C. 使用热水袋时，要将热水袋装满热水

D. 使用盐、米或沙子炒热后装入布袋内，每次 20~30 min

11. 关于冷敷法的描述错误的是_____。

A. 具有消炎、止血、止痛的作用

B. 使用冰袋或冷水袋冰敷时，要在冰袋里装上 2/3 的冰

C. 当婴幼儿发热需要降低体温时，可用冷水袋进行冷敷

D. 对婴幼儿进行冷敷时，时间不宜过长

12. 关于给药方法，下列描述错误的是_____。

　　A. 根据医嘱给药，并注意观察药物的疗效及病情变化

　　B. 准确掌握给药剂量、浓度、方法和时间

　　C. 备好的药品应放置一会儿再分发或使用

　　D. 给药中执行查对制度

13. 关于上呼吸道感染的防治，下列描述错误的是_____。

　　A. 上呼吸道感染有自限性的特点，无须治疗

　　B. 流感期间少去公共场所

　　C. 经常进行户外运动，加强锻炼

　　D. 饮食宜清淡、易消化且富有营养

14. 3~5 岁幼儿上呼吸道感染次数每年_____次以上称之为反复呼吸道感染。

　　A. 5　　　　　　　　　　　　B. 6

　　C. 7　　　　　　　　　　　　D. 8

15. 关于哮喘的防治，下列描述错误的是_____。

　　A. 照护中尽可能避免接触过敏原　　B. 避免活动过度和情绪激动

　　C. 要预防外感诱发哮喘　　　　　　D. 进行大量的运动，增强体质

16. 慢性腹泻的病程为_____以上。

　　A. 2 周至 1 个月　　　　　　　B. 1 个月

　　C. 2 个月　　　　　　　　　　D. 3 个月

17. 关于便秘的说法错误的是_____。

　　A. 表现为排出困难、排便不尽感

　　B. 便秘者可多食高蛋白质、含钙量高的食物

　　C. 鼓励婴幼儿多进食粗纤维类食物

　　D. 顺时针方向按摩腹部，可促进排便

18. _____不是慢性湿疹的主要表现。

　　A. 红斑、水肿　　　　　　　　B. 皮肤粗糙肥厚

　　C. 苔藓样变　　　　　　　　　D. 皮肤色素改变

19. 关于湿疹的防治方法，下列描述错误的是_____。

　　A. 照护中避免婴幼儿剧烈搔抓

B. 内衣以纯棉、宽松为宜

C. 应注意保持适宜的环境温度、湿度

D. 皮肤干燥者多使用肥皂、沐浴露等清洁用品

20. 一般龋病非高危婴幼儿_____涂氟一次。

　　A. 3 个月　　　　　　　　　　B. 6 个月

　　C. 9 个月　　　　　　　　　　D. 1 年

21. 龋病高危婴幼儿_____涂氟一次。

　　A. 1~3 个月　　　　　　　　　B. 3~4 个月

　　C. 4~6 个月　　　　　　　　　D. 6~9 个月

22. 关于斜视的防治方法，下列描述错误的是_____。

　　A. 夜间开灯睡觉以免婴幼儿看不见　　B. 婴幼儿悬挂玩具时不可挂得太近

　　C. 应多带婴幼儿到户外活动　　　　　D. 避免长时间、近距离地注视玩具

23. 关于弱视的描述正确的是_____。

　　A. 轻度弱视者的视力为 0.8~1.0　　　B. 中度弱视者的视力为 0.6~0.8

　　C. 重度弱视者的视力为 0.3~0.6　　　D. 重度弱视者的视力≤0.1

24. 关于癫痫的防治方法，下列描述错误的是_____。

　　A. 保证充分睡眠，避免睡前兴奋

　　B. 发作时要使劲按住患儿，以免造成误伤

　　C. 不让患癫痫的婴幼儿进行高空游戏或者睡在上铺

　　D. 惊厥发作时，立即拨打 120 医疗急救电话

25. 关于先天性心脏病的防治方法，下列描述错误的是_____。

　　A. 保证营养供给　　　　　　　B. 避免剧烈运动

　　C. 暴饮暴食，增加营养　　　　D. 预防感染

26. 关于传染病的特征，下列描述错误的是_____。

　　A. 病程无规律性　　　　　　　B. 由病原体引发

　　C. 具有一定传染性　　　　　　D. 具有免疫性

27. 传染病流行的基本环节不包括_____。

　　A. 传染源　　　　　　　　　　B. 易感人群

　　C. 传播途径　　　　　　　　　D. 传染环境

28. 传染病的发生、发展及恢复可分为_____。

　　A. 潜伏期、前驱期、发病期、恢复期

　　B. 潜伏前期、潜伏期、发病期、恢复期

C. 潜伏期、发病期、症状期、恢复期

D. 潜伏期、发病期、恢复前期、恢复期

29. 关于传染病的预防，下列描述错误的是_____。

    A. 控制传染源 B. 尝试切断传染途径

    C. 保护易感儿童 D. 做好卫生与消毒

30. 关于流行性感冒，下列描述错误的是_____。

    A. 具有季节性 B. 在感染后可产生一定的免疫力

    C. 大多为自限性 D. 不会通过飞沫传播

31. 关于流行性感冒的预防，下列描述错误的是_____。

    A. 加强流感的检疫，以早期发现患儿 B. 养成良好的个人卫生习惯

    C. 诊断明确者可给予抗生素治疗 D. 接种流感疫苗进行预防

32. 关于手足口病，下列描述错误的是_____。

    A. 病情都较轻，可以自愈

    B. 可以通过消化道、呼吸道和密切接触传播

    C. 可见手掌或脚掌部出现疱疹

    D. 皮疹消退后不留瘢痕或色素沉着

33. 已确诊手足口病的儿童需要隔离_____天。

    A. 7 B. 10

    C. 14 D. 20

34. 关于水痘，下列描述错误的是_____。

    A. 传染性强，感染后可获得持久免疫 B. 发热退去后就不再具有传染性

    C. 可以通过飞沫呼吸道传播 D. 水痘也可能致命

35. 预防水痘最有效的方法是_____。

    A. 切断传播途径 B. 接种水痘疫苗

    C. 本病流行期间，少去公共场所 D. 卫生消毒

36. 流行性腮腺炎应隔离至_____为止。

    A. 腮腺肿胀消退后 3 天 B. 腮腺肿胀消退后 7 天

    C. 腮腺肿胀消退后 14 天 D. 腮腺肿胀消退后 21 天

37. _____不是麻疹的主要症状。

    A. 结膜炎 B. 麻疹黏膜斑

    C. 食欲减退、精神不振 D. 贫血性皮肤划痕

38. 细菌性菌痢患儿_____方可解除隔离。

A. 临床症状消失，大便培养连续 1 次阴性

B. 临床症状基本消失，大便培养连续 1 次阴性

C. 临床症状消失，大便培养连续 2 次阴性

D. 临床症状基本消失，大便培养连续 2 次阴性

39. 关于猩红热的防治，下列描述错误的是＿＿＿＿。

A. 一旦发现立即隔离　　　　　　B. 居室多开窗通风，保证空气流通

C. 流行期间，少去公共场所　　　D. 诊断明确者口服奥司他韦治疗

40. ＿＿＿＿不是蛔虫病的主要症状。

A. 脐周疼痛　　　　　　　　　　B. 肛周瘙痒

C. 饮食异常　　　　　　　　　　D. 大便下虫

参考答案及说明

一、判断题

1. √	2. ×	3. ×	4. √	5. √	6. ×	7. √	8. ×	9. ×	10. √
11. ×	12. ×	13. √	14. √	15. ×	16. √	17. ×	18. √	19. √	20. ×
21. ×	22. √	23. ×	24. √	25. √	26. ×	27. √	28. √	29. √	30. √
31. ×	32. √	33. √	34. √	35. √	36. √	37. √	38. √	39. √	40. √
41. √	42. √	43. ×	44. √	45. √	46. √	47. √	48. ×	49. ×	50. √

【说明】

2. × 观察皮肤时应在自然光线下进行，才能得出准确的结果。

3. × 健康的婴幼儿面色红润，富有光泽，高热时会出现红中微带紫，营养不良时面色苍白或发黄。

6. × 日光浴可以促进身体骨骼的生长，同时有防治佝偻病的作用。

8. × 腋下测温具体要领如下：先把体温计上的水银柱甩到 35 ℃以下，若腋下出汗较多，应擦干腋窝汗水，然后把体温计有水银的一头放入腋部中央。

9. × 热敷法具有消炎、消肿、减轻疼痛及促进血液循环的作用。手背试温，以不太热为度，置于婴幼儿患部。太热可能会烫伤婴幼儿。

11. × 保育员必须熟悉常用药物的性能、作用及不良反应，掌握药物的剂型、剂量和给药方法，以做到合理使用，减少药物不良反应。

12. × 引起上呼吸道感染 90%以上的病原为病毒，也可见细菌、支原体等病原体感染。

15. × 支气管哮喘急性发作期主要表现为：咳嗽和喘息呈阵发性发作，常在夜间或清

晨发作或加剧。

18. ×　便秘的婴幼儿应多进食粗纤维类食物，适量多饮水。可顺时针方向按摩腹部，促进肠管蠕动，达到排便的目的。

20. ×　脓疱性粟粒疹属于痱子的一种，其顶端有针头大小浅表性小脓疱，不能刺破，刺破后容易诱发感染。

21. ×　基础皮肤护理对婴幼儿湿疹的治疗非常重要，沐浴有助于清除或减少表皮污垢和微生物，在适宜的水温（<37 ℃）下沐浴，每日一至数次，每次 10 min 左右。

23. ×　严重湿疹可外用湿疹膏或尤卓尔等含糖皮质激素药物。

25. ×　预防近视：监督指导婴幼儿用眼卫生，用眼时间不宜过长，特别要限制近距离用眼时间，平时要尽量延长视距，扩大视野；课间要到户外活动，可进行远眺以减轻视力疲劳；阅读、书写时，姿势要正确；眼离书本或纸的距离保持在 30～35 cm 之间；教材要印刷清楚；禁止婴幼儿走路、卧位看书；避免在光线过强、过弱的地方读书。

26. ×　婴幼儿乳牙列中有 1 颗或 1 颗以上的牙齿龋坏、因龋缺失或充填，小于 3 岁的婴儿出现平滑面龋，即为重度婴幼儿龋病。

27. ×　为了预防龋齿，托幼机构应该给婴幼儿提供合理饮食，适当增加多纤维食品，限制含糖高的食品，不可将食物切得太碎，充分锻炼咀嚼功能，通过咀嚼食物也可起到清洁口腔的作用。

29. ×　弱视是指视觉系统没有器质性病变，在经过矫正后仍达不到正常视力的疾病，属于婴幼儿视觉系统发育障碍性疾病。

31. ×　为了避免癫痫发作，保育员应该帮助患儿养成良好的生活习惯、生活规律，按时按量服药，进食营养丰富、清淡易消化的食物，食品不宜过咸，不进食浓茶及含咖啡因的饮料、食品，不在短时间内大量饮水。保证充分睡眠，避免睡前兴奋。

33. ×　急性传染病在托幼机构易引起传播，造成流行。有些传染病还会给儿童健康和发育遗留不良影响，甚至导致终身残疾。

34. ×　不同的传染病病后免疫状态有所不同，有的传染病患病一次后可终身免疫，如水痘、麻疹等，有的可再度感染。

36. ×　根据法律规定，传染病依据危害程度的不同分为甲、乙、丙三类。

39. ×　发热、口腔和四肢末端出现斑丘疹、疱疹是手足口病的主要表现。

43. ×　麻疹出疹 3～4 天后，发热症状开始减退，食欲、精神等全身症状逐渐好转，皮疹按出疹的前后顺序开始消退。

45. ×　菌痢患儿应进行消化道隔离，直至临床症状消失，大便培养连续 2 次阴性，方可解除隔离。

48. ×　为避免交叉重复感染，对密切接触而未被蛲虫感染的婴幼儿、工作人员和家庭中其他成员也应进行驱虫治疗。

49. ×　蛲虫感染可引起局部和全身症状，最常见的症状是肛周与会阴皮肤强烈瘙痒和睡眠不安。局部皮肤可因瘙抓损伤而发生皮炎和继发性感染。

二、单项选择题

1. C　解析：观察皮肤时应在自然光线下进行，才能得出准确的结果。在观察时，首先要遵循保暖的原则，仔细观察身体各部位皮肤的颜色，查看有无苍白、黄染、发绀、潮红、皮疹、瘀斑、脱屑、色素沉着、毛发异常、水肿等情况，触摸皮肤的弹性，检查皮下组织及脂肪的厚度。

2. B　解析：健康的婴幼儿面色红润，富有光泽，高热时会出现红中微带紫；营养不良时面色苍白或发黄，黄疸时可见皮肤和巩膜发黄；皮下脂肪的厚薄程度可显示婴幼儿营养状况的好坏。

3 答案：D　解析：婴幼儿期淋巴结发育较快，正常婴幼儿在颈部、枕部、腹股沟处可摸到单个淋巴结，大小不等，活动度好，无压痛。

4. A　解析：观察口唇的颜色，有无发绀、苍白、干燥、口角糜烂、疱疹。口腔内的黏膜、牙龈等部位有无充血、溃疡、黏膜斑等，观察双侧扁桃体是否肿大，有无充血、分泌物、脓点，观察咽部有无溃疡、充血、疱疹等情况。

5. C　解析："三浴"锻炼指的是日光浴、水浴、空气浴。

6. D　解析：日光浴是利用日光进行身体锻炼，日光中的紫外线照射于皮肤，在身体内可制造内源性维生素 D，帮助吸收食物中的钙和磷，促进身体骨骼的生长，有防治佝偻病的作用。同时能使身体皮肤血管扩张，增强血液循环，促进婴幼儿生长发育。

7. B　解析：水浴是通过水温和水的机械作用刺激机体，提高大脑皮质的兴奋，增强体温调节功能，增强机体对温度变化的适应能力，达到锻炼身体的目的。

8. A　解析：空气浴是通过气温和体表温度之间的差异形成刺激，气温越低、作用时间越长，刺激强度就越大，能促进机体新陈代谢、锻炼呼吸器官并增强心脏功能。进行空气浴时，婴幼儿身体大部分皮肤暴露在空气中，接受新鲜空气的沐浴，使皮肤和呼吸道得到锻炼，增强身体抵抗力。

9. C　解析：腋下测温要领是先把体温计上的水银柱甩到 35 ℃ 以下，用酒精消毒体温计，擦干腋窝汗水，把体温计有水银的一头放入腋部中央，把婴幼儿胳膊弯曲并放置胸前，以利于把体温计夹紧，5~10 min 后取出查看。若怀疑婴幼儿发热，而温度计数值上升幅度偏小或没有任何变化时，可重新测量。

10. D　解析：热敷法通常有三种。一是使用热水袋，将热水袋装入 2/3 热水，水温以

60~80 ℃为宜；二是把毛巾或布在热水中浸湿，每次热敷时间以 15~20 min 为宜，每天可进行 3~4 次；三是把盐、米或沙子炒热后装入布袋内，代替热水袋或热毛巾热敷，每次 20~30 min，每天进行 3~4 次。

11. B　解析：冷敷法具有消炎、止血、止痛、散热、降低体温的作用。使用冰袋或冷水袋冰敷时，要在冰袋里装入半袋或 1/3 袋碎冰或冷水，挤出袋内的空气，把袋口用夹子或其他用具固定结实，置于患病部位。当婴幼儿发热需要降低体温时，可把冷水袋或冷毛巾敷在婴幼儿额头、四肢、背部、腋窝、肘窝、腹股沟等处，冷敷后用毛巾擦干。冷敷时间不宜过长，以免影响血液循环。

12. C　解析：给药基本原则是：执行查对制度，在给药操作前、操作中、操作后查对婴幼儿姓名、药名、浓度、剂量、方法、时间等，以杜绝差错，防止意外发生。根据医嘱给药，并注意观察药物的疗效及病情变化。准确掌握给药剂量、浓度、方法和时间，备好的药品应及时分发或使用，避免放置过久而降低药效或被污染。注意用药后的反应，对于某些易引起过敏反应或毒副作用较大的药物应加强观察，做好记录，若出现不良反应及时告知医生或停止使用。

13. A　解析：上呼吸道感染有自限性的特点，在治疗时多以对症处理为主；经常进行户外运动，呼吸新鲜空气，多晒太阳，加强锻炼，随气候变化及时增减衣服；避免与呼吸道感染病人接触，流感流行期间少去公共场所；居室定时开窗通风，保持空气流通、新鲜，避免被动吸烟；饮食宜清淡、易消化且富有营养，忌食辛辣、冷饮、肥甘厚味的食物。

14. B　解析：3~5 岁幼儿上呼吸道感染次数每年 6 次以上或下呼吸道感染每年 2 次以上可诊断为反复呼吸道感染。

15. D　解析：要防治哮喘，在照护中应尽可能避免接触过敏原，去除各种诱发因素；避免活动过度和情绪激动，以防诱发哮喘；气候转变、换季或流感流行时，要预防外感诱发哮喘；选择适宜的锻炼方式，增强体质。

16. C

17. B　解析：饮食中蛋白质、钙含量过高，可导致大便呈碱性、干燥，次数减少。

18. A　解析：慢性湿疹主要表现为皮肤粗糙肥厚、苔藓样变，可伴有色素改变，手足部湿疹可伴指甲改变。

19. D　解析：对于湿疹的防治，婴幼儿内衣应以纯棉、宽松为宜，避免剧烈搔抓和摩擦；托幼机构集体环境应注意保持适宜的环境温度、湿度；在适宜的水温（<37 ℃）下沐浴，每日一至数次，每次 10 min 左右；皮肤明显干燥者减少使用肥皂、沐浴露等清洁用品，尽量选择不含香料的清洁用品；沐浴结束擦干皮肤后即可外用保湿剂、润肤剂；严重湿疹可外用湿疹膏或尤卓尔等含糖皮质激素药物。

20. B　解析：一般龋病非高危婴幼儿6个月涂氟一次。

21. A　解析：龋病高危婴幼儿1~3个月涂氟一次。

22. A　解析：要重视斜视的防治，婴幼儿悬挂玩具不可挂得太近，并要经常变换玩具的位置。当婴幼儿可以自己把玩玩具时，要注意避免长时间、近距离地注视玩具。应多带婴幼儿到户外活动，并有意识地引导其向远处眺望。夜间开灯睡觉或摇篮内安装照明灯都不利于婴幼儿眼睛的正常发育，应予以避免。

23. D　解析：重度弱视者的视力≤0.1，中度弱视者的视力为0.2~0.5，轻度弱视者的视力为0.6~0.8，同时常伴有眼位偏斜。

24. B　解析：对于癫痫的防治，保育员应熟悉婴幼儿惊厥急性发作的诱因，尽量避免这些诱因出现；避免患儿进行高空游戏或者睡在上铺，避免惊厥发作，摔伤患儿；帮助患儿养成良好的生活习惯、生活规律，按时按量服药，进食营养丰富、清淡易消化的食物，保证充分睡眠，避免睡前兴奋；婴幼儿在托幼机构惊厥发作时，除拨打120医疗急救电话、通知校医现场急救外，还要把患儿放至平卧位，用压舌板或者筷子、笔杆放在上下牙之间，避免咬伤舌头；遵医嘱帮助患儿口服抗癫痫药物。

25. C　解析：对于先天性心脏病的防治，应保证营养供给，以易消化、富有营养的食物为宜；避免暴饮暴食，增加心脏负担而诱发缺氧、心力衰竭；平时应经常饮水，预防感染，去除引起缺氧发作的诱因，如贫血、感染，尽量保持患儿安静，避免剧烈运动；心肺功能不稳定患儿应居家治疗，以保证安全。

26. A

27. D

28. A

29. B

30. D　解析：流行性感冒具有季节性，主要通过飞沫经呼吸道传播，也可通过口腔、鼻、眼睛等处黏膜直接或间接接触传播，大多为自限性，在感染后可产生一定的免疫力。

31. C　解析：关于流行性感冒的防治，应加强流感的检疫，以尽早发现患儿，及时报告、隔离、登记；加强环境消毒，以防止疫情扩散；帮助婴幼儿养成良好的个人卫生习惯；诊断明确者可口服奥司他韦等抗病毒药物治疗；接种流感疫苗是其他方法不可替代的最有效预防流感及其并发症的手段。

32. A　解析：手足口病临床表现复杂而多样，根据病情的轻重程度，分为普通病例和重症病例两种。少数病例病情进展迅速，在发病1~5天出现脑膜炎、脑炎、脑脊髓炎、肺水肿、循环障碍等，极少数病例病情危重，可致死亡，存活病例可留有后遗症。

33. C

34. B　解析：水痘自发疹前24 h至皮疹完全结痂为止，均具有传染性，人群普遍易感，在集体托幼机构易发生流行。

35. B

36. A

37. D

38. C

39. D

40. B　解析：蛔虫病是感染蛔虫卵引起的婴幼儿常见肠道寄生虫病，以反复发作的脐周疼痛、饮食异常、大便下虫或粪便镜检有蛔虫卵为主要特征。

职业模块八　婴幼儿安全知识

考 核 要 点

考核范围	考核要点	重要程度
托幼机构中婴幼儿安全知识	1. 托幼机构婴幼儿常见意外伤害的类型	了解
	2. 新时代托幼机构意外伤害的特点	熟悉
	3. 新时代托幼机构常见意外伤害事故发生的原因	掌握
婴幼儿意外伤害的防范与紧急处理	1. 婴幼儿意外伤害的防范措施	了解
	2. 常见婴幼儿意外伤害的应急处理和预防措施	掌握

重点复习提示

一、托育机构中婴幼儿安全知识

《幼儿园教育指导纲要（试行）》指出：幼儿园必须把保护幼儿的生命和促进幼儿的健康放在工作的首位。婴幼儿时期是人的一生快速生长发育的重要时期，也是一个需要成人精心照顾、保护、高度关注其安全的时期。

1. 托幼机构婴幼儿常见意外伤害的类型

托幼机构婴幼儿意外伤害，是指在托幼机构注册的婴幼儿，在托幼机构中或在托幼机构组织的机构外集体活动中，突然发生的对婴幼儿肉体或精神上的伤害。它主要是指婴幼儿在托幼机构中发生的人身伤害，也包括婴幼儿虽不在托幼机构，但属于托幼机构组织的园外社区或者社会实践活动（如走进消防大队、图书馆、敬老院、春游、秋游、远足等）中的人身伤害，由物理、化学和生物等多种因素造成。

托幼机构意外伤害发生的范围、种类是极其复杂的，托幼机构最常见的几种伤害类型有：建筑、设施、设备伤害；保育教育活动中的伤害；托幼机构管理不到位引发的安全问题，如走失、不良人员的侵入、机构内保教人员直接伤害婴幼儿和校车安全事件。

2. 新时代托幼机构意外伤害的特点

（1）从儿童意外伤害发生的性别构成看，男孩明显较女孩容易发生意外伤害。

（2）儿童意外损伤较多发生的类型多以皮肤挫裂伤、脱臼和骨折为多。

（3）儿童意外伤害较多发生在春季。

（4）儿童意外伤害较多发生的时间段是10：00—14：30。此时，多为户外活动、进餐和睡眠等生活活动时间，是意外伤害发生的高峰期。

（5）儿童意外伤害较多发生在户外活动和玩大型玩具时。

3. 新时代托幼机构常见意外伤害事故发生的原因

托幼机构里儿童意外伤害事故发生的原因复杂，既有客观方面的，也有主观方面的，主要归纳为以下几个方面。

（1）儿童自身问题

1）由儿童生长发育的特点决定。婴幼儿时期，身心处于明显的未成熟阶段。从生理角度讲，婴幼儿的神经系统发育还不完善，肌肉组织发育也不成熟，手脚的力量较小，再加上婴幼儿小脑平衡功能较差，因此在奔跑、行走时也会出现摔跤、碰撞现象。从心理角度讲，婴幼儿具有好动、好模仿、好表现的特点。

2）婴幼儿的安全意识淡薄，安全知识贫乏，安全救助技能欠缺。

3）婴幼儿体质特殊或者突发疾病。

（2）托幼机构特殊性质问题

1）集体教养环境复杂。托幼机构是集体教养机构，与家庭教育相比，保教人员相对偏少，再加上托幼机构的活动空间和活动形式多样，集体生活中婴幼儿之间的交往又多，这些因素都使他们面临着更加复杂、多样的环境和挑战，很容易发生意外伤害。

2）保育与教育相结合，增加了安全隐患。托幼机构与其他教育机构不同，保教结合是婴幼儿教育中必须坚持的首要原则，这虽然使婴幼儿在托幼机构中的生活变得丰富多彩，但也平添了许多安全隐患，吃、住、行稍有不慎，就可能对婴幼儿造成伤害。

（3）托幼机构的安全管理问题

1）安全管理制度不完备或无针对性。

2）安全管理制度执行不严格。

3）没有认真落实安全工作首责制和主要责任制。

（4）托幼机构中的安全问题

1）环境中存在安全隐患。《幼儿园工作规程》第十三条规定：幼儿园的园舍应当符合国家和地方的建设标准，以及相关安全、卫生等方面的规范，定期检查维护，保障安全。幼儿园不得设置在污染区和危险区，不得使用危房。幼儿园的设备设施、装修装饰材料、用品用具和玩/教具材料等，应当符合国家相关的安全质量标准和环保要求。

2）个别保育员素质不高、责任心不强。

3）班级中存在安全隐患

①活动室环境的安全隐患。如电源插座直接外露，取暖设备让婴幼儿直接触碰到等。

②玩具、材料的安全隐患。

③班级活动中的安全隐患。包括使用工具的安全隐患、室内活动的安全隐患、室外活动的安全隐患。

④着装安全隐患。首先，有的儿童穿太长的裙子、太大的衣服，容易绊倒，进而发生意外。其次，保教人员穿太短、太窄或太长的裙子，以及太高的高跟鞋，留长指甲或佩戴影响教学的饰品，当婴幼儿发生意外时，影响其及时采取保护措施。

⑤防火安全隐患。如未在每个班级醒目位置张贴图文并茂的安全疏散通道示意图，未组织保教人员学习疏散、逃生方法及消防和紧急求助电话；没有制定紧急状况疏散预案，并将其常态化，未定期组织婴幼儿进行逃生、防火疏散演练。

⑥未按照规定严格进行晨检、午检。

4）门卫管理的安全隐患。如未严格实行接送卡制度，即必须由固定接送人持卡、刷卡接送，以防孩子被冒领；未按照规定委托有资质的专业保安公司，配备经过安全保卫技能培训的保安；未严格执行门卫制度，使可疑人员进入；门卫室未按照要求配备固定的防卫器械，如电警、防刺服、辣椒水、木棍、钢叉等。

二、婴幼儿意外伤害的防范与紧急处理

1. 婴幼儿意外伤害的防范措施

（1）完善安全管理组织和制度，加强安全教育

1）建立健全安全管理组织和制度，消除各种安全隐患。

2）加强检查监督，认真落实安全防范措施。

3）加强安全教育，增强婴幼儿自身的安全意识和能力。

（2）履行托幼机构安全保护义务

1）定期检查教育活动场所、设施，提供安全、卫生的学习环境。

2）配备称职的工作人员并加强管理。

3）开展反家庭暴力教育。

4）安全组织园内外活动。托幼机构组织外出活动的时候，一定要履行申报手续，保证活动安全。组织者要制定详细的活动方案，确定好具体的责任人，明确职责，配备足够的保教人员。活动中应时刻注意观察婴幼儿的情况，一定要保证婴幼儿在保育员的视线范围以内，并注意婴幼儿交通安全等。

（3）加强班级中的安全管理

1）根据婴幼儿体质，合理安排一日生活及教育教学活动。

2）事故发生后及时采取补救措施并立即通知监护人。

2. 常见婴幼儿意外伤害的应急处理和预防措施

在托幼机构的一日活动中，保教人员要密切注意婴幼儿的安全。若发生常见急症、轻微外伤，保教人员应在第一时间采取急救措施，科学有效地处理伤情，并做好预防工作，把伤害降到最低甚至是零。

（1）皮肤擦伤

1）原因：婴幼儿玩耍时摔倒、碰撞到物体而被擦伤表皮。

2）症状：擦破表皮，伤口渗血。

3）预防措施：园所物品摆放适当；教育婴幼儿注意安全。

（2）刀割伤

1）原因：婴幼儿使用剪刀或者被玻璃片划伤等。

2）症状：伤口较深，有出血。

3）预防措施：把锐利的物品放置在婴幼儿拿不到的地方；指导婴幼儿正确使用剪刀。

（3）挫伤

1）原因：婴幼儿在玩耍中摔倒，或者身体某一部位碰撞到物体。

2）症状：皮肤无伤口，但伤处红肿，剧烈疼痛。

3）处理程序：立即冷敷（忌搓揉）以防止内出血；24 h 后用热毛巾或热水袋敷患处，改善伤处的血液循环，减轻肿胀。

4）预防措施：教育婴幼儿走路要看脚下，不要剧烈奔跑；托幼机构物品摆放应注意安全。

（4）扭伤

1）原因：从高处跳下，上下楼梯脚踩空而扭伤踝部。

2）症状：伤处疼痛、肿胀，活动受限。

3）处理程序：首先，在疼痛肿胀部位冷敷，再到医院检查是否骨折、脱臼，进行诊治；其次，24 h 后再热敷、活动关节、推拿患部，可达到舒筋、活血、止痛的效果。

4）预防措施：教育婴幼儿走路、上下楼梯要小心，不要剧烈奔跑。

（5）烧、（烫）伤

1）原因：在日常生活中，婴幼儿常因开水、热粥、热汤等被烫伤，数量占首位；火焰烧伤次之；化学烧伤，如酸碱、石灰烧伤，电器击伤也有发生。

2）烧（烫）伤伤情分度：一度烧（烫）伤仅表皮受损，局部皮肤发红，感到灼痛，没有水疱；二度烧（烫）伤损伤皮肤深层及真皮，局部红肿有水疱，疼痛剧烈；三度烧（烫伤损伤皮肤全层，累及肌肉和骨骼。

3) 处理程序

①一度、二度烧（烫）伤，皮肤未破者，应立即远离现场，用凉水边冲洗边擦去身上物质，或直接浸泡在凉水中。防止热度往皮下组织深层渗透而加重伤情。若无感染，经及时治疗一般可在一周左右好转，一般不留瘢痕。

②三度烧伤，要立即用生理盐水或凉开水倒在创面降温，再用支架将洁净的毛巾、床单等覆盖在上面，且不能贴近皮肤，更不可在伤面上涂抹其他药膏，尽量保持平稳、迅速拨打120医疗急救电话。注意：将患儿送往医院的途中注意观察呼吸、心跳情况，患儿口渴时，可少量多次地饮用淡盐水。

4) 预防措施

①教育婴幼儿不要玩火。

②热水瓶、热粥、热锅等不要放在婴幼儿伸手能摸到的地方。

③给婴幼儿洗澡时应先倒凉水，后加入热水，用手测试温度是否适宜，避免烫伤。

（6）鼻出血

1) 原因：鼻部外伤，如碰伤、挖鼻孔损伤鼻黏膜等；上呼吸道感染、发烧，且干燥，以致鼻黏膜充血、水肿，血管脆性增加，擦鼻涕、打喷嚏等亦可增加鼻内血管破裂的概率；婴幼儿偏食，如不爱吃蔬菜，缺乏维生素C、缺钙等；鼻内塞入异物等。

2) 处理程序

①安慰婴幼儿，不要紧张，安静坐下，头略向前倾。

②前额、鼻部用湿毛巾冷敷。

③捏住鼻翼，一般压住 10 min 左右即可止血。

④止血后，2~3 h 内不做剧烈活动，避免再次出血。

⑤婴幼儿若有频繁的吞咽动作，一定让他把"口水"吐出来，若吐出的是鲜血，说明仍在继续出血，应尽快送医院处理。

⑥若婴幼儿经常发生鼻出血，且皮肤有出血点，小伤口出血时不易凝固，应去医院做全面检查，以诊断是否有其他系统疾病。

3) 预防措施：注意安全，避免外伤；积极锻炼，预防感冒；科学营养，避免偏食；教育婴幼儿不要把异物放入鼻腔，不乱挖鼻孔等。

（7）一氧化碳中毒（煤气中毒）

1) 原因：在冬季室内用煤炉取暖，室内通风不良、烟筒漏气、风倒灌等；液化气灶忘记关闭。北方烧火炕也是造成一氧化碳中毒的主要原因。

2) 症状：轻者感到头痛、头晕、耳鸣、眼花、恶心、四肢无力，重者呼吸困难、陷入昏迷。中毒者的嘴唇、指甲、面部等呈桃红色。一氧化碳与血红蛋白结合后，会形成一氧化碳中毒的面容颜色，应与其他疾病引起的相同症状进行区别。

3）处理程序：立即开窗通风，尽快把中毒者抬离现场，让患者尽快呼吸到新鲜空气；注意给患者保暖，将中毒严重者送医院急救。

4）预防措施：注意室内通风，保持空气新鲜；北方生煤火的园所，要注意勤检查烟囱通风情况；液化气灶用完后，要立即关闭。

（8）局部冻伤

1）原因：处于寒冷、潮湿的环境中，运动少，婴幼儿皮肤薄嫩，容易发生冻伤。

2）症状：轻度冻伤多发生在脸颊、耳郭、鼻、手、足等部位，仅皮肤浅层某些部位红肿，自觉灼痒、疼痛；重度冻伤者皮肤全层甚至皮下组织、肌肉均受损伤，皮肤肿胀、出现水疱或局部皮肤呈紫黑色。

3）处理程序：轻度冻伤可用白酒轻轻涂擦冻伤部位，再涂冻疮药膏，伤愈后一般不留瘢痕。重度冻伤要保暖，给伤者热饮料，送医院治疗。冻伤局部不要用热水烫、用火烤，也不要用冰雪揉擦，不得捶打伤处或弄破水疱，避免感染。

4）预防措施：在冬季做好防寒保暖工作。随气温变化增添衣服，佩戴帽子、手套、口罩等；在冬季盥洗后，立即将身上擦干，涂护肤脂；注意保暖，多活动等。

（9）食物中毒

1）原因：摄入有毒食物。常见的有毒食物有：未煮熟的豆浆、毒蕈、苦杏仁、发芽的马铃薯、未腌透的雪里蕻、未烧熟透的四季豆等。一年四季均可发生。

2）症状：潜伏期短，可集体发病，起病急，常有恶心、呕吐、腹痛、腹泻等主要症状，严重者可伴有高热、脱水、酸中毒甚至休克。

3）处理程序：立即催吐，用淡盐水漱口，安慰婴幼儿情绪，告之不要哭闹。将内容物留样，送有关部门检验。严重者，要迅速拨打120医疗急救电话。

4）预防措施

①托幼机构应加强食品卫生管理，采购新鲜无公害的食品，防止食品变质。

②生、熟食物及刀、板、盥洗池应分开使用，避免交叉污染。食物（尤其是肉类食品）要烧熟食用。禁止食用剩菜、剩饭等。

③购买的熟食品、罐头制品，应加热后再食用。

（10）眼外伤

1）眯眼

①原因：因灰尘、沙粒、小飞虫等进入眼内而受伤，眼睛极端不适，有摩擦感、流泪等症状。

②处理程序：首先，安慰患儿不要紧张，安静坐下，告诉大人不适的感觉。其次，翻开眼皮。操作者洗净双手，用消毒纱布裹着食指或手夹湿棉签，让患儿头向后仰，眼往向下看，操作者食指在其眉毛下沿轻压，拇指向上轻快地翻开上眼睑，发现异物后用消毒纱布或湿棉签快速地取出。再次，必要时点眼药水。让患儿坐在椅子上，头向后仰，眼往上看，操作者用拇指翻开患儿的下眼睑，在下眼睑的穹窿部位点一滴消炎眼药水，以预防感染。若异物嵌在角膜上，不能揉擦，更不要自行处理，应速到医院进行处理。

2）眼部钝挫伤

①原因：多因被石块、木棒、弹弓等直接击打眼部引起。

②处理程序：应立即用消毒纱布蘸生理盐水冷敷轻压受伤的眼睛，以减少眼内出血。同时拨打120医疗急救电话或迅速送往医院。

3）眼部穿透伤

①原因：常因锐利器具直接刺伤眼球所致，或被鞭炮炸伤，眼睛剧烈疼痛，有出血等。

②处理程序：用消毒的纱布蘸生理盐水敷盖眼睛，轻轻地包扎（不能挤压眼球，防止眼内组织从伤口挤出），以免加重伤势，增加感染概率，同时拨打120医疗急救电话或迅速送往医院。在转送途中应尽量减少颠簸和振动。

4）眼部酸、碱烧伤

①原因：在使用酸、碱时不慎溅入眼内。

②处理程序：立即用大量清水冲洗眼睛或将眼睛浸入清水盆中，睁大眼睛来回摆动头部。如果不能及时在现场进行急救（冲洗伤眼），则会失去第一时间抢救的机会（在送往医院的途中，酸、碱会继续腐蚀眼睛而加重伤情，造成更严重的伤害）。

5）眼部石灰伤

①原因：在使用石灰时不慎溅入眼内等。

②处理程序：先用干布尽快清除残留在眼内的石灰粒，再用大量温净水冲洗，然后再送往医院做进一步处理。

(11) 异物入体

1）鼻腔异物

①原因：无意中将小物件塞进鼻孔。异物中以纸团、小珠子、豆粒、花生米、果核等为多见。

②症状：异物可引起鼻塞，时间久了可流出很臭的带血的鼻涕。

③处理程序：若发现婴幼儿将异物塞进鼻孔，可立即帮助婴幼儿用手按紧无异物的鼻孔，嘱其用力擤鼻涕，将异物排出。上述操作无效时，应拨打120迅速送往医院处理。切勿自行用镊子夹取圆形异物，以免造成异物滑入深处，从而引发更大的危险。

2）外耳道异物

①原因：婴幼儿将小豆粒、小圆球、草棍等放入耳内，多见于玩耍时。虫类异物多在婴幼儿睡眠时进入外耳道。水多在洗澡、洗头时不慎进入。

②症状：外耳道异物常引起耳鸣、耳痛。植物性异物遇水膨胀后，可继发感染而引起外耳道炎。昆虫类异物在外耳道内爬动可引起剧痛；较大的异物能引起听力障碍及反射性咳嗽；水进入耳内会有极不舒适感。

③处理程序：洗头水进入耳后，可嘱婴幼儿头偏向异物一侧，单脚跳，异物即可被排出；昆虫入耳，用灯光对着外耳道口照射，引诱昆虫爬出；若颗粒状物体进入外耳道或者耳道内有耳耵聍，属于难以排出的异物，应去医院处理，切勿自行处理耳道异物，以免损伤外耳道和鼓膜。

（12）咬伤、蜇伤

1）黄蜂蜇伤：黄蜂毒液呈碱性，蜇伤后应立即在伤口处涂抹弱酸性液体，如食醋。

2）蜜蜂蜇伤：蜜蜂的毒液呈酸性，蜇伤后应立即在伤口处涂抹弱碱性液体，如淡碱水、肥皂水等。

3）蚊虫叮伤：立即用湿肥皂涂抹叮咬处，效果极佳。也可用清凉油涂擦，肿胀者用消炎膏局部涂抹。

4）洋辣子刺伤：用氨水、碱水、肥皂水清洗，以中和其酸性毒液，再用胶布将小刺粘出。

5）蝎子蜇伤：蝎子毒液呈酸性，局部涂抹碱水、肥皂水会有一定疗效。

理论知识辅导练习题

一、判断题（下列判断正确的请在括号中打"√"，错误的请在括号内打"×"）

1. 应教育婴幼儿了解红绿灯信号标志，知道"红灯停、绿灯行"。　　（　　）

2. 要教婴幼儿当遇到紧急情况或有了危险需要向别人求救时，学会打电话求救，知道医疗急救电话是120，公安报警电话是110。　　（　　）

3. 要经常教育婴幼儿不在马路边、停车场、工地、河边等有危险的地方玩耍，玩耍时不远离集体。　　（　　）

4. 水、泥、沙、石等自然材料和废旧物品在安全和卫生上不容易控制，所以不能成为学前教育机构常见的玩具和材料。　　（　　）

5. 婴儿使用的设备不符合安全要求会导致婴儿铅中毒。　　（　　）

6. 定期检查婴幼儿生长发育情况可使其不发生意外伤害事故。　　（　　）

7. 组织外出活动或交接班时，要清点人数，防止婴幼儿丢失。（　）

8. 幼儿园对有腐蚀性、有毒、易燃、易爆的物品，应有专人保管，保育员每次使用这些物品时都要登记记录，使用完后将剩余部分上交保管。（　）

9. 婴幼儿一旦发生鼻出血，保育员要用拇指和食指紧紧压住患儿的鼻翼，同时在额头或鼻梁处放上冷毛巾或冰块，一般压迫 5～10 min 即可止血。（　）

10. 一旦异物进入眼内，可让婴幼儿闭上眼睛，帮助其轻轻搓揉眼睛，以免损伤角膜。（　）

11. 如果婴幼儿头部摔伤未见出血，成人不必过度紧张，但如果出现眼、耳、鼻周围有出血时，应及时送往医院。（　）

12. 物理降温时，体温降至 37.5 ℃即可。（　）

13. 应教育幼儿如遇到防电标志，知道此处危险，不能随便触摸。（　）

14. 应教育婴幼儿在靠近电线的地方不要玩火，以防触电。（　）

15. 铅尘进入婴幼儿体内的主要途径是通过正常的手、口和玩耍过程中不知不觉摄入体内。（　）

16. 发觉婴幼儿气管入异物，正确的处置方法是：自行掏出，及时吃药，对症医治。（　）

17. 关节窝浅、关节韧带松弛是婴幼儿易发生关节脱臼的原因。（　）

18. 中度脱水的婴幼儿会出现精神萎靡或烦躁不安的症状。（　）

19. 婴幼儿服装最好选择鲜艳美观的棉织品。（　）

20. 婴幼儿抽搐时，不能喂水、进食，以避免水和食物误入气管发生窒息引发肺炎。（　）

21. 处置意外伤害的家庭小药箱里要常备止咳药、消炎药、伤风药、退热药等药物。（　）

22. 婴幼儿触电的急救方式是：先现场急救，然后切断电源。（　）

23. 幼儿园必须把保护幼儿的生命和促进幼儿的健康放在工作的首位。（　）

24. 托幼机构婴幼儿意外伤害，是指婴幼儿在托幼机构中突然发生的对婴幼儿造成的肉体伤害。（　）

25. 托幼机构意外伤害的发生，与其建筑设备设施、教职工的保教、婴幼儿自身都有关。（　）

26. 一般来说，户外活动时间是儿童意外伤害的高发时段，户外活动场地是儿童意外伤害的高发地点。（　）

27. 婴幼儿因年龄小，又缺乏安全知识、自我保护经验和自我保护能力，对接触到的危

险事物常常意识不到其危险性。 （　　）

28. 婴幼儿走失属托幼机构的严重责任事故。 （　　）

29. 校车安全问题已经成为当下托幼机构内最严重的安全问题之一。 （　　）

30. 火灾不是幼儿园常见的安全事故，每学期举行1次防火逃生演练即可。 （　　）

二、单项选择题（下列每题有4个选项，其中只有1个是正确的，请将其代号填写在横线空白处）

1. 组织外出活动或交接班时，要清点_____，防止婴幼儿丢失。

　　A. 玩具　　　　　　　　　　　B. 婴幼儿人数

　　C. 运动器械　　　　　　　　　D. 图书

2. 婴幼儿_____，因而其贴身内衣应选用纯棉的面料。

　　A. 怕热　　　　　　　　　　　B. 怕冷

　　C. 皮肤娇嫩，排汗量多　　　　D. 爱喝水

3. 幼儿园对有腐蚀性、有毒、易燃、易爆的物品，应有_____。

　　A. 园长保管　　　　　　　　　B. 专人保管

　　C. 保育员保管　　　　　　　　D. 教师保管

4. 在触电事故的处理中，尽快切断电源和脱离电源、按压心脏和进行人工呼吸、_____是非常重要的三个步骤。

　　A. 找医生　　　　　　　　　　B. 打119电话

　　C. 找床，让患儿躺在上面　　　D. 立即送往医院抢救

5. 对婴幼儿的餐具、毛巾进行消毒，可采用的方法是_____。

　　A. 高温蒸煮　　　　　　　　　B. 日晒

　　C. 消毒液　　　　　　　　　　D. 不用消毒

6. 下列活动室、活动场地的设施设备，存在安全隐患的是_____。

　　A. 地板上有水渍、油迹　　　　B. 橱柜制作成小圆角

　　C. 电源插座有保护盒　　　　　D. 橱柜敦实，重心较低

7. 关于预防意外事故的发生，下列措施不正确的是_____。

　　A. 保育员带婴幼儿进行户外活动时要清点人数

　　B. 剪子、刀、针随手放置

　　C. 热水瓶、消毒液放在婴幼儿拿不到的地方

　　D. 楼梯上设有安全围栏

8. 保育员要教育婴幼儿在乘车时按顺序上车，扶好车把手，_____，不可将手伸出车外。

A. 可以把糖纸扔在车上　　　　　B. 可以在车上追逐

C. 不要将头探出窗外　　　　　　D. 可以将头探出窗外

9. 必须在婴幼儿不在场的情况下方可使用的清洁消毒方法是_____。

A. 开窗通风　　　　　　　　　　B. 紫外线消毒

C. 擦拭家具　　　　　　　　　　D. 消毒柜消毒

10. 幼儿园里有可能对婴幼儿造成伤害的工具和物品，如剪刀、消毒液和热水壶等，必须放在_____拿不到的地方，防止意外事故的发生。

A. 保育员　　　　　　　　　　　B. 教师

C. 家长　　　　　　　　　　　　D. 婴幼儿

11. 火场逃生的原则是_____。

A. 先抢救国家财产　　　　　　　B. 安全撤离、救助结合

C. 先带上日后生活必需的钱物　　D. 逃命要紧

12. 衣服着火时，需_____。

A. 扑倒在地上打滚　　　　　　　B. 用手拍打身上的火苗

C. 不必管它，火苗会自己熄灭　　D. 拨打 110 报警电话

13. 当遇到火灾时，要迅速向_____逃生。

A. 相反的方向　　　　　　　　　B. 人员多的方向

C. 安全出口的方向　　　　　　　D. 着火的方向

14. 用灭火器灭火时，灭火器的喷射口应该对准火焰的_____。

A. 根部　　　　　　　　　　　　B. 中部

C. 上部　　　　　　　　　　　　D. 全部

15. 《学生伤害事故处理办法》第三十八条规定，幼儿园发生的伤害事故，应当根据_____为完全无行为能力人的特点，参照本办法处理。

A. 小学生　　　　　　　　　　　B. 婴幼儿

C. 初中生　　　　　　　　　　　D. 高中生

16. 要让婴幼儿知道简单的防火知识，知道_____都能灭火。

A. 水、油　　　　　　　　　　　B. 水、土、沙子

C. 土、沙子、油　　　　　　　　D. 油、土

17. 应教育婴幼儿_____，不要靠近电线，以防触电。

A. 遥控电子玩具汽车　　　　　　B. 不捡拾掉在地上的电线

C. 玩玩具　　　　　　　　　　　D. 阅读图书

18. 让婴幼儿了解车辆和行人应_____，必须遵守交通规则，认清各种交通标志，按

规定行车、行走。

  A. 有快慢区分   B. 有前后区别

  C. 各行其道   D. 混用一条道路

19. 教育婴幼儿遇到防电标志时_____。

  A. 可结伴触摸   B. 能随便触摸

  C. 不能随便触摸   D. 触摸时要小心

20. 应教育婴幼儿看到易碎标志的物品时，不要把_____放在上面，不到上面踩踏、玩耍。

  A. 纸张   B. 轻微物品

  C. 手绢   D. 重物

21. 要教育婴幼儿当遇到紧急情况或有了危险需要向别人求救时，学会打电话求救，知道公安报警电话是_____。

  A. 110   B. 120

  C. 119   D. 114

22. 要教会婴幼儿识别_____的食物和饮料的简单方法，以及防烫、防噎、防呛、防咬舌等的知识。

  A. 腐败变质   B. 便宜

  C. 优质   D. 高级

23. 要教育婴幼儿如果身体不适和出现疾病症状，应及时_____。

  A. 保密   B. 告诉家长及老师

  C. 告诉小朋友   D. 告诉玩伴

24. 要经常教育婴幼儿不在马路边、停车场、_____、河边等有危险的地方玩耍。

  A. 活动操场   B. 工地

  C. 客厅   D. 卧室

25. 要让婴幼儿掌握防止丢失的方法，包括：紧跟家人、教师或同伴，在指定的地点活动、_____。

  A. 独自回家   B. 跟友好的人聊天

  C. 跟熟悉的人交往   D. 不跟陌生人走

26. 要让婴幼儿记住求助的知识，包括_____、电话号码、父母姓名、所在幼儿园的名称，主动向警察叔叔求救。

  A. 商场的地址   B. 饭店的地址

  C. 公园的地址   D. 家庭地址

27. _____不是婴幼儿睡眠中容易出现的异常情况。
    A. 梦游   B. 异物入体
    C. 不喜欢睡觉   D. 玩弄生殖器

28. 婴幼儿在睡眠过程中，保育员应该_____。
    A. 不断巡视，仔细观察   B. 备课
    C. 看书学习   D. 寻问家长

29. 保育员要教育婴幼儿在遇到不适气味时，知道打开门窗释放毒气、烟雾，_____。
    A. 用手捂鼻子   B. 用干毛巾捂鼻子
    C. 用湿毛巾捂鼻子   D. 无所谓

30. 要教育婴幼儿游泳前要_____，一旦在水中发生腿抽筋无法游泳，会造成溺水事故。
    A. 充分做好准备活动 B. 多喝水
    C. 多吃糖   D. 多喝奶

31. 如果发生婴幼儿溺水事故，现场急救是非常重要的。急救措施主要有倒水、_____和胸外按压。
    A. 拍打头部   B. 人工呼吸
    C. 降温   D. 按压腹部

32. 诊断儿童铅中毒的主要依据是：血铅水平超过或等于_____μmol/L。
    A. 0.283   B. 0.383
    C. 0.483   D. 0.583

33. 不要装在空的果汁瓶里，而要保持原有标签的物品是_____。
    A. 药品和化学药品   B. 饼干
    C. 糖果   D. 奶粉

34. 晨检中发现有身体不舒服的婴幼儿，应该_____。
    A. 诊断病情   B. 立刻吃药
    C. 及时送医务室检查 D. 马上给其喝水

35. 婴幼儿体温达_____℃时为高烧。
    A. 37   B. 38
    C. 39   D. 40

36. 因为婴儿_____，所以婴儿易受凉和中暑。
    A. 表皮过薄   B. 皮肤的散热和保温能力差
    C. 皮肤新陈代谢快   D. 皮肤渗透作用强

37. 下列做法对婴幼儿安全不利的是_____。

   A. 经常检查家用电器、电线和插座

   B. 注意将电饭锅、热水瓶、开水炉、电熨斗放置在婴幼儿拿不到的地方

   C. 将插座安装在婴幼儿可以自由方便使用的位置

   D. 暖气管、暖气片周围用护栏隔离

38. 对婴幼儿来说，安全隐患较小的生活环境是_____。

   A. 屋外有个泥坑的小屋　　　　　　B. 有个小水井的院子

   C. 种了很多花花草草的院子　　　　D. 有个未加盖的空井的菜园子

39. 如果婴幼儿摔伤后出现昏迷现象，要_____。

   A. 立即送往医院诊治　　　　　　　B. 不用理会

   C. 过几天就会好　　　　　　　　　D. 立即休息

40. 婴幼儿重度烫伤时，要十分小心地去除衣物，将用冷水浸泡的被单敷在烫伤处，立即_____。

   A. 涂抹药膏　　　　　　　　　　　B. 把宝宝身体放平让其睡觉

   C. 倒立拍背　　　　　　　　　　　D. 送医院进行急救

参考答案及说明

一、判断题

1. √	2. √	3. √	4. ×	5. ×	6. ×	7. √	8. √	9. √	10. ×
11. ×	12. ×	13. √	14. ×	15. √	16. ×	17. √	18. √	19. ×	20. √
21. √	22. ×	23. √	24. ×	25. √	26. √	27. √	28. √	29. √	30. ×

【说明】

4. ×　玩具、材料是婴幼儿最喜欢的游戏对象，伴随着婴幼儿的成长，能给婴幼儿带来无穷的快乐。《幼儿园工作规程》在有关"幼儿园的安全"条款中明确提出：幼儿园的设备设施、装修装饰材料、用品用具和玩教具材料等，应当符合国家相关的安全质量标准和环保要求。因此，水、泥、沙、石等自然材料和废旧物品只要严格按照国家安全标准投入使用，也可以作为婴幼儿喜欢的游戏材料。

5. ×　如果婴儿使用的设备符合安全要求，会减少或杜绝婴儿铅中毒。

6. ×　婴幼儿发生意外伤害的原因有多种，为避免婴幼儿发生意外伤害，托幼机构需要建立健全安全管理组织和制度，认真落实安全防范措施，加强安全教育，完善婴幼儿意外伤害的应急处理和预防措施。而检查生长发育是为了监测婴幼儿的生长发育情况，与是否发生

意外伤害没有直接因果联系。

10. ×　一旦异物进入眼内，首先，安慰患儿不要紧张，安静坐下，操作者洗净双手，然后小心翻开眼皮，用消毒纱布裹着食指或手夹湿棉签在其眉毛下沿轻压，拇指向上轻快地翻开上眼睑，发现异物用消毒纱布或湿棉签快速地取出异物后，点眼药水预防感染。切忌直接搓揉眼睛。

11. ×　如果头部摔伤未见出血，成人要对幼儿进行 24 h 密切观察，不能大意。如果受伤后出现恶心、呕吐、意识丧失，头部剧烈疼痛，眼、耳、鼻周围有出血等症状，应及时送往医院。

12. ×　婴幼儿的体温比成人略高，正常体温为 36~37.3 ℃。若婴幼儿发烧，可采用物理降温的方法，并及时测量体温，直至体温降至 37.3 ℃ 以下。

14. ×　为防止发生意外伤害，要教育婴幼儿不要靠近有电线的地方，以防触电。

16. ×　发觉婴幼儿气管入异物，须第一时间求助专业人员或就医，并采用规范的急救方法：对于较小的婴儿可采用倒置拍背法或胸前快速按压法，对于较大的婴儿可采用海姆立克急救法。切忌盲目自行掏出，以免造成二次伤害。

19. ×　着装不当也是导致婴幼儿发生意外伤害的安全隐患之一。婴儿的服装尽量选择未经过化学处理过的纯棉、真丝等材质，可以选择颜色浅或未经染色、脱色处理过的原色面料。在进行室外活动时不要穿着高领、紧身的衣物，而应选择开口向前的宽松衣物。

22. ×　婴幼儿触电的急救方式是：第一时间切断电源，然后及时进行现场急救。

24. ×　托幼机构婴幼儿意外伤害，是指在托幼机构注册的婴幼儿在托幼机构中或在托幼机构组织的机构外集体活动中，突然发生的对婴幼儿造成的肉体或精神上的伤害。它主要是指婴幼儿在托幼机构中发生的人身伤害，也包括婴幼儿虽不在托幼机构但属于托幼机构组织的园外社区或者社会实践活动中发生的人身伤害。

30. ×　火灾也是婴幼儿发生意外伤害的安全隐患之一。托幼机构应制定紧急状况疏散预案，并常态化、定期组织婴幼儿进行逃生、防火疏散演练。

二、单项选择题

1. B

2. C

3. B　解析：幼儿园对有腐蚀性、有毒、易燃、易爆的物品，必须有专人保管。建立健全托幼机构安全管理制度，是保障婴幼儿安全的重要举措，要实行目标责任管理，明确职责分工、责任到人，层层落实责任。

4. D　解析：在触电的处理中，尽快切断电源和脱离电源、按压心脏和进行人工呼吸、立即送往医院抢救是非常重要的三个步骤。

5. A　解析：对婴幼儿的餐具、毛巾进行消毒，可采用的方法是高温蒸煮。可进行 15~20 min 的煮沸消毒或 10~20 min 的蒸汽消毒。

6. A

7. B

8. C　解析：婴幼儿在乘车时需要注意出行安全，要按顺序上车，扶好车把手，不要将头探出窗外，不可将手伸出车外，避免造成意外伤害。

9. B　解析：紫外线长期接触人体，对皮肤、眼睛、呼吸道等都有危害，所以在进行紫外线消毒时，禁止婴幼儿在场。

10. D　解析：儿童普遍缺乏自我保护意识和能力，幼儿园里可能对婴幼儿造成伤害的工具和物品，如剪刀、消毒液和热水壶等，必须放在婴幼儿拿不到的地方，防止意外事故的发生。

11. B　解析：火场逃生的原则是安全撤离、救助结合。安全撤离是指火场中的人员抓住有利时机，就近、就便，利用一切可以利用的地形、工具，迅速撤离危险区域。救助结合是指自救与互救相结合、逃生与抢险相结合、救人与救物相结合。

12. A　解析：如果身上衣服着火，应迅速将衣服脱下，就地翻滚，将火扑灭。应注意不要翻滚过快，更不要身穿着火服装跑动，如附近有水池等，可迅速跳入水中。

13. C

14. A　解析：用灭火器灭火时，灭火器的喷射口应该对准火焰的根部。因为火焰根部属于起火点，只有将灭火器喷射口对准根部，灭火剂才能喷射在可燃物表面，更好地阻隔氧气，中断燃烧链反应，从而起到灭火的作用。

15. B

16. B　解析：水、土、沙子都能灭火。水是最常用的灭火剂，木头、纸张、棉布等起火，可以直接用水扑灭；用土、沙子、浸湿的棉被或毛毯等迅速覆盖在起火处，也可以有效地灭火。

17. B　解析：防电安全对于婴幼儿非常重要，应该教育婴幼儿不捡拾掉在地上的电线，也不要靠近电线，以防触电。

18. C　解析：交通安全对于婴幼儿非常重要，应该引导婴幼儿了解车辆和行人各行其道，必须遵守交通规则，认清各种标志，按规定行车、行走。

19. C

20. D　解析：应教育婴幼儿看到易碎标志的物品时，不要把重物放在上面，不上面踏踩、玩耍，以防物品破碎造成意外伤害。

21. A

22. A

23. B

24. B 解析：婴幼儿普遍缺乏自我保护意识和能力，应该教育他们远离危险区域，例如马路边、停车场、工地、河边等，防止意外事故的发生。

25. D 解析：要加强安全教育，增强婴幼儿自我保护意识。让婴幼儿掌握防止丢失的方法：紧跟家人、教师或同伴，在指定的地点活动，不跟陌生人走。

26. D 解析：要加强安全教育，增强婴幼儿自我保护意识。要让婴幼儿记住求助信息：家庭地址、电话号码、父母姓名、所在幼儿园的名称，遇到危险或困难主动向警察叔叔求救。

27. C 解析：婴幼儿在睡眠中出现的梦游、异物入体、玩弄生殖器等异常情况都会引发意外伤害，因此需要保教人员密切注意。不喜欢睡觉不属于睡眠中的异常情况。

28. A

29. C 解析：要教育婴幼儿当遇到不适气味时，及时打开门窗释放毒气、烟雾，并用湿毛巾捂住鼻子。因为使用湿毛巾捂住口鼻可以在很大程度上防止吸入固体烟灰，避免发生呼吸道不适。

30. A 解析：婴幼儿游泳前要充分做好热身准备活动，尽量让身体全部关节和肌肉都能得到充分活动，避免受伤。若直接下水游泳，轻则引起肢体抽筋，重则引起反射性心脏停跳休克，很容易造成溺水死亡。

31. B

32. C 解析：诊断儿童铅中毒的主要依据是血铅水平超过或等于 $0.483\ \mu mol/L$。如果儿童出现铅中毒，一般都会有腹痛、头痛以及头晕的情况，还会出现学习困难、注意力不集中等。对于儿童铅中毒问题，家长要及时带孩子去医院进行驱铅治疗。

33. A

34. C

35. D 解析：婴幼儿体温达 39 ℃时为高烧。婴幼儿体温≥37.3 ℃为发热，38~39 ℃为中度发热，39.1~41 ℃为高烧，超过 41 ℃为超高烧。婴幼儿出现高烧需要及时给予退烧处理。

36. B 解析：皮肤的散热和保温能力差是婴幼儿皮肤的特点之一。婴幼儿皮肤散失热量多，容易受凉。婴幼儿神经系统对体温的调节作用不稳定，在外界温度变化的影响下，往往不能适应，这也是婴幼儿容易感冒或中暑的原因之一。

37. C

38. C 解析：种了很多花花草草的院子是四个选项中对婴幼儿的安全隐患较小的生活

环境，其余三个选项均容易引起婴幼儿滑倒、摔伤等意外伤害。

39. A

40. D 解析：婴幼儿重度烫伤，伤情程度比较严重，要十分小心地去除衣物，将用冷水浸泡的被单敷在烫伤处，立即送医院进行急救。

职业模块九　婴幼儿教育学知识

考 核 要 点

考核范围	考核要点	重要程度
婴幼儿保教的儿童观	1. 儿童观的演变	熟悉
	2. 儿童观与保教工作	掌握
学前教育的目标和原则	1. 学前教育的目标	掌握
	2. 学前教育的基本原则	掌握
婴幼儿的学习特点与教育	1. 0~3岁儿童学习特点及教育	掌握
	2. 3~6岁儿童学习特点及教育	掌握

重点复习提示

一、婴幼儿保教的儿童观

1. 儿童观的演变

儿童观的发展大概可以划分为三个阶段。

（1）古代的儿童观。古代的儿童观中外略有不同，大概有以下几种认识："小大人""有罪的""白板""未来的资源"和"花草树木"。古代的儿童观具有如下特点：

1）对儿童的了解匮乏，习惯从成人的视角认识儿童。

2）对儿童的认识不客观，倾向于轻视儿童。

3）对儿童潜力的认识是表面的且低估的。

4）以男性为中心，轻视女童。

（2）近代的儿童观。随着资本主义社会的兴起，人们对儿童研究成果的丰富，"发现儿童""解放儿童""童年的价值"成为这个时期儿童观的主旋律。该阶段儿童观的特点是：

1）真正将儿童视为值得珍视的人来看待。

2）珍视儿童的天赋和天性。

3) 尊重儿童期的特点和价值。

4) 关注儿童的个性和男女儿童的平等。

由于对儿童的发现和珍视,这一时期的教育开始从以前的"成人中心"转为"儿童中心",强调尊重儿童、研究儿童、促进儿童自由与个性的发展。

(3) 现代儿童观。随着对儿童认识的加深以及社会的发展,对人的尊重尤其是对儿童的尊重已经成为社会进步的象征。该阶段儿童观的特点是:

1) 儿童是人,具有与成人一样的人的一切基本权益,具有独立的人格。这一时期的儿童观强调儿童的权利和人格独立,要求成人赋予儿童平等的地位。

2) 儿童是一个全方位不断发展的整体的人,应尊重并满足儿童各方面发展的需要。

3) 儿童发展的过程和结果都存在个体差异性。

4) 儿童发展具有巨大的潜能,在适当的环境和教育的条件下,应最大限度地发展儿童的潜力。

5) 儿童具有主观能动性,在其发展过程中,起着积极主动的作用。

6) 男女平等,不同性别的儿童应享有均等的机会和相同的权益,受到平等的对待。

2. 儿童观与保教工作

首先,科学的儿童观使保育员愿意了解婴幼儿,针对性地开展保育工作;其次,科学的儿童观可以融洽保育员与婴幼儿之间的关系;最后,科学的儿童观可以帮助保育员评判和反思自己的保教行为。

二、学前教育的目标和原则

1. 学前教育的目标

(1) 健康领域的目标。健康领域是其他领域发展的基础,也是保育员的工作职责所在。

1) 身心状况目标:具有健康的体态,情绪安定愉快,具有一定的适应能力。

健康的体态主要表现为身高、体重适宜,身体姿势正确。这三个指标是健康的表现也是通向健康的保证,反映了营养、运动、生活制度、睡眠、健康检查等健康要素的状况。

情绪安定愉快是心理健康的衡量指标。情绪安定愉快的婴幼儿会有良好的心境和心态,有利于良好性格的养成。婴幼儿的情绪安定在不同年龄有不同的表现,小班儿童有比较强烈的情绪时可以在成人安抚下平静下来;中班儿童经常能够保持愉快的情绪,有强烈情绪时在成人提醒下能够平静下来;大班儿童不仅能够经常保持愉快的情绪,还可以主动管理自己的情绪不乱发脾气。

具有一定的适应能力,包括物理环境的适应(如冷热的适应等)、生活环境的适应(如饮食和睡眠的适应等)和集体环境的适应。

2) 动作发展目标：具有一定的平衡能力，动作协调、灵敏；具有一定的力量和耐力；手的动作灵活协调。

平衡能力是各种动作的基础，也是生命活动必备的一种能力，动作协调、灵敏反映了大肌肉的发展和神经系统对于运动系统的调节能力。力量的练习可以发展儿童上肢肌肉，耐力的培养可以加强心肺功能的发展。手的动作灵活、协调反映了小肌肉、手眼协调和大脑的发展水平，"心灵手巧""智慧在指尖上"都说明了手的动作的重要性。

3) 生活习惯和生活能力目标：具有良好的生活与卫生习惯，具有基本的生活自理能力，具备基本的安全知识和自我保护能力。

（2）语言领域的目标。幼儿语言的发展是思维发展的产物，也是人际交往和各领域发展不可或缺的工具。

1) 倾听与表达目标：认真听并能听懂常用语言，愿意讲话并能清楚地表达，具有文明的语言习惯。

2) 阅读与书写准备目标：喜欢听故事和看图书，具有初步的阅读理解能力，具有书面表达的愿望与初步技能。

（3）社会领域的目标。社会领域的学习与发展，既是幼儿社会性不断完善的过程，也是幼儿健全人格发展的过程。

1) 人际交往目标：愿意与人交往，能与同伴友好相处，具有自尊、自信、自主的表现，关心尊重他人。

这四个目标是依次递进的。首先，要愿意与人交往，有交往的意愿和兴趣。其次，要能够与人友好相处，有交往的基本能力。再次，在交往过程中形成自尊、自信、自主的性格；最后，由己推人，学会关心尊重他人。在幼儿人际交往能力的培养方面，保育员身教重于言教。

2) 社会适应目标：喜欢并适应群体生活，遵守基本的行为规范，具有初步的归属感。

（4）科学领域的目标。科学领域的学习对于幼儿的认知能力、创造能力和解决问题能力的发展具有重要的作用。

1) 科学探究的目标：亲近自然，喜欢探究；具有初步的探究能力；在探究中认识周围事物和现象。

2) 数学认知的目标：初步感知生活中数学的有用和有趣，感知和理解数、量及数量关系，感知形状与空间关系。

（5）艺术领域的目标

1) 感受与欣赏的目标：喜欢自然界与生活中美的事物，喜欢欣赏多种多样的艺术形式和作品。

2) 表现与创造的目标：喜欢进行艺术活动并大胆表现，有初步的艺术表现与创造能力。

2. 学前教育的基本原则

(1) 儿童为本。儿童为本是一切工作的基础，要从幼儿出发，将幼儿的感受和可持续发展作为工作的中心。对于保育员而言，"儿童为本"可体现在三个方面：一要关爱孩子，让孩子体会你的爱；二是要亲近孩子，亲切而和蔼；三是要与孩子建立良好的关系，让孩子有归属感。

(2) 生活化。幼儿的年龄特点和发展需要，决定了生活即教育，教育即生活。首先，对于幼儿来讲，许多生活技能需要在生活中学习；其次，幼儿的兴趣也来自生活，生存、交往、认识周围世界都是他们的兴趣所在；第三，幼儿的思维是具体形象的，难以理解书本等间接经验的知识，需要通过自己的直接体验理解事物。

(3) 启蒙性。幼儿期是人一生发展的关键期，人的重要素质和能力都在这个时期萌发并得到初步的发展。如果环境和教育得当，幼儿的天性和潜力就可以得到理想的发展。否则，不仅会失去重要的发展契机，还会为他们的未来播下不幸的种子。因此，学前教育是非常重要的。

(4) 积极正面。幼儿期是自我意识发展的重要时期，自我意识的发展对幼儿的心理健康、个性发展及全面发展具有重要的意义，因此，必须在保教工作中关注幼儿积极自我意识的培养。首先，保教工作人员要对幼儿充满爱心，关爱幼儿，尊重每一位幼儿；其次，在教育活动中，激发幼儿的兴趣，发挥幼儿的主动性，使他们快乐自主地游戏、学习和生活；再次，对幼儿进行正面的激励性的评价，化解幼儿的危机，鼓励他们的进步，帮助他们树立自信心；最后，谨慎使用批评和惩罚手段，避免对幼儿进行训斥、讽刺、挖苦以及说反语等消极的教育方式。

(5) 游戏化。游戏是幼儿的天性。在游戏当中进行的教育是最为有效的教育，游戏创造了幼儿的最近发展区，使幼儿在快乐的游戏中不知不觉地获得全面发展。因此，学前教育必须坚持游戏化原则。首先，为幼儿创设丰富的活动区，方便幼儿开展区域游戏，获得个性化发展；其次，将游戏渗透在教育活动当中，让幼儿在快乐和自主的氛围中完成学习任务；最后，保证游戏成为幼儿的基本活动，为幼儿提供游戏的空间、时间、氛围和积极评价。保育员在组织保育活动时，要尽量做到在游戏中教育、在游戏中学习、在游戏中生活。

三、婴幼儿的学习特点与教育

1. 0~3 岁儿童的学习特点及教育

(1) 0~3 岁儿童的学习特点

1) 学习内容具有其内在规律性。从学习内容来看，0~3 岁儿童的学习内容是根据自己的大纲进行的,所谓自己的大纲就是儿童内在的规律性,是人类进化过程中儿童既定的发展程序。这个发展规律虽然有些许的个体差异,但规律基本上是不可改变的。

2)在行动中学习。0~3岁儿童正处于感知运动思维阶段,儿童是在活动和动作中思考、发展自己和认识周围世界的。他们在爬行和行走等动作发展中掌握动作,在咿呀学语中学会语言、观察、思考等。

3)学习是无意识的也是主动的。0~3岁儿童的学习是无意识的,他们不知道自己是在学习,也不会因为成人希望他们学习就会服从成人的意愿,相反,他们喜欢四处探索,这是重要的学习过程,尽管是一种无意识的学习过程。

(2)0~3岁儿童教育要点

1)了解0~3岁儿童发展的内在规律。了解儿童的内在发展规律,是0~3岁儿童教育的基础。对于婴儿而言,安全型依恋的建立,学会抓握、爬行、走路、说话是非常重要的。安全型依恋的建立需要母亲(或其他成人)及时回应婴儿的微笑、啼哭和招呼动作,及时满足他们的需要。当婴儿根据他的内在需要进行抓握、爬行、走路、说话时,成人要创设相应的环境,给予积极的反馈。

2)让婴儿在游戏和活动中发展。由于0~3岁儿童的学习具有无意识性和感觉运动性思维,故应在游戏和活动中进行教育以促进儿童发展。

3)正确对待儿童的反抗行为。1.5~3岁是儿童的第一个反抗期,这个时候的反抗是以争取独立自主为中心的,这也正是儿童独立性和自主性发展的关键期。所以,成人应该理解并支持儿童的独立愿望和自主行为,根据儿童希望尝试行为的危险与否采取不同的教育行为。

2. 3~6岁儿童的学习特点及教育

(1)3~6岁儿童的学习特点

1)直接经验学习。直接经验的学习就是通过直接感受、亲身体验进行的学习;间接经验的学习就是通过书本、语言进行的学习。幼儿的学习方式主要是直接经验的学习。

2)在游戏中学习。幼儿的学习是无意识的,他们在游戏和玩耍中习得知识、技能,游戏是幼儿的基本需要,也是幼儿的基本活动。

3)在生活中学习。幼儿的学习是广泛的,生活中的点点滴滴,周围世界中的花花草草,环境中的人和事都是幼儿学习的内容。正所谓"一日生活皆教育"。

4)在操作中学习。对幼儿而言,直接的讲授和简单的说理都是收效甚微的,幼儿必须通过"工作"才能发展。

(2)3~6岁儿童教育要点

1)全面发展。3~6岁是为人生打基础的阶段,幼儿的全面发展非常重要。在全面发展中，健康是第一位的。保育员应能判断幼儿身心发展状况，通过保育工作促进幼儿身体和心理的健康发展。

2) 培养幼儿积极的自我意识。自我意识的发展对幼儿个性、学习品质及各领域的发展都有着非常重要价值，幼儿期也是形成乐观性格的关键期，这都需要特别关注幼儿积极自我意识的培养。自我意识包括自我评价、自我体验和自我调控三个方面。

3) 发展幼儿的感知觉。幼儿期也是感知觉发展的关键期，如果6岁以前发展幼儿的感知觉，不仅会收到事半功倍的效果，还会激发幼儿的潜能和天性，达到小学以后难以达到的成效。

4) 发展幼儿的情感和交往能力。发展幼儿的情感可从两个方面入手：一是幼儿的同情心，二是幼儿的感恩之心。同情心是人类共同生活的感情基础，感恩之心则是对他人的关爱、支持、帮助等善良的心理和行为充满感谢、积极反馈的心理过程。

5) 做好幼小衔接。幼小衔接又称为入学准备，是为幼儿更好地适应小学学习和生活做的一系列准备工作。幼小衔接有两个主要误区：一是窄化幼小衔接的时间，认为幼小衔接是入学前几个月甚至前一个月进行的准备；二是偏离应该准备的内容，将幼小衔接视为读写算、遵守纪律等方面的准备。做好幼小衔接，应从如下几个方面进行：首先，明确幼小衔接与学前教育的关系；其次，培养幼儿生活自理能力和良好的生活习惯；再次，发展幼儿的学习品质；最后，发展幼儿的交往能力。

理论知识辅导练习题

一、**判断题**（下列判断正确的请在括号中打"√"，错误的请在括号内打"×"）

1. 儿童观就是对儿童的看法和认识。 （   ）
2. 关注儿童的个性和男女儿童的平等，属于古代儿童观的特点。 （   ）
3. 现代儿童观认为，儿童发展具有巨大的发展潜能，在适当的环境和教育的条件下，应最大限度地发展儿童的潜力。 （   ）
4. 科学的儿童观可以更好地促进保育员的专业发展。 （   ）
5. 语言领域是其他领域发展的基础。 （   ）
6. 婴幼儿的情绪安定在不同年龄有不同的表现。 （   ）
7. 具有书面表达的愿望和初步技能就是让婴幼儿学会写字。 （   ）
8. "心灵手巧""智慧在指尖上"都说明了手的动作的重要性。 （   ）
9. 幼儿健康领域的目标包含人际交往和社会适应两个方面。 （   ）
10. 语言领域强调的不是识字、学拼音、学写字，而是如何倾听和表达。 （   ）

11. 一日生活常规对建立良好的保教工作秩序是非常重要的，但不能一味让幼儿遵守规章制度。（ ）

12. 《幼儿园教育指导纲要（试行）》指出：艺术是人类感受美、表现美和创造美的重要形式。（ ）

13. 生活化是一切工作的基础，要从婴幼儿实际出发，将婴幼儿的感受和可持续发展作为工作的中心。（ ）

14. 对于婴幼儿来讲，许多生活技能需要在生活中学习。（ ）

15. 保育员应该谨慎使用批评和惩罚手段，避免对婴幼儿进行训斥、讽刺、挖苦以及说反语等消极的教育方式。（ ）

16. 0~3岁儿童的学习是有意识的也是主动的。（ ）

17. 1.5~3岁是儿童的第一个反抗期，这个时候的反抗以争取独立自主为中心。（ ）

18. 婴幼儿的学习方式主要是间接经验的学习。（ ）

19. 自我意识包括自我评价、自我体验和自我调控三个方面。（ ）

20. 幼小衔接是入学前几个月甚至前一个月进行的准备。（ ）

21. 具有健康的体态是心理健康的衡量指标。（ ）

22. 保育员在开展保育为主的保教工作中，工作的成效与儿童观息息相关。（ ）

23. 学前教育的基本原则是，儿童为本、生活化、启蒙性、积极正面和游戏化。（ ）

24. 小班儿童经常能够保持愉快的情绪，有强烈情绪时在成人提醒下能够平静下来。（ ）

25. 手的动作灵活协调反映了小肌肉、手眼协调和大脑的发展水平。（ ）

26. 婴幼儿擅长的是接受学习而不是发现学习。（ ）

27. 语言是人们交流的工具，倾听和表达是交流的两个要素。（ ）

28. 科学领域的学习对于婴幼儿的认知能力、创造能力和解决问题能力的发展具有重要的作用。（ ）

29. 婴幼儿的思维特点是抽象的。（ ）

30. 要保证教学成为婴幼儿的基本活动，为婴幼儿提供游戏的空间、时间、氛围和积极评价。（ ）

二、单项选择题（下列每题有4个选项，其中只有1个是正确的，请将其代号填写在横线空白处）

1. 下列有关现代儿童观的特点，描述错误的是_____。

　　A. 儿童也是人　　　　　　　　B. 儿童是发展中的人
　　C. 儿童具有主观能动性　　　　D. 以男性为中心，轻视女童

2. 学前教育的目标包含_____大领域。
   A. 四   B. 五
   C. 三   D. 六
3. _____是婴幼儿其他领域发展的基础，也是保育员的工作职责所在。
   A. 健康领域   B. 科学领域
   C. 语言领域   D. 社会领域
4. 心理健康的衡量指标是_____。
   A. 具有健康的体态   B. 具有一定的适应能力
   C. 情绪安定愉快   D. 身高、体重适宜
5. 婴幼儿的情绪安定在不同年龄有不同的表现，_____儿童不仅能够经常保持愉快的情绪，还可以主动管理自己的情绪，不乱发脾气。
   A. 大班   B. 中班
   C. 小班   D. 学前班
6. 下列关于婴幼儿动作发展的目标，描述错误的是_____。
   A. 具有一定的平衡能力，动作协调、灵敏
   B. 手的动作灵活协调
   C. 具有一定的力量和耐力
   D. 情绪安定愉快
7. 婴幼儿生活习惯和生活能力的目标，不包括_____。
   A. 具有良好的生活与卫生习惯   B. 具有基本的生活自理能力
   C. 具有健康的体态   D. 具备基本的安全知识和自我保护能力
8. 关于培养婴幼儿的倾听与表达能力，不正确的做法是_____。
   A. 进行平等的对话   B. 尽量用专业术语与婴幼儿进行交流
   C. 鼓励婴幼儿用文明的语言进行交流 D. 努力捕捉婴幼儿表达的含义
9. 婴幼儿阅读与书写准备目标不包括_____。
   A. 喜欢听故事和看图书   B. 具有初步的阅读理解能力
   C. 具有书面表达的愿望与初步技能   D. 识字、学拼音、学写字
10. 幼儿社会领域的目标包括_____。
    A. 人际交往和社会适应两个方面
    B. 倾听与表达，是阅读与书写准备
    C. 感受与欣赏和表现与创造两个方面
    D. 科学探究和数学认知

11. 婴幼儿社会适应的目标不包括_____。

    A. 喜欢并适应群体生活　　　　　　B. 遵守基本的行为规范

    C. 必须以教师为本，讲究教育艺术　　D. 具有初步的归属感

12. 关于幼儿艺术领域目标的培养，下列说法不正确的是_____。

    A. 要鼓励幼儿从周围的世界中获得审美体验

    B. 幼儿只需欣赏自然和生活中的美，无须了解多种多样的艺术形式和作品

    C. 要为幼儿创设艺术表达的环境，宽松、自由的心理氛围

    D. 鼓励幼儿进行创造性的艺术表现，不用美不美来禁锢幼儿的创造性

13. 关于幼儿科学领域目标的培养，下列说法不正确的是_____。

    A. 初步感知生活中数学的有用和有趣

    B. 可以运用背诵乘法口诀的方法让幼儿理解抽象的数学

    C. 养成热爱自然、喜欢探究、善于思考的习惯

    D. 在探究中认识周围事物和现象

14. 学前教育的基本原则不包括_____。

    A. 启蒙性　　　　　　　　　　　　B. 生活化

    C. 游戏化　　　　　　　　　　　　D. 批评和惩罚

15. 关于0~3岁儿童的学习特点，下列说法错误的是_____。

    A. 学习内容具有其内在规律性　　　B. 在行动中学习

    C. 学习是有意识的　　　　　　　　D. 学习是主动的

16. 下列关于儿童反抗行为的看法错误的是_____。

    A. 1.5~3岁是儿童的第一个反抗期

    B. 成人应该理解并无条件地支持儿童的独立愿望和自主行为

    C. 根据儿童希望尝试行为的危险与否采取不同的教育方式

    D. 这个时候的反抗是以争取独立自主为中心的

17. 关于3~6岁儿童的学习特点，下列说法错误的是_____。

    A. 间接经验学习　　　　　　　　　B. 在游戏中学习

    C. 在生活中学习　　　　　　　　　D. 在操作中学习

18. 关于婴幼儿"在生活中学习"，下列观点不正确的是_____。

    A. 环境中的人和事都是婴幼儿学习的内容

    B. 婴幼儿的学习是广泛的

    C. 一日生活中的教育具有重大价值

    D. 保育员主要负责婴幼儿的保育工作，无须引导婴幼儿学习

19. 婴幼儿的自我意识不包括_____。

    A. 自我评价　　　　　　　　　　B. 自我体验

    C. 自我调控　　　　　　　　　　D. 自我中心

20. _____岁以前发展幼儿的感知觉，不仅会收到事半功倍的效果，还会激发婴幼儿的潜能和天性。

    A. 3　　　　　　　　　　　　　B. 6

    C. 8　　　　　　　　　　　　　D. 10

21. "小大人""有罪的""白板"是_____儿童观的内容。

    A. 古代　　　　　　　　　　　　B. 近代

    C. 现代　　　　　　　　　　　　D. 科学

22. "发现儿童""解放儿童""童年的价值"是_____儿童观的主旋律。

    A. 古代　　　　　　　　　　　　B. 近代

    C. 现代　　　　　　　　　　　　D. 科学

23. 提出儿童发展具有巨大的发展潜能，在适当的环境和教育的条件下，应最大限度地发展儿童潜力的是_____。

    A. 古代的儿童观　　　　　　　　B. 近代的儿童观

    C. 现代的儿童观　　　　　　　　D. 科学的儿童观

24. 提出儿童是一个全方位不断发展的整体的人，应尊重并满足儿童各方面发展需要的是_____。

    A. 古代的儿童观　　　　　　　　B. 近代的儿童观

    C. 现代的儿童观　　　　　　　　D. 科学的儿童观

25. 关于树立科学儿童观的意义，下列描述不正确的是_____。

    A. 使保育员愿意了解婴幼儿

    B. 可以融洽保育员与婴幼儿之间的关系

    C. 帮助保育员评判和反思自己的保教行为

    D. 不能促进保育员的专业发展

26. 学前教育的_____是进行学前教育保教工作的指南针和方向盘，每一位保教工作人员都应该清楚并掌握。

    A. 计划　　　　　　　　　　　　B. 目标

    C. 内容　　　　　　　　　　　　D. 实施

27. 幼儿动作发展的目标不包括_____。

    A. 具有一定的平衡能力　　　　　B. 具有一定的力量和耐力

C. 情绪安定愉快　　　　　　　　D. 手的动作灵活协调

28. 良好的生活习惯和生活能力培养是学前教育的重要目标，也是保育工作的重点。该方面要实现的目标不包括_____。

　　A. 倾听与表达　　　　　　　　B. 具有良好的生活与卫生习惯
　　C. 具有基本的生活自理能力　　D. 具备基本的安全知识和自我保护能力

29. 幼儿语言领域的目标不包括_____。

　　A. 倾听　　　　　　　　　　　B. 识字、学拼音、学写字
　　C. 表达　　　　　　　　　　　D. 阅读与书写准备

30. 下列关于幼小衔接的理解，不正确的是_____。

　　A. 发展交往能力
　　B. 培养幼儿生活自理能力和良好的生活习惯
　　C. 发展幼儿的学习品质
　　D. 幼小衔接是入学前几个月甚至前一个月进行的准备

参考答案及说明

一、判断题

1. √　2. ×　3. √　4. √　5. ×　6. √　7. ×　8. √　9. ×　10. √
11. √　12. ×　13. ×　14. √　15. √　16. ×　17. √　18. ×　19. √　20. ×
21. ×　22. √　23. √　24. ×　25. √　26. ×　27. √　28. √　29. ×　30. ×

【说明】

2. ×　关注儿童的个性和男女儿童的平等，属于近代儿童观的特点。

5. ×　健康领域是其他领域发展的基础。

7. ×　具有书面表达的愿望和初步技能并不是让幼儿学会写字，而是让幼儿萌发书面表达的意愿，学会初级的书面表达。

9. ×　幼儿社会领域的目标包含人际交往和社会适应两个方面。

12. ×　《3~6岁儿童学习与发展指南》指出：艺术是人类感受美、表现美和创造美的重要形式。

13. ×　儿童为本是一切工作的基础，要从婴幼儿实际出发，将婴幼儿的感受和可持续发展作为工作的中心。

16. ×　0~3岁儿童的学习是无意识的也是主动的。

18. ×　婴幼儿的学习方式主要是直接经验的学习。

20. ×　幼小衔接有两个主要误区：一是窄化幼小衔接的时间，认为幼小衔接是入学前几个月甚至前一个月进行的准备；二是偏离应该准备的内容，将幼小衔接视为读写算、遵守纪律等方面的准备。

21. ×　情绪安定愉快是心理健康的衡量指标。

24. ×　中班儿童经常能够保持愉快的情绪，有强烈情绪时在成人提醒下能够平静下来。

26. ×　婴幼儿擅长的是发现学习而不是接受学习。

29. ×　婴幼儿的思维是具体形象的，难以理解书本等间接经验的知识，需要通过自己的直接体验理解事物。

30. ×　要保证游戏成为婴幼儿的基本活动，为婴幼儿提供游戏的空间、时间、氛围和积极评价。

二、单项选择题

1. D　解析：现代的儿童观认为，男女平等，不同性别的儿童应享有均等的机会和相同的权益，受到平等的对待。

2. B　解析：学前教育的目标涉及五大领域，分别是健康领域的目标、语言领域的目标、社会领域的目标、科学领域的目标、艺术领域的目标。

3. A

4. C

5. A

6. D　解析：动作发展的三个目标分别是：具有一定的平衡能力，动作协调、灵敏；具有一定的力量和耐力；手的动作灵活协调。

7. C　解析：良好的生活习惯和生活能力培养是学前教育的重要目标，也是保育工作的重点。该方面要实现以下三个目标：具有良好的生活与卫生习惯，具有基本的生活自理能力，具备基本的安全知识和自我保护能力。

8. B　解析：语言是人们交流的工具，倾听和表达是交流的两个要素。在人际交往中，要注意培养幼儿的倾听能力，必要时还要用儿语等幼儿听得懂的语言进行交流。在表达方面，用倾听的态度对待幼儿的表达，努力捕捉幼儿表达的含义，进行平等的对话，鼓励幼儿用文明的语言进行交流，并养成习惯。

9. D　解析：阅读与书写准备的目标是喜欢听故事和看图书，具有初步的阅读理解能力，具有书面表达的愿望与初步技能。

10. A

11. C　解析：幼儿社会适应目标的培养是喜欢并适应群体生活，遵守基本的行为规范，具有初步的归属感。常规的培养不能简单粗暴，必须以儿童为本，讲究教育艺术。

12. B　解析：要鼓励幼儿从周围的世界中获得审美体验，太阳、月亮、星空、花朵、风声、雨声都充满了美感，是对幼儿进行审美教育的最好素材和环境，生活中的美也是审美教育的重要来源。幼儿欣赏自然和生活中的美，也应看到并欣赏和喜欢多种多样的艺术形式和作品。

13. B　解析：数学是抽象的，也是有用的。让幼儿理解抽象的数学，最好的方法是生活中的教育，数学不是背诵乘法口诀，计算枯燥的加减乘除，而是解决生活中的数学问题。

14. D　解析：学前教育的基本原则是以儿童为本、生活化、启蒙性、积极正面、游戏化。

15. C

16. B　解析：1.5~3岁是儿童的第一个反抗期，这个时候的反抗是以争取独立自主为中心，也正是儿童独立性和自主性发展的关键期。所以，成人应该理解并支持儿童的独立愿望和自主行为，可以根据儿童希望尝试行为的危险与否采取不同的教育方式。

17. A

18. D　幼儿的学习是广泛的，环境中的人和事都是幼儿学习的内容。正所谓"一日生活皆教育"。所以，保育员不能因为主要负责保育而忽视了学习，一日生活中的教育具有重大价值。

19. D

20. B　解析：6岁以前发展婴幼儿的感知觉，不仅会收到事半功倍的效果，还会激发婴幼儿的潜能和天性。

21. A

22. B　解析：随着资本主义社会的兴起和人们对儿童研究成果的丰富，"发现儿童""解放儿童""童年的价值"成为这个时期儿童观的主旋律。

23. C　解析：现代儿童观认为儿童也是人，具有与成人一样的人的一切基本权益，具有独立的人格；儿童是一个全方位不断发展的整体的人，应尊重并满足儿童各方面发展的需要；儿童发展的过程和结果都存在个体差异性；儿童发展具有巨大的潜能；儿童具有主观能动性，在其发展过程中，起着积极主动的作用；男女儿童平等。

24. C

25. D　解析：科学的儿童观可以更好地促进保育员的专业发展。首先，科学的儿童观使保育员愿意了解婴幼儿，有针对性地开展保育工作；其次，科学的儿童观可以融洽保育员与婴幼儿之间的关系；最后，科学的儿童观可以帮助保育员评判和反思自己的保教行为。

26. B

27. C

28. A　解析：良好的生活习惯和生活能力培养是学前教育的重要目标，也是保育工作的重点。包括具有良好的生活与卫生习惯，具有基本的生活自理能力，具备基本的安全知识和自我保护能力。

29. B

30. D

职业模块十　托幼机构保育环境知识

考 核 要 点

考核范围	考核要点	重要程度
托幼机构保育环境概述	1. 托幼机构保育环境的特点	掌握
	2. 托幼机构保育环境的作用	掌握
	3. 创设保育环境的原则与要求	掌握
托育机构保育物质环境创设	1. 托幼机构室内保育物质环境创设	掌握
	2. 托育机构室外保育物质环境创设	掌握
学前教育机构保育物质环境	1. 学前教育机构物质环境创设的要求及误区	掌握
	2. 学前教育机构物质环境创设的准备过程	掌握
	3. 学前教育机构室内物质环境的创设	掌握
	4. 学前教育机构室外物质环境的创设	掌握
托幼机构保育精神环境创设	1. 托幼机构保育精神环境创设的意义	掌握
	2. 托幼机构保育精神环境创设的内容	掌握

重点复习提示

一、托幼机构保育环境概述

托幼机构保育环境的概念有广义和狭义之分，广义的托幼机构保育环境是指社区、家庭、社会、自然环境中等一切可能促进婴幼儿身心发展的条件总和；狭义的托幼机构保育环境，是指托幼机构中对婴幼儿保育产生影响的内部环境，包括物质环境和精神环境两个方面。

1. 托幼机构保育环境的特点

（1）环境的教育性。托幼机构的保育环境是根据托幼机构保育教育的方针、目标以及婴幼儿的身心发展特点，有目的、有计划、有组织创设的。保育环境不仅仅是为了美化的需要，也是实现保育目的的重要途径，把教育目的隐含在环境中，在科学的保育环境中培育婴幼儿的卫生习惯、生活习惯、健康习惯，在环境中让婴幼儿去探究、体验与内化健康相关的认知与习惯养成。

（2）环境的生态性。托幼机构保育环境的创设要秉承生态属性和环保理念，强调材料使用的自然特性，让婴幼儿在自然的生态保育环境中去感知与发现，并在探究与感知过程中发展婴幼儿的心理需求。

（3）环境的控制性。托幼机构的保育环境与外界环境相比具有控制性，主要是指托幼机构保育环境的创设是在保教人员的控制之下进行的，具体可表现为两个方面：一方面是材料使用的综合影响，婴幼儿环境创设物品在进入托幼机构前必须经过严格的甄别，以其最终能有利于婴幼儿的身心发展为选择标准；另一方面，保教人员根据婴幼儿生长指标以及应用的自身发展特点，有效地调控环境中的各种要素，维护不同年龄、不同季节等环境的动态平衡，使之始终处在最适合婴幼儿发展的状态。

环境的教育性，要求以生态性为基础，同时决定了环境的控制性，三者之间互相依存、互相制约。

2. 托幼机构保育环境的作用

（1）良好的保育环境有利于促进婴幼儿情绪、情感、行为的健康发展。

（2）良好的保育环境有助于婴幼儿的全面发展。

（3）良好的保育环境有助于激发婴幼儿的学习兴趣与动机。

3. 创设保育环境的原则与要求

（1）安全性原则。安全是保育环境创设的基本前提，在保育环境的创设过程中，保育员要主动地消除保育环境中可能存在的安全隐患。

（2）经济性原则。创设保育环境过程中，应考虑不同地区、不同托幼机构的具体经济情况，做到因地制宜、就地取材。

（3）互动性原则。要秉承婴幼儿是环境主人的保育思想，在内容选择、主题设定、内容生成等多方面都要考虑婴幼儿的发展需要，使创设的保育环境主题符合该年龄段的发育特点。同时投放可让婴幼儿自主选择的环境创设材料和体验操作性的材料及用品。

（4）差异性原则。保育环境的核心是让婴幼儿在身临其境，在适宜的环境氛围中提高对生活、生命的认知和良好行为习惯的养成。所以，在托幼机构环境创设过程中，在内容和选材上保育环境要区别于教育环境，避免等同于教育环境的创设。

（5）发展适应性原则。托幼机构的保育环境创设要符合婴幼儿的年龄特征及其身心、健康发展的规律，促进不同阶段婴幼儿全面和谐发展。

（6）教育性原则。要把婴幼儿的保育教育目标及要求落实到月计划、周计划以及每个具体活动中，与实际的教学内容相结合，创设具有启发性的保育环境。

二、托育机构保育物质环境创设

1. 托育机构室内保育物质环境创设

(1) 物质环境的准备原则

1) 安全原则。包括地面安全、墙面安全、玩具安全、用品安全等。

①地面安全。选用防滑、无缝隙材料,材料无污染、无挥发性化学物质,符合国家建材标准。

②墙面安全。选用符合婴幼儿发育特点的抓、握、捏、插的操作性材料,按压、粘贴、发声等活动性材料。

③玩具安全。为不同月龄的婴儿配备不同的口唇敏感期咬合性玩具、推拉性玩具、锻炼行走的小楼梯等,保证材料卫生、安全,避免婴儿出现吞咽、误食等危险发生。

④用品安全。进餐用具、饮水用具、盥洗用品、睡眠用具等生活用品类要符合国家标准规范。

2) 安静原则。托育保育环境创设要符合《托儿所、幼儿园建筑设计规范》和《托育机构设置标准(试行)》等要求,远离噪声或喧哗场所。

(2) 保育环境创设的内容

1) 营养环境。营养环境主要是指为婴幼儿进食创设的物质环境和精神环境氛围。《托育机构管理规范(试行)》第十九条指出,托育机构应当顺应喂养,科学制定食谱,保证婴幼儿膳食平衡,有特殊喂养需求的,监护人应当提供书面说明。

2) 睡眠环境

①睡眠环境因素。睡眠环境首先要有适宜的温度、湿度。婴幼儿的睡眠环境以 24~25 ℃,湿度以 50% 左右为宜。其次要有舒适的声光环境,室内的光线不宜过强。再次要控制噪声,避免大声喧哗。

②睡眠照护原则

a. 视线平行原则。可以和婴儿之间保持平行的眼神交流,为婴儿提供一个尊重的环境。

b. 提前告知原则。保育员在进行下一步动作的执行之前,都需要提前告知婴儿,让其有所准备,避免惊恐。

3) 卫生环境。狭义上包括进餐环境、盥洗环境、起居环境。

①进餐环境。包括桌面、餐具清洁消毒,播放适宜的轻音乐,提醒婴儿洗手,准备当餐制作食物的食材模型或实物,进而让婴儿感知食物的特性与营养。

②盥洗环境。包括洗手台的高低,洗手液或香皂等洗护用品的排放位置及高低,毛巾挂放的位置及地面的湿滑状况等。

③起居环境。包括睡眠前、起床后开窗通风，正确使用助眠音乐或唤醒音乐，及时进行寝具的消毒等。

4）课程环境。托育机构应当以游戏为主要活动形式，促进婴儿在身体发育、动作、语言、认知、情感与社会性等方面的全面发展。托育机构设有的课程区域包括：运动区、视觉区、触摸区、娃娃家区、生活自理区、音乐区、球类区等。

2. 托育机构室外保育物质环境创设

（1）运动环境。托育机构应当保证婴儿每日室外活动不少于 2 h，寒冷、炎热季节或特殊天气情况下可酌情调整。

（2）自然环境。在室外活动时，保育员要熟悉区域环境中的植物、花卉、井盖、坑洼、水池等自然环境状况，避免误伤等意外事故的发生。

三、学前教育机构保育物质环境

1. 学前教育机构物质环境创设的要求及误区

（1）学前教育机构物质环境创设要求

1）保育物质环境要体现教育性。

2）保育物质环境要符合幼儿的审美。

3）保育物质环境要体现差异性。

4）保育物质环境要服务于保育工作的需要。

（2）学前教育机构物质环境准备的误区：一是一味追求美观好看的物质环境设计；二是过多的文字信息占据物质环境的空间。

2. 学前教育机构物质环境创设的准备过程

（1）规划阶段。物质环境规划可以从以下三个角度来构想：

一是时间。保教人员应根据当前课程实施内容的周期来考虑物质环境存续的时间长短，持续的物质环境与阶段性的物质环境相结合，既要考虑到全班幼儿的特点，也要兼顾个别幼儿的特点。

二是内容。一般由主题与辅助两个部分构成。

三是空间。物质环境创设的空间规划，要处理好四对关系：显性与隐性的关系，立体与平面的关系，整体与个别的关系，固定与变化的关系。

（2）创设阶段。主要有四个创设方式。

1）主题创设。根据某阶段学习的主题来进行物质环境的创设，保证在此主题中幼儿能够更加有效地学习与生活。

2）暂时性创设。即将某次活动或活动的成果暂时呈现出来，作为阶段性的活动和小结。

3) 持续性创设。先完成一部分内容,随着教育活动的不断发展,逐步完善,创造出全部内容,形成一个完整的主题环境。这样的创设可用于反映幼儿生成性的学习过程。

4) 根据活动组织形式来创设。根据幼儿学习活动的形式,以小组的集体方式呈现他们的活动内容。

(3) 评价反思阶段。具体可以从三个方面进行考虑:

1) 幼儿的参与程度、活动受益情况。

2) 保育环境的安全性、自然性、自主性、审美性、社会性。

3) 保育环境内容的针对性,实施过程的开放性及保育目标的达成度。

3. 学前教育机构室内物质环境的创设

(1) 营养环境。这里更多的指食育环境。食育环境由餐前准备、当餐食材的特征和功能、与身体的健康促进关系以及自我健康认知与管理组成。

1) 餐前准备。餐前准备包括餐具的认识、使用方法和饮食礼仪。

2) 食材认知。通过感官教育法,让幼儿知道每天吃的食物的名称及主要使用的食材。

3) 食材的营养功能与身体健康促进。让幼儿初步知道不同食材的营养元素,知道吃什么对身体的某种器官或功能有健康促进作用,识别对身体有危害的食品及饮食行为,建立良好的自我身体健康管理意识。

(2) 盥洗环境。盥洗环境的创设包括物质准备和操作流程指导。

1) 物质准备。根据不同地区的状况采用水冲立式小便器或水槽式小便池,洗手池高度符合《托幼机构建筑标准》,清洁物品放置专门区域,整体环境布局合理。

2) 操作流程指导。充分利用墙壁、洗手台、地面等空间进行操作流程装饰指导,以保育教育为主线。

(3) 睡眠环境。睡眠环境包括物质环境和睡眠氛围。

1) 物质环境营造,要根据睡眠室的大小和幼儿人数,合理安排床位,一般要求床位固定,采用移动床位的幼儿园也要尽可能在一定阶段固定位置。睡眠室每天开窗通风和清洁卫生,保持室内空气新鲜和环境舒适干净。在流行病高发季节,一定要做到勤消毒,确保室内环境卫生。

2) 睡眠氛围营造,是指在幼儿入睡前使室内光线柔和,播放舒缓的轻音乐或者催眠曲,也可以组织散步或伴读内容舒缓的故事绘本,使幼儿养成听到特定的音乐或声音入睡的习惯。

(4) 其他保育环境

1) 活动空间的规划。有条件的学前教育机构可以把空间进行小型分割,根据活动的性质和功能进行区域划分。

2）墙面的设计。墙面设计应富有童趣，版面给人以亲切温馨的感觉，同时要根据季节、主题等要求定期更换，鼓励幼儿和家长共同参与设计。

3）楼梯的设计。楼梯的设计要充分合理利用墙面和地面，可在楼梯台阶贴上靠右行走的脚印。

4）走廊的设计。走廊的光线要充足，以主题为单元准备相关的内容。

4. 学前教育机构室外物质环境的创设

室外物质环境创设以促进幼儿的运动能力为核心。总体场地布局要合理，可设置平地缓坡、土坑、阶梯树丛，让幼儿在多变的场地上活动，获得均衡的发展。

四、托幼机构保育精神环境创设

托幼机构的精神环境是指托幼机构对婴幼儿发展产生影响的一切精神要素的总和，包括保教人员的教育观念和行为、托幼机构中的人际关系。其中，托幼机构中的人际关系包括教职工的关系、家长的关系、幼儿之间的关系和托幼机构文化氛围。

1. 托幼机构保育精神环境创设的意义

（1）使人有愉悦的心情，更踏实地去工作和学习。

（2）给人以良好的精神情感体验，促进婴幼儿健康心理的形成。

2. 托幼机构保育精神环境创设的内容

（1）保教人员要率先示范，建立良好的人际交往关系。保育员和教师在保教过程中要互相关心、互相帮助、互相理解，营造轻松温馨的气氛，为婴幼儿良好的社会性发展做出榜样。

（2）保教人员要热爱婴幼儿，建立良好的师幼交往关系。保教人员应对婴幼儿表现出支持、尊重、接受的情感态度和行为，这是建立师幼间积极关系的基础，也是进一步培养婴幼儿良好社会性行为的基本条件。同时，保教人员应当以民主的态度对待每一位儿童，善于疏导而不压制，允许他们表达自己的想法和建议；与婴幼儿的交往中，要尽量采用多种适宜的动作语言，如微笑、点头、抚摸等，表达自己对他们的关心、鼓励或者提醒。

（3）婴幼儿之间建立良好的同伴交往关系。托幼机构中的保教人员要时刻注意自己的形象，以身作则，同时应关心、平等对待每一个孩子，教育他们学会关心别人，懂得与别人分享。保教人员之间也要互相帮助、互相配合，共同创造一个美好和谐的精神环境，让婴幼儿在充满关爱的环境中健康快乐地成长。

理论知识辅导练习题

一、判断题（下列判断正确的请在括号中打"√"，错误的请在括号内打"×"）

1. 学前教育机构的环境对幼儿的发展很重要，因此为了能创设良好的、美观的环境，可以花费任何财力来购置各种环境创设的材料。（   ）

2. 学前教育机构的精神环境仅包括教师之间以及教师和保育员等成人之间的关系情况。（   ）

3. 由于幼儿年龄比较小，什么都不懂，所以学前教育机构环境创设应该完全由教师、保育员等成人来设计和完成。（   ）

4. 学前教育机构环境的创设要以当地的经济、文化为背景，充分展示地方特色，让孩子从小就能够切身感受家乡的民俗风情，萌发对家乡的热爱之情。（   ）

5. 广义的学前教育机构环境指的是学前教育机构中对幼儿身心发展产生影响的内部环境，包括物质环境和精神环境两个方面。（   ）

6. 发展适宜性原则是指学前教育机构的环境创设要符合幼儿的年龄特征及其身心健康发展的规律，促进每个幼儿全面、和谐地发展。（   ）

7. 学前教育机构的精神环境指的是学前教育机构内对幼儿发展产生影响的一切精神要素的总和，包括教育者的教育观念与行为、学前教育机构中的人际关系（教职工之间的关系、师幼关系、幼儿之间的关系等）、学前教育机构文化氛围等。（   ）

8. 狭义的学前教育机构环境是指学前教育机构中对幼儿身心发展产生影响的内部环境，包括物质环境和精神环境两个方面。（   ）

9. 学前教育机构的环境包括物质环境和精神环境两个方面，其中物质环境比较重要，精神环境则可有可无。（   ）

10. 学前教育机构物质环境的创设可以从室内环境和室外环境分别来规划和开展。（   ）

11. 幼儿教育只能通过学前教育机构中的教师等工作人员来进行，环境对幼儿发展没有影响。（   ）

12. 在学前教育机构环境创设中，首先要考虑的就是为孩子创设安全、健康的环境。（   ）

13. 在学前教育机构物质环境创设过程中，可以将室内环境在空间上划分为社会活动区、自然科学活动区、艺术活动区、建构操作区、数学活动区。（   ）

14. 学前教育机构的物质环境指的是学前教育机构中对幼儿发展有影响作用的各种物质

要素总和,包括场地、园舍设备、玩具、科学活动室、各种材料。（　）

15. 学前教育机构环境创设的基本原则只有安全性原则、参与性原则。（　）
16. 学前教育机构环境对婴幼儿发展的积极意义包括促进婴幼儿情绪情感的健康发展,有助于婴幼儿的全面发展,激发婴幼儿的学习兴趣与动机,促进婴幼儿喜欢学习,建立良好的家庭成员关系。（　）
17. 学前教育机构物质环境的创设包括的过程有：创设前的规划阶段、创设阶段、创设效果的评价反思阶段。（　）
18. 学前教育机构的精神环境与物质环境不同,它是一种隐性存在的环境,对婴幼儿起潜移默化的影响,主要包括教育者的教育观念与行为、学前教育机构中的人际关系、教育者和婴幼儿之间的关系、学前教育机构中的文化氛围。（　）
19. 为了让幼儿有不同的触觉感受,教育者可以采用不同性质的材料来布置学前教育机构的室外场地,如可以布置沙子、水泥、塑料等场地。（　）
20. 学前教育机构物质环境创设的第一个阶段是前期规划阶段,教育者可以从时间规划、内容规划、空间规划等方面进行整体规划。（　）
21. 学前教育机构环境创设的基本要求以营利为目的。（　）
22. 学前教育机构物质环境创设的完成并不是最终的结束环节,教育者必须对创设的效果进行评价反思。具体可以从创设的物质环境的空间利用情况来进行反思和判断。（　）
23. 学前教育机构物质环境创设的具体实施阶段是关键环节,可以从主题的创设等方面来开展。（　）
24. 学前教育机构精神环境的创设包括要满足幼儿的一切需求。（　）
25. 任何组织和个人均不得以营利为目的举办学校及其他教育机构。（　）
26. 幼儿园是组织保育和教育活动的实体。（　）
27. 学校的校舍、场地、其他公共设施,以及学校提供给学生的学具、教育教学和生活设施设备,不符合国家规定标准,或有明显不安全因素造成学生伤害事故,学校依法承担相应的责任。（　）
28. 保育员在日常工作中,记录与实物的核对是保管物品不可缺少的环节。（　）
29. 在托幼机构环境创设中,在内容和选材上,保育环境和教育环境是一致的。（　）
30. 托育机构的室内保育物质环境可以考虑允许噪声和喧哗场所。（　）

二、单项选择题（下列每题有4个选项,其中只有1个是正确的,请将其代号填写在横线空白处）

1. 学前教育机构物质环境的创设是一个复杂的过程,需要经过三个阶段,包括创设前的规划阶段、创设阶段和_____。

A. 效果评价反思阶段　　　　　　B. 创设材料选购阶段

C. 物质环境布置阶段　　　　　　D. 创设完成阶段

2. 在学前教育机构物质环境创设过程中，教育者往往会产生的误区包括：过多的文字信息占据学前教育机构物质环境创设的空间和_____等。

A. 墙面设计中出现展现地方民俗的彩绘

B. 教室中陈列孩子们的各种作品

C. 过度追求美观、好看的物质环境设计

D. 室外场地被划分为很多不同的区域

3. 在北方的学前教育机构中，教育者常常给教室内的暖气片装上防护装置，这种做法体现了学前教育机构环境创设的_____原则。

A. 审美性　　　　　　　　　　　B. 安全性

C. 教育性　　　　　　　　　　　D. 经济性

4. 在学前教育机构物质环境创设的具体实施阶段，教育者根据幼儿学习活动的不同方式以集体、小组、个别的形式呈现他们的活动成果。这样的创设方法属于_____。

A. 根据活动组织形式开展的创设　　B. 主题的创设

C. 暂时性的创设　　　　　　　　D. 持续性的创设

5. 在学前教育机构物质环境创设的前期规划阶段，教育者应根据当前课程实施内容的周期来考虑物质环境创设的长期性、短期性和暂时性，使持续的物质环境创设与阶段性的物质环境创设相结合。这句话体现了物质环境创设规划阶段中的_____。

A. 效果规划　　　　　　　　　　B. 内容规划

C. 时间规划　　　　　　　　　　D. 空间规划

6. 现在学前教育机构的环境创设越来越重视和提倡对废旧物品的再利用，从小培养孩子的节约、环保意识，如用废旧的牙膏盒制作玩具火车。这体现了环境创设_____原则。

A. 参与性　　　　　　　　　　　B. 经济性

C. 操作性　　　　　　　　　　　D. 发展适宜性

7. 在学前教育机构物质环境创设的具体实施阶段，教育者可以将学前教育机构物质环境分为室外环境和_____来分别创设。

A. 室内环境　　　　　　　　　　B. 教室环境

C. 活动室环境　　　　　　　　　D. 卧室环境

8. 目前社会上各种物质和精神产品极其丰富，它们是学前教育机构环境创设过程中取之不尽、用之不竭的源泉，但是这些丰富的资源不能完全直接运用到环境创设中，需要教育者进行必要的甄别和筛选。这体现了学前教育机构环境特点的_____。

A. 教育性　　　　　　　　　　B. 丰富性
　　C. 控制性　　　　　　　　　　D. 多样性

9. 广义的学前教育机构环境是指社区、社会、_____等一切使学前教育得以进行的条件总和。
　　A. 物质环境　　　　　　　　　B. 自然环境
　　C. 精神环境　　　　　　　　　D. 经济环境

10. 学前教育机构环境所具有的两个明显特点分别是控制性和_____。
　　A. 教育性　　　　　　　　　　B. 审美性
　　C. 童趣性　　　　　　　　　　D. 多样性

11. 在具体创设学前教育机构室内环境时，教育者可以将室内物质环境分成五个活动区分别进行设计，其中阅读和讲故事属于_____。
　　A. 自然科学区　　　　　　　　B. 社会活动区
　　C. 建构操作区　　　　　　　　D. 语言活动区

12. 在具体创设学前教育机构室内环境时，教育者可以将室内物质环境分成五个活动区分别进行设计，其中娃娃家、医院、菜市场等属于_____。
　　A. 社会活动区　　　　　　　　B. 建构操作区
　　C. 艺术活动区　　　　　　　　D. 语言活动区

13. 在具体创设学前教育机构室内环境时，教育者可以将室内物质环境分成五个活动区分别进行设计，其中拼、插、搭、小制作等属于_____。
　　A. 自然科学区　　　　　　　　B. 建构操作区
　　C. 艺术活动区　　　　　　　　D. 语言活动区

14. 在学前教育机构物质环境创设的具体实施阶段，教育者先设计完成一部分的内容，之后随着教育活动的不断开展，逐步完善创设的全部内容，形成一个完整的主题环境。这样的创设方法属于_____。
　　A. 主题的创设　　　　　　　　B. 根据活动组织形式开展的创设
　　C. 暂时性的创设　　　　　　　D. 持续性的创设

15. 学前教育机构物质环境创设的前期规划阶段，教育者要处理好四对关系，即显性与隐性的关系、立体与平面的关系、整体与个别的关系、固定与变化的关系，增强不同形式的物质环境元素之间的联系。这段话描述的是物质环境创设规划阶段中的_____。
　　A. 空间规划　　　　　　　　　B. 时间规划
　　C. 效果规划　　　　　　　　　D. 内容规划

16. "用儿童的双手和思想布置的环境，会使他们更加深刻地理解环境中的事物，也会使他们更加爱护环境"，陈鹤琴先生的这句话反映了学前教育机构环境创设应该遵循的————原则。

A. 教育性　　　　　　　　　　B. 审美性

C. 公平性　　　　　　　　　　D. 参与性

17. 学前教育机构环境的创设要根据婴幼儿的年龄特点及其身心发展的规律来进行，而不能随便依照成人的想法。其体现了学前教育机构环境创设的————原则。

A. 审美性　　　　　　　　　　B. 安全性

C. 教育性　　　　　　　　　　D. 发展适宜性

18. 狭义的学前教育机构的环境包括物质环境和————。

A. 社会环境　　　　　　　　　B. 自然环境

C. 精神环境　　　　　　　　　D. 生态环境

19. 保育员要为婴幼儿创设一个安全、卫生、符合发展需要和————的美好环境。

A. 美感　　　　　　　　　　　B. 儿童喜欢

C. 教育要求　　　　　　　　　D. 自由活动需要

20. 保育员应负责本班房舍、设备、环境的————工作。

A. 收拾整理　　　　　　　　　B. 维修

C. 清洁卫生　　　　　　　　　D. 安全

21. 从设备材料的安全卫生角度出发，应该为婴幼儿选择无毒、————，符合环保要求的设备和材料。

A. 数量充足　　　　　　　　　B. 色彩鲜艳

C. 无害　　　　　　　　　　　D. 动态的

22. 学前儿童与保育员之间的相互作用、交往方式等属于学前教育机构的————。

A. 文化环境　　　　　　　　　B. 工作环境

C. 精神环境　　　　　　　　　D. 物质环境

23. 保育员独立组织婴幼儿户外活动时应根据活动和婴幼儿的需要准备场地和设备，并————。

A. 提供玩具　　　　　　　　　B. 检查其安全性

C. 准备材料　　　　　　　　　D. 组织活动

24. 布置和准备环境的过程就是————的过程。

A. 教育　　　　　　　　　　　B. 实现教师要求

C. 实现婴幼儿想法　　　　　　D. 实现幼儿园要求

25. 保育员在布置环境的过程中应该做好————，充分调动家长参与环境布置的主动性和积极性。

A. 本职工作 B. 家长工作
C. 协调工作 D. 组织工作

26. 学前教育机构的精神环境主要是指学前教育机构的人际关系和_____。

A. 设备条件 B. 师生关系
C. 交往方式 D. 教育理念与行为

27. 在创设教育环境的工作中，保育员应_____准备游戏和教学活动的材料、设备，并与婴幼儿共同讨论活动的规则和注意事项。

A. 与教师、婴幼儿共同 B. 让婴幼儿
C. 尽量少地 D. 尽量多地

28. 学前教育机构的物质环境，主要包括_____、园内装饰、设备条件、物理空间的设计与利用，活动材料的数量、种类、选择与搭配等。

A. 园舍建筑 B. 幼儿园文化
C. 师生关系 D. 幼儿人数的多少

29. 学前教育机构的环境主要是指_____。

A. 大型玩具
B. 塑胶地板
C. 合格的物质条件和良好的精神环境
D. 较清静的场所

30. 在做准备和整理工作时，保育员要有强烈的_____，应该把其看成是培养婴幼儿良好的生活、卫生习惯的好机会，重视其中的教育价值。

A. 责任感 B. 目标意识
C. 劳动意识 D. 工作意识

参考答案及说明

一、判断题

1. × 2. × 3. × 4. √ 5. × 6. √ 7. √ 8. √ 9. × 10. √
11. × 12. √ 13. √ 14. √ 15. × 16. × 17. √ 18. × 19. √ 20. √
21. × 22. √ 23. √ 24. × 25. × 26. √ 27. √ 28. √ 29. × 30. ×

【说明】

1. × 本题违背了学前教育机构环境创设的基本原则中的经济性原则。

2. × 学前教育机构中的精神环境包括内容广泛，不仅包括教师之间以及教师和保育员等成人之间的关系，还涉及教育者的教育观念与行为、教师和孩子之间的师幼关系以及学前教育机构中的文化氛围等。

3. × 本题违背了学前教育机构环境创设的参与性原则。幼儿虽然年龄小，但是他们是独立的个体，对事情有自己的看法和意见，有权利和必要参与自己生活和学习场所环境的创设。

5. × 本题解释的是狭义的学前教育机构环境的概念。广义的学前教育机构环境是指社区、社会、自然环境等一切使学前教育得以进行的条件总和。

9. × 学前教育机构中的物质环境和精神环境对幼儿的发展同样重要，它们具有相对独立性，对幼儿的发展起着不同的作用。幼儿的全面发展离不开两者的共同作用，缺一不可。

11. × 对幼儿发展产生影响的不仅包括教师等工作人员，还包括幼儿所处的学前教育机构的环境，环境对幼儿发展具有潜移默化的影响作用。

15. × 学前教育机构环境创设的基本原则包括安全性原则、参与性原则、经济性原则、教育性原则、创造与审美性原则。

16. × 学前教育机构环境对婴幼儿发展的积极意义包括促进婴幼儿情绪情感的健康发展，有助于婴幼儿的全面发展，激发婴幼儿的学习兴趣与动机。

18. × 学前教育机构的精神环境与物质环境不同，它是一种隐性存在的环境，对婴幼儿起潜移默化的影响，主要包括教育者的教育观念与行为、学前教育机构中的人际关系、学前教育机构中的文化氛围。

21. × 学前教育机构环境创设的基本要求有：保障婴幼儿的安全与健康，满足婴幼儿身心发展的需要，符合婴幼儿教育的目标与要求，适合当地的文化背景与经济发展条件。

22. × 学前教育机构物质环境创设的完成并不是最终的结束环节，教育者必须对创设的效果进行评价反思。具体可以从整个创设过程中幼儿的参与程度，创设的物质环境的安全性、自然性等情况，物质环境对课程教育目标的达成度等方面来进行反思和判断。

24. × 学前教育机构精神环境的创设包括教师和保育员等成人要率先示范，建立良好的人际交往关系；教师和保育员等成人要热爱幼儿，建立良好的师幼交往关系；成人要指导幼儿建立良好的同伴交往关系；家长等家庭成员要关心孩子，建立良好的家庭成员关系。

29. × 本题违背了创设保育环境的"差异性原则"，在托幼机构的环境创设过程中，对于内容和选材，保育环境要区别于教育环境。

30. × 托育保育环境创设要符合《托儿所、幼儿园建筑设计规范》和《托育机构设置标准（试行）》等要求，远离噪声或喧哗场所。

二、单项选择题

1. A	2. C	3. B	4. A	5. C	6. B	7. A	8. C	9. B	10. A
11. D	12. A	13. B	14. D	15. A	16. D	17. D	18. C	19. C	20. C
21. C	22. C	23. B	24. A	25. B	26. D	27. A	28. A	29. C	30. B

职业模块十一 相关法律、法规知识

考 核 要 点

考核范围	考核要点	重要程度
法律法规对儿童和保育员的保护	1. 法律法规对儿童的保护	熟悉
	2. 法律法规对保育员的保护	熟悉
保育员应知应会的主要法律、法规规定	1.《幼儿教师专业标准（试行）》	熟悉
	2.《托儿所、幼儿园卫生保健工作规范》	掌握
	3.《3~6岁儿童学习与发展指南》	熟悉
	4.《幼儿园工作规程》	掌握

重点复习提示

一、法律法规对儿童和保育员的保护

1. 法律法规对儿童的保护

本书所称的儿童为在幼儿园及其他学前教育机构中生活、学习的适龄婴幼儿，一般年龄在1~6周岁。

《中华人民共和国未成年人保护法》第二条规定："本法所称未成年人是指未满18周岁的公民。"该法明确了未成年人最应享有的四大权利，即生存权、发展权、受保护权、参与权。

（1）法律保护儿童权利的宗旨。我国法律对儿童权利保护的根本宗旨是，全面保护儿童的人权，并使儿童得到全面发展，成为社会主义事业的接班人。

（2）法律保护儿童权利的主要内容。按儿童权利的性质特征区分，主要有以下方面：

1）生存权，或生命权。

2）健康权。

3）受教育权和身心健康全面发展权。

4) 姓名权、肖像权。

5) 名誉权、荣誉权。

6) 其他权利。除上述权利之外，法律还保护儿童的隐私权、接受抚养权、继承遗产权、智力成果权等权利。

2. 法律法规对保育员的保护

（1）对保育员相关权利进行保护的必要性。《幼儿园教师专业标准（试行）》将"幼儿为本"定为基本理念。保教人员的工作生活状态、对工作的满意度、压力程度等都与幼儿教育质量息息相关。因此，重视幼儿教师工作条件的改善、待遇的提高，减轻他们的压力等，是与落实"幼儿为本"的理念，促进幼儿的发展等不可分割的。

（2）保育员权利的主要内容

1) 享有平等就业和选择职业的权利。

2) 取得劳动报酬的权利。

3) 休息休假的权利。

4) 获得劳动安全卫生保护的权利。

5) 接受职业技能培训的权利。

6) 享受社会保险和福利的权利。

7) 提请劳动争议处理的权利。

8) 法律法规规定的其他劳动权利。

二、保育员应知应会的主要法律、法规规定

1.《幼儿园教师专业标准（试行）》（简称《专业标准》）

（1）《专业标准》的基本理念：幼儿为本、师德为先、能力为重和终身学习。

（2）《专业标准》的基本内容与特点

1) 基本内容。基本内容构架包含专业理念与师德、专业知识和专业能力三个维度。在专业能力方面，充分体现了幼儿园教育的突出特点和保教工作的基本任务，特别强调了幼儿园教师必须具备良好环境的创设与利用，幼儿一日生活的合理组织与保育，游戏活动的支持与引导，教育活动的恰当计划与实施能力等。在基本要求层面，充分反映了幼儿园教师必须具备的专业态度、知识与能力。

2) 基本特点

第一，对幼儿园教师的师德与专业态度提出了特别要求。师德与专业态度是教师职业的基准线。

第二，要求幼儿园教师高度重视幼儿的生命与健康。

第三，充分体现幼儿园保教结合的基本特点。保教结合是幼儿园教育的基本原则，也是对幼儿园教师的基本专业要求。

第四，强调幼儿园教师必须具备的教育教学实践能力。

第五，重视幼儿园教师的反思与自主专业发展能力。

2.《托儿所、幼儿园卫生保健工作规范》

(1) 卫生保健工作安排

1) 一日生活安排。托幼机构要制定合理的生活制度，合理安排儿童作息时间和睡眠、进餐、大小便、活动、游戏等各个生活环节的时间、顺序和次数。全日制儿童户外活动时间每日不少于 2 h，寄宿制儿童不少于 3 h，寒冷、炎热季节可酌情调整。儿童正餐间隔时间 3.5~4 h，进餐时间 20~30 min/餐，餐后安静活动或散步时间 10~15 min。3~6 岁儿童午睡时间根据季节以每天 2~2.5 h 为宜，3 岁以下儿童日间睡眠时间可适当延长。卫生保健人员严格执行一日生活制度，注意动静结合、不同形式的活动交替进行。每日巡视，观察班级执行情况，发现问题及时予以纠正，以保证儿童在托幼机构内生活的规律性和稳定性。

2) 儿童膳食。包括膳食管理、膳食营养两个方面。食堂应建立健全规章制度，膳食费专款专用，账目每月公布。膳食卫生必须严格执行《食品安全法》，严禁托幼机构加工变质、有毒、不洁、超过保质期的食物。

3) 体格锻炼。体格锻炼要根据儿童的年龄和生理特点开展，并做好安全准备工作。对患病儿童的体格锻炼要进行调整，并做好观察护理。

4) 健康检查。儿童入园（所）前和入园后应定期进行健康检查，体检后应当及时向家长反馈健康检查结果。凡患有呼吸道传染性疾病、消化道传染性疾病、皮肤病等疾病的保育人员必须离岗，治愈后须持县级以上人民政府卫生行政部门指定的医疗卫生机构出具的诊断证明，并取得"托幼机构工作人员健康合格证"后，方可回园（所）工作。

5) 卫生与消毒。规定了托幼机构各类物品的消毒要求和方法。工作人员不留长指甲。

6) 传染病预防与控制。保健工作人员应督促家长按免疫程序和要求完成儿童预防接种，同时配合疾病预防控制机构做好托幼机构儿童常规接种、群体性接种或应急接种工作。不定期对儿童及其家长开展预防接种和传染病防治知识的健康教育。

7) 常见病预防与管理。保健工作人员应对儿童常见病进行登记和专案管理，加强日常健康观察和保育护理工作，通过健康教育提高儿童健康意识，减少常见病发生。

8) 伤害预防。托育机构要建立定期安全排查制度，建立重大自然灾害、食物中毒、火灾、暴力等突发事件的应急预案，有处理突发事件的应急能力，定期接受预防儿童伤害相关知识和急救技能的培训，做好儿童安全工作。

9) 健康教育。卫生保健人员应当根据不同季节、疾病流行等情况制订全年健康教育工作计划，并组织实施。规定了托幼机构卫生保健工作中健康教育的内容和形式，做好健康教育记录，定期评估健康教育效果，不断调整健康教育的方式和内容。

（2）新设立的托幼机构招生前卫生评价

1）卫生评价流程。新设立的托幼机构，招生前须向县级以上地方人民政府卫生行政部门指定的医疗卫生机构提交"托幼机构卫生评价申请书"。经评估后，凡取得卫生评价为"合格"的托幼机构，即可向教育部门申请注册；凡取得卫生评价为"不合格"的托幼机构，整改后可重新申请评价。

2）卫生评价标准。根据招生前托幼机构卫生保健工作的重点，从环境卫生、个人卫生、食堂卫生、保健室或卫生室设置、卫生保健人员配备、工作人员健康检查及卫生保健制度共七个方面分别提出具体要求，并总结为"新设立托幼机构招生前卫生评价表"。总分100分，明确要求申请园（所）总分达80分以上，并且"必达项目"全部通过，才可评价为合格。

3. 《3~6岁儿童学习与发展指南》

《3~6岁儿童学习与发展指南》从五个领域描述幼儿学习与发展指标，分别是健康、语言、社会、科学、艺术；分为两个部分：一是不同年龄段幼儿学习与发展目标；二是教育建议。

4. 《幼儿园工作规程》

（1）对保育人员师德师风以及工作方面的主要要求。幼儿园要坚持国家的教育方针，遵循幼儿身心发展特点和规律，实施体、智、德、美诸方面全面发展的教育，促进其身心和谐发展。

（2）幼儿园安全管理。幼儿园要建立健全设备设施、食品药品以及与幼儿活动相关的各项安全防护和检查制度，建立安全责任制和应急预案，并将安全教育融入一日生活中，结合保育、教育的不同职能和功能将安全教育融入幼儿的生活中，避免简单的说教。

幼儿一日生活作息制度的具体时间分配是：正餐间隔时间为 3.5~4 h。在正常情况下，幼儿户外活动时间（包括户外体育活动时间）每天不得少于 2 h，寄宿制幼儿园不得少于 3 h；高寒、高温地区可酌情增减。

每年体检一次，每半年测量身高、视力一次，每季度测量体重一次；注意幼儿口腔卫生，保护幼儿视力。将卫生消毒制度细化为消毒、晨检、午检制度和病儿隔离制度，并规定了幼儿园配合卫生保健部门的职责。

（3）办园行为。幼儿园规模一般不超过360人。每班幼儿人数一般为：小班（3~4岁）25人，中班（4~5岁）30人，大班（5~6岁）35人，混合班30人。寄宿制幼儿园每班幼儿人数酌减。

(4) 幼儿园内部管理机制。幼儿园要进一步加强科学民主管理，强化家长委员会的职能作用，家长委员会应参与幼儿园重要决策和事关幼儿切身利益事项的管理。幼儿园应当建立教研制度，加强教育教学研究，研究解决教师在保教工作中遇到的实际问题。

理论知识辅导练习题

一、判断题（下列判断正确的请在括号中打"√"，错误的请在括号内打"×"）

1. 《幼儿园教育指导纲要（试行）》要求城乡各类学前教育机构都应从实际出发，因地制宜地实施素质教育，为幼儿一生的发展打好基础。（   ）

2. 《学生伤害事故处理办法》第三十八条规定：幼儿园发生的伤害事故，应当根据幼儿为完全无行为能力人的特点，参照本办法处理。（   ）

3. 《幼儿园工作规程》中规定的幼儿园的任务就是对幼儿园的教育目标的具体表述。（   ）

4. 未成年人是指未满 16 周岁的公民。（   ）

5. 《幼儿园教育指导纲要（试行）》健康领域的内容与要求之一是，建立良好的师生、同伴关系，让幼儿在集体生活中感到温暖、心情愉快，形成安全感、信赖感。（   ）

6. 《幼儿园工作规程》于 1994 年开始施行。（   ）

7. 法律保护儿童的生存权、生命权、健康权、受教育权和身心健康全面发展权，而肖像权、姓名权、隐私权只有成人才需要保护。（   ）

8. 重视幼儿教师工作条件的改善、待遇的提高、减轻他们的压力等，是与落实"幼儿为本"的理念，促进幼儿的发展等不可分割地联系在一起的。（   ）

9. 《幼儿园教师专业标准（试行）》的基本理念是：幼儿为本、师德为先、能力为重和终身学习。（   ）

10. 幼儿园教师要高度重视幼儿的生命与健康。（   ）

11. 幼儿园教师只需要具备教育教学实践能力就可以，而园长则需要具备自主专业发展能力。（   ）

12. 全日制儿童户外活动时间每日不少于 2 h，寄宿制儿童不少于 3 h。（   ）

13. 一日生活安排应严格执行一日生活制度，注意动静结合、不同形式的活动交替进行。（   ）

14. 幼儿园必须严格执行《中华人民共和国食品安全法》，严禁加工变质、有毒、不洁、超过保质期的食物。（   ）

15. 冬天天气严寒，为避免幼儿受寒、冻伤等，幼儿园不应该开展户外活动。（   ）

16. 幼儿在园午睡时间以 20~30 min 最适合。（   ）

17. 儿童入园后应定期进行健康检查，入园（所）前的体检可有可无。（   ）

18. 保健工作人员应对儿童常见病进行登记和专案管理，加强日常健康观察和保育护理工作。（   ）

19. 托育机构要建立定期安全排查制度，建立重大自然灾害、食物中毒、火灾、暴力等突发事件的应急预案。（   ）

20. 《3~6 岁儿童学习与发展指南》从五个领域描述了幼儿的学习与发展，分别是健康、语言、社会、科学、艺术。（   ）

21. 《幼儿园教育指导纲要（试行）》是我国第一部规范幼儿园内部管理的规章。（   ）

22. 《幼儿园教育指导纲要（试行）》中具体规定了保育员的职责。（   ）

23. 《中华人民共和国未成年人保护法》明确了未成年人最应享有的四大权利，即生存权、发展权、受保护权、参与权。（   ）

24. 我国法律对儿童权利保护的根本宗旨是，全面保护儿童的人权，并使儿童得到全面发展，成为社会主义事业的接班人。（   ）

25. 保育员享有平等就业和选择职业的权利。（   ）

26. 专业技能与教学能力是教师职业的基准线。（   ）

27. 保健工作人员应督促家长按免疫程序和要求完成儿童预防接种，同时配合疾病预防控制机构做好托幼机构儿童常规接种、群体性接种或应急接种工作。（   ）

28. 幼儿园一日生活主要包括进餐、盥洗、如厕、睡眠，上课和游戏不属于一日生活，而属于教学活动。（   ）

29. 卫生保健人员应当根据不同季节、疾病流行等情况制订全年健康教育工作计划，并组织实施。（   ）

30. 培养幼儿人际交往和社会适应能力是《3~6 岁儿童学习与发展指南》中艺术领域的学习与发展目标。（   ）

二、单项选择题（下列每题有 4 个选项，其中只有 1 个是正确的，请将其代号填写在横线空白处）

1. _____ 是幼儿园工作的中心环节。

　　A. 幼儿园教育行政　　　　　　　B. 幼儿园管理体制
　　C. 保育和教育　　　　　　　　　D. 幼儿课堂教学

2. 《托儿所、幼儿园卫生保健工作规范》中关于婴幼儿的饮食中提倡科学喂养，一岁半以后婴幼儿在三次正餐之间要增加至少 _____ 次餐点。

A. 1 B. 2
C. 3 D. 4

3. 《中华人民共和国未成年人保护法》中，未成年人是指未满_____周岁的公民。

A. 12 B. 14
C. 16 D. 18

4. 《幼儿园管理条例》规定，举办幼儿园必须将幼儿园设置在_____。

A. 安全区域 B. 污染区域
C. 危险区域 D. 中心区域

5. 《幼儿园管理条例》规定，幼儿园应当建立_____，防止食物中毒和传染病的流行。

A. 安全制度 B. 卫生保健制度
C. 管理制度 D. 学校制度

6. 《幼儿园管理条例》规定，幼儿园应当建立_____，严禁幼儿园内设置威胁幼儿安全的危险建筑物和设施。

A. 安全防护制度 B. 卫生保健制度
C. 管理制度 D. 学校制度

7. 《幼儿园工作规程》中指出，幼儿园必须切实做好幼儿_____和心理卫生保健工作。

A. 消化系统 B. 神经
C. 大脑 D. 生理

8. 《幼儿园工作规程》指出，正常情况下幼儿在户外活动每天不得少于_____h。

A. 1 B. 2
C. 3 D. 4

9. 《幼儿园工作规程》指出，幼儿园应当_____对幼儿进行一次体检，并对幼儿身体健康发展状况定期进行分析、评价。

A. 每年 B. 每2年
C. 每3年 D. 每4年

10. 《幼儿园工作规程》提出，幼儿园应每_____为幼儿测量身高、视力一次，并对幼儿身体健康发展状况定期进行分析、评价。

A. 半年 B. 1年
C. 2年 D. 3年

11. 根据《托儿所、幼儿园卫生保健工作规范》，工作人员应每_____年进行一次全面体检。

    A. 1   B. 2

    C. 3   D. 4

12. 根据《托儿所、幼儿园卫生保健工作规范》，在组织某幼儿园保育员体检时，发现某职工患有肝炎，该职工应当_____。

    A. 辞退职员   B. 立即隔离、治疗

    C. 漠视不管   D. 继续上班

13. 幼儿园发生的伤害事故，应当根据幼儿为_____的特点，参照《学生伤害事故处理办法》进行处理。

    A. 不完全行为能力人   B. 有行为能力人

    C. 不完全无行为能力人   D. 完全无行为能力人

14. 幼儿园的安全保卫、消防等设备管理或安全管理制度有明显疏漏或混乱，存在重大安全隐患，未及时采取措施，造成幼儿伤害事故时，_____应承担相应责任。

    A. 保卫处   B. 幼儿园

    C. 幼儿   D. 幼儿父母

15. 幼儿园向幼儿提供不符合国家安全标准、要求的食品，造成少数幼儿腹泻、腹痛，应该由_____承担相应责任。

    A. 餐厅   B. 幼儿

    C. 幼儿园   D. 家长

16. 根据《中华人民共和国预防未成年人犯罪法》的规定，营业性歌舞厅以及其他未成年人不适宜进入的场所，应当设置_____。

    A. 安全标志   B. 卫生标志

    C. 未成年人禁止入内标志   D. 音乐标志

17. 学校对校舍、体育设施、消防设施、各种仪器设备安全状况，应当_____检查一次。

    A. 每月   B. 每年

    C. 每半年   D. 每学期

18. _____年，在教育的基本法律上确定了学前教育（幼儿教育）属于学校教育制度。

    A. 1990   B. 1992

    C. 1994   D. 1995

19. 关于幼儿园在设施、设备方面的要求，下列描述不正确的是_____。

    A. 主要考虑幼儿的特点

B. 配备适合幼儿特点的桌椅、玩具架、盥洗卫生工具

C. 必须配备昂贵的器械设备

D. 配备必要的教具、玩具、图书、乐器等

20.《幼儿园管理条例》明确了我国幼儿园实行_____。

　　A. 党委领导制　　　　　　　　　B. 园长负责制

　　C. 园董事会领导制　　　　　　　D. 地方负责制

21. 幼儿园教育是对_____岁以上学龄前幼儿实施保育、教育。

　　A. 1　　　　　　　　　　　　　B. 2

　　C. 3　　　　　　　　　　　　　D. 4

22. 幼儿园应以_____为基本活动。

　　A. 学习　　　　　　　　　　　　B. 游戏

　　C. 阅读　　　　　　　　　　　　D. 体育

23. 1989年11月，联合国大会通过的保障儿童权利的国际性法律文书是_____。

　　A.《义务教育法》　　　　　　　B.《未成年人保护法》

　　C.《儿童权利公约》　　　　　　D.《幼儿园工作规程》

24.《幼儿园教育指导纲要（试行）》是_____颁布的。

　　A. 2001年　　　　　　　　　　　B. 2002年

　　C. 1995年　　　　　　　　　　　D. 1999年

25.《幼儿园教育指导纲要（试行）》艺术领域的内容与要求之一是保育员在艺术教育活动中要尊重每个幼儿的想法和创造，_____。

　　A. 评价和指导他们独特的审美感受

　　B. 肯定和接纳他们独特的审美感受和表现方式，分享他们创造的快乐

　　C. 评价和指导他们独特的表现方式

　　D. 评价他们的做法

26.《3~6岁儿童学习与发展指南》从五个领域描述幼儿的学习与发展，包括语言领域、科学领域、社会领域、健康领域和_____。

　　A. 音乐领域　　　　　　　　　　B. 美术领域

　　C. 舞蹈领域　　　　　　　　　　D. 艺术领域

27. 幼儿园要进一步加强科学民主管理，强化_____的职能作用，使其参与幼儿园重要决策和事关幼儿切身利益事项的管理。

　　A. 园长　　　　　　　　　　　　B. 家长委员会

　　C. 保教主任　　　　　　　　　　D. 社区

28. 新设立的托幼机构，招生前须向_____以上地方人民政府卫生行政部门指定的医疗卫生机构提交"托幼机构卫生评价申请书"。

    A. 省级   B. 市级

    C. 县级   D. 国家级

29. 《幼儿园教师专业标准（试行）》基本内容包含了专业理念与师德、专业知识和_____三个维度。

    A. 专业管理   B. 专业能力

    C. 教育   D. 保育

30. _____不是《幼儿园教育指导纲要（试行）》关于社会领域的内容与要求。

    A. 引导幼儿参加各种活动，体验作为教师的感觉

    B. 为每个幼儿提供表现自己长处和获得成功的机会，增强其自尊心和自信心

    C. 教育幼儿爱护玩具和其他物品，爱护公物和公共环境

    D. 在共同的生活和活动中，以多种方式引导幼儿认识、体验并理解基本的社会行为规则，学习自律和尊重他人

参考答案及说明

一、判断题

1. √	2. √	3. ×	4. ×	5. √	6. ×	7. ×	8. √	9. √	10. √
11. ×	12. √	13. √	14. √	15. ×	16. ×	17. ×	18. √	19. √	20. √
21. ×	22. ×	23. √	24. √	25. ×	26. √	27. √	28. ×	29. √	30. ×

【说明】

3. × 《幼儿园工作规程》中规定幼儿园的任务是：实现保育与教育相结合的原则，对幼儿实施体、智、德、美诸方面全面发展教育，促进其身心和谐发展。

4. × 《中华人民共和国未成年人保护法》第二条规定："本法所称未成年人是指未满18岁的公民。"

6. × 《幼儿园工作规程》于1996年开始施行。

7. × 法律保护儿童的生存权、生命权、健康权、受教育权和身心健康全面发展权、姓名权、肖像权、名誉权、荣誉权，除上述权利之外，法律还保护儿童的隐私权、接受抚养权、继承遗产权、智力成果权等权利。

11. × 《幼儿园教师专业标准（试行）》中强调，幼儿园教师必须具备教育教学实践能力，也需要重视反思与自主专业发展能力。

15. ×　幼儿一日生活作息制度的具体时间分配是：在正常情况下，幼儿户外活动时间（包括户外体育活动时间）每天不得少于 2 h，寄宿制幼儿园不得少于 3 h；高寒、高温地区可酌情增减。

16. ×　《托儿所、幼儿园卫生保健工作规范》中指出，3~6 岁儿童午睡时间根据季节以每天 2~2.5 h 为宜，3 岁以下儿童日间睡眠时间可适当延长。

17. ×　《托儿所幼儿园卫生保健管理办法》第十八条：儿童入托幼机构前应当经医疗卫生机构进行健康检查，合格后方可进入托幼机构。

21. ×　《幼儿园工作规程》是我国第一部规范幼儿园内部管理的规章。

22. ×　《幼儿园工作规程》对保育人员师德师风以及工作方面提出要求。

26. ×　《幼儿园教师专业标准（试行）》对幼儿园教师的师德与专业态度提出了特别要求。师德与专业态度是教师职业的基准线。

28. ×　《幼儿园教育指导纲要（试行）》中说明幼儿在幼儿园的一日生活，包括教学活动、生活活动、游戏活动等。《托儿所、幼儿园卫生保健工作规范》中也明确了卫生保健工作内容与要求，包括合理安排儿童作息时间和睡眠、进餐、大小便、活动、游戏等各个生活环节。

30. ×　培养幼儿人际交往和社会适应能力是《3~6 岁儿童学习与发展指南》中社会领域的学习与发展目标。

二、单项选择题

1. C

2. A

3. D

4. A　解析：《幼儿园管理条例》中规定，举办幼儿园必须将幼儿园设置在安全区域。严禁在污染区和危险区内设置幼儿园。

5. B

6. A　解析：《幼儿园管理条例》中规定，幼儿园应当建立安全防护制度，严禁幼儿园内设置威胁幼儿安全的危险建筑物和设施，严禁使用有毒、有害物质制作教具、玩具。

7. D

8. B

9. A

10. A

11. A

12. B　解析：在工作中发现患急慢性传染病（包括疑似病人）及病原携带者，以及患有其他有碍儿童身体健康疾病的工作人员，要隔离和调离，病愈后经医院或防疫部门检查证明无传染性时，方可恢复工作。

13. D

14. B　解析：幼儿园的安全保卫、消防等设备管理或安全管理制度有明显疏漏或混乱，存在重大安全隐患，未及时采取措施，造成幼儿伤害事故时，幼儿园应该承担相应责任。

15. C

16. C

17. A　解析：幼儿园应当建立用水、用电、用气等相关设施设备的安全管理制度，定期进行检查或者按照规定接受有关主管部门的定期检查，发现老化或者损毁的，及时进行维修或者更换。对校舍、体育设施、消防设施、各种仪器设备安全状况，应当每月检查一次。

18. D　解析：1995年，在教育的基本法律上确定了学前教育（幼儿教育）属于学校教育制度。

19. C　解析：幼儿园的设施、设备应当符合安全管理规定，考虑幼儿的特点，配备适合幼儿特点的桌椅、玩具架、盥洗卫生工具，配备必要的教具、玩具、图书、乐器等。

20. B

21. C

22. B　解析：《幼儿园工作规程》明确了游戏在幼儿园教育中的地位，将"以游戏为基本活动，寓教育于各项活动中"专门作为幼儿园教育的一条指导原则，指出"游戏是对幼儿进行全面发展的重要形式"。

23. C　解析：1989年11月联合国大会通过的保障儿童权利的国际性法律文书是《儿童权利公约》。

24. A　解析：《幼儿园教育指导纲要（试行）》是2001年7月2日教育部颁布，9月起正式施行的。

25. B

26. D　解析：《3～6岁儿童学习与发展指南》从五个领域描述幼儿的学习与发展，包括语言领域、科学领域、社会领域、健康领域和艺术领域。

27. B　解析：《幼儿园工作规程》中指出，幼儿园要进一步加强科学民主管理，强化家长委员会的职能作用，家长委员会应参与幼儿园重要决策和事关幼儿切身利益事项的管理。

28. C　解析：新设立的托幼机构，招生前须向县级以上地方人民政府卫生行政部门指定的医疗卫生机构提交"托幼机构卫生评价申请书"。经评估后，凡取得卫生评价为"合格"的托幼机构，即可向教育部门申请注册；凡取得卫生评价为"不合格"的托幼机构，整改后可重新申请评价。

29. B 解析：《幼儿教师专业标准（试行）》基本内容包含了专业理念与师德、专业知识和专业能力三个维度。在专业能力方面，充分体现了幼儿园教育的突出特点和保教工作的基本任务，特别强调了幼儿园教师所必须具备的良好环境的创设与利用，幼儿一日生活的合理组织与保育，游戏活动的支持与引导，教育活动的恰当计划与实施能力等。

30. A 解析：《幼儿园教育指导纲要（试行）》社会领域的内容包括：为每个幼儿提供表现自己长处和获得成功的机会，增强其自尊心和自信心；教育幼儿爱护玩具和其他物品，爱护公物和公共环境；在共同的生活和活动中，以多种方式引导幼儿认识、体验并理解基本的社会行为规则，学习自律和尊重他人。

第二部分 模拟试卷

保育员基础知识考核模拟试卷

一、**判断题**（第1题~第40题。将判断结果填入括号中。正确的填"√"，错误的填"×"。每题0.5分，满分20分）

1. 保育员的岗位职责就是简单的打扫卫生、盛盛饭菜。（   ）
2. 在保育工作中，每项保育职业技能都有明确的操作规范与要求，保育员要严格按照操作要求进行，不能任凭自己的感觉行事。（   ）
3. 在与婴幼儿对话时，保育员针对不同的场景应使用严谨、规范、温和或威严的语言。（   ）
4. 尊重婴幼儿人格首先要做到了解婴幼儿的家庭背景。（   ）
5. 对婴幼儿不正确的姿势进行纠正主要采用的方法是体罚。（   ）
6. 阳光中的紫外线能促进人体形成维生素A，预防夜盲症。（   ）
7. 婴幼儿骨骼未发育完成，因此不能从高处跳至坚硬的地面上，以免骨盆移位。（   ）
8. 婴幼儿牙齿要定期检查，每半年检查一次。（   ）
9. 婴幼儿的呼吸浅而快，年龄越小呼吸越快。（   ）
10. 婴幼儿期脊柱生理弯曲已经形成，并完全定型。（   ）
11. 婴幼儿体温调节功能较强，当婴幼儿处于过冷或过热的环境中时，易着凉或受热。（   ）
12. 皮肤的分泌与排泄功能主要依靠汗腺来完成。（   ）
13. 安全型依恋关系是理想的依恋类型，能让婴幼儿获得理想的归属和安全感。（   ）
14. 面对陌生的、变化的环境，儿童必须适应才能生存和发展，适应的能力就是儿童的智力水平。（   ）
15. 情绪的三要素中，身体唤醒表现在语言表情、面部表情和体态表情。（   ）
16. 3岁以后的幼儿审美体验会逐渐社会化，受到成人的影响，会根据成人的评价而产

生审美体验。 （   ）

17. 组成蛋白质的氨基酸有 20 种，都能在人体内合成。 （   ）
18. 水缺乏可造成婴儿代谢紊乱、水电解质平衡失调。 （   ）
19. 母乳中维生素 D 含量低，无法满足婴幼儿需要，需在出生后数日开始补充维生素 D。 （   ）
20. 3~6 岁幼儿的进餐时间不宜超过 1 h。 （   ）
21. 家庭环境对个体发展的影响是经久不变的。 （   ）
22. 3~6 岁幼儿逐渐有了空间方位知觉，3 岁能辨认前后方位，4 岁开始辨认上下，5 岁开始辨认左右。 （   ）
23. 根据 3~6 岁幼儿精细运动发育特点，可让 3 岁的幼儿开展拧开瓶盖、穿系鞋带等精细活动。 （   ）
24. 婴幼儿常见不良行为习惯和行为偏异有吸吮手指、咬指甲、拔毛发癖、习惯性摩擦综合征、屏气发作等。 （   ）
25. 3~4 岁儿童想象能力发展迅速，但想象多为自由联想，内容贫乏。5~6 岁儿童以有意想象为主，有意想象和创造想象内容更丰富，更符合客观逻辑。 （   ）
26. 观察皮肤时应在光线不充足的屋里进行，以免阳光照射影响结果。 （   ）
27. 日光浴能促进身体骨骼的生长，但是没有防治佝偻病的作用。 （   ）
28. 支气管哮喘儿童急性发作期主要表现为咳嗽和喘息呈阵发性发作，常在中午发作或加剧。 （   ）
29. 便秘的婴幼儿不宜多进食粗纤维类食物，可逆时针揉腹。 （   ）
30. 眼离书本或纸的距离保持在 25~30 cm 之间，禁止婴幼儿走路、卧位看书，避免在光线过强、过弱的地方读书都可以预防近视。 （   ）
31. 流行性腮腺炎患儿腮腺肿大前 6 天至肿大后 9 天均有传染性。 （   ）
32. 组织外出活动或交接班，要清点人数，防止婴幼儿丢失。 （   ）
33. 幼儿园对有腐蚀性、有毒、易燃、易爆的物品，应有专人保管，保育员每次使用这些物品时要登记记录，使用完后剩余部分要上交保管。 （   ）
34. 一旦异物进入到眼内，可让婴幼儿闭上眼睛，帮助其轻轻搓揉眼睛，以免损伤角膜。 （   ）
35. 婴儿触电的急救方式是：先现场急救，然后切断电源。 （   ）
36. 一般来说，户外活动时间是儿童意外伤害的高发时间段，户外活动场地是儿童意外伤害的高发地点。 （   ）
37. 不良的社会环境、破裂的家庭、父母性格不好、意外的精神刺激等都易导致婴幼儿

注意力不集中、多动。( )

38. 婴幼儿胆怯的原因大致包括遗传因素、家庭教育、保育员的教育观念陈旧。( )

39. 家园有效合作的前提是保教人员与家长之间的相互尊重。只有相互尊重，双方才能实现有效的沟通和交流，才能积极主动地进行配合和合作。( )

40. 在指导家庭教育时，保育员要注意分析婴幼儿表现的个别行为，得出结论后告知家长，并指导家长如何实施家庭教育。( )

二、单项选择题（第41题~第200题。下列每题有4个选项，其中只有1个是正确的，请将其代号填写在横线空白处，每题0.5分，满分80分）

41. 职业行为是指人们对职业劳动的认识、评价、情感和态度等综合素养的行为反映，是职业道德、职业能力、职业素养的具体呈现，是_____达成的基础。

 A. 职业习惯 B. 职业语言
 C. 职业兴趣 D. 职业目的

42. _____要求保育活动要自然地渗透到幼儿的一日生活中，保育为主，保教结合。

 A. 发展性学习 B. 渗透性学习
 C. 参与性学习 D. 观察性学习

43. _____是保育员的基本职业道德规范，是对保育员从业的根本要求。

 A. 事业心 B. 责任心
 C. 爱岗敬业 D. 爱心

44. 保育员应该具有的职业态度，_____除外。

 A. 乐观、积极的 B. 公正的
 C. 任凭自己的感觉行事 D. 有职业责任和职业荣誉感的

45. 关于保育员在与家长沟通时应注意的问题，以下说法不正确的是_____。

 A. 尊重家长，善于听取家长的意见
 B. 平等对待每一位家长
 C. 热情服务，对家长进行育儿指导
 D. 多与家境条件好的幼儿家长沟通孩子的在园情况

46. 保育员职业行为规范分为言语规范、_____和操作规范。

 A. 基本言语规范 B. 家长沟通言语规范
 C. 行为规范 D. 同伴交往言语规范

47. _____语言是保育员一天中使用频率最多的语言。

 A. 进餐照护 B. 卫生照护
 C. 睡眠照护 D. 盥洗照护

48. "着装大方得体，不留长指甲，不涂有颜色的指甲油。"以上描述的是保育员_____的规范。
   A. 卫生照护行为　　　　　　　　B. 进餐照护行为
   C. 着装　　　　　　　　　　　　D. 盥洗照护行为

49. 关于进餐照护，下列做法不正确的是_____。
   A. 进餐时不与婴幼儿嬉戏打闹　　B. 按需喂养
   C. 进餐时不训斥婴幼儿　　　　　D. 逼迫婴幼儿进餐

50. 不符合保育员与家长沟通的行为规范的是_____。
   A. 不卑不亢　　　　　　　　　　B. 参加家长个人宴请
   C. 有礼有节　　　　　　　　　　D. 不收取家长任何物品

51. 保育员必须一视同仁地尊重和对待每位家长，_____，这也是教育公正的要求之一。
   A. 教育好每位家长　　　　　　　B. 与其建立诚挚平等的关系
   C. 满足家长的要求　　　　　　　D. 做好家长工作

52. 保育员要使学前儿童有机会_____自己对生活的理解和认识。
   A. 通过参与活动表达　　　　　　B. 用唱歌、跳舞、美术等方式表达
   C. 自由地表达　　　　　　　　　D. 用绘画和手工的方式表达

53. 保育员应充分认识到学前儿童与自己在_____是平等的。
   A. 人际关系上　　　　　　　　　B. 人格上
   C. 精神上　　　　　　　　　　　D. 待遇上

54. 婴儿的前囟门闭合大都在出生后_____个月。
   A. 3～6　　　　　　　　　　　　B. 6～12
   C. 12～18　　　　　　　　　　　D. 18～24

55. 食物通过消化管的运动和消化液的作用，被分解为可吸收成分的过程称为_____。
   A. 消化　　　　　　　　　　　　B. 利用
   C. 吸收　　　　　　　　　　　　D. 循环

56. 气体交换的场所是_____。
   A. 气管　　　　　　　　　　　　B. 支气管
   C. 肺　　　　　　　　　　　　　D. 喉

57. 消化系统的组成部分包括消化道和_____。
   A. 消化液　　　　　　　　　　　B. 消化腺
   C. 消化酶　　　　　　　　　　　D. 消化管

58. 根据婴幼儿泌尿系统的特点，保育员要让婴幼儿喝足够的水，其目的是_____。
    A. 培养定时排尿习惯　　　　　　B. 减少上行性感染
    C. 防止憋尿　　　　　　　　　　D. 补充水分

59. 婴幼儿呼吸的主要方式是_____。
    A. 胸式呼吸　　　　　　　　　　B. 腹式呼吸
    C. 喉式呼吸　　　　　　　　　　D. 咽式呼吸

60. 新生儿每分钟的呼吸次数为_____次。
    A. 40~50　　　　　　　　　　　B. 30~40
    C. 25~30　　　　　　　　　　　D. 20~25

61. 人体腕骨全部钙化要到_____岁。
    A. 10~13　　　　　　　　　　　B. 13~16
    C. 16~19　　　　　　　　　　　D. 19~22

62. 若婴幼儿甲状腺功能低下，可导致_____。
    A. 呆小症　　　　　　　　　　　B. 突眼性甲状腺肿
    C. 巨人症　　　　　　　　　　　D. 肢端肥大症

63. 婴儿在出生后_____个月原始反射逐渐消失，标志着中枢神经系统发育分化的完成。
    A. 1~2　　　　　　　　　　　　B. 3~4
    C. 2~6　　　　　　　　　　　　D. 4~7

64. 端脑又称_____，由左、右大脑半球构成。
    A. 间脑　　　　　　　　　　　　B. 中脑
    C. 脑桥　　　　　　　　　　　　D. 大脑

65. _____岁前的婴幼儿好动，控制能力差，注意力不集中，易于疲劳。
    A. 4　　　　　　　　　　　　　B. 5
    C. 6　　　　　　　　　　　　　D. 7

66. 婴幼儿脑的耗氧量占全身总耗氧量的_____%。
    A. 30　　　　　　　　　　　　　B. 40
    C. 50　　　　　　　　　　　　　D. 60

67. _____岁前是婴幼儿视觉发育的黄金时期。
    A. 4　　　　　　　　　　　　　B. 3
    C. 2　　　　　　　　　　　　　D. 1

68. _____岁是婴幼儿视觉发育干预的黄金时期。
    A. 1~2　　　　　　　　　　　　B. 2~3

C. 3~6　　　　　　　　　　　　D. 4~5

69. 3~5岁幼儿上呼吸道感染次数每年_____次以上称为反复呼吸道感染。
    A. 5　　　　　　　　　　　　B. 6
    C. 4　　　　　　　　　　　　D. 2

70. 皮肤是机体免疫系统的_____防线，可以防止外界有害物质入侵，保持机体内环境的稳定。
    A. 第一道　　　　　　　　　　B. 第二道
    C. 第三道　　　　　　　　　　D. 第四道

71. 个体的颈曲、胸曲是在_____岁时固定下来的。
    A. 5　　　　　　　　　　　　B. 6
    C. 7　　　　　　　　　　　　D. 8

72. 婴幼儿的消化系统功能较成人为强的是_____。
    A. 胃的消化功能　　　　　　　B. 肠的吸收功能
    C. 肝的解毒功能　　　　　　　D. 胰腺的分泌功能

73. 内分泌腺包括垂体、甲状腺、甲状旁腺、_____、胸腺和松果体等。
    A. 卵泡　　　　　　　　　　　B. 胰腺
    C. 肾上腺　　　　　　　　　　D. 黄体

74. 有髓神经纤维比无髓神经纤维传导速度_____。
    A. 快　　　　　　　　　　　　B. 慢
    C. 一样　　　　　　　　　　　D. 无法比较

75. 身体姿势的正确与否，_____会产生极大的影响。
    A. 对婴幼儿身体的正常生长发育　B. 对婴幼儿的行为
    C. 对婴幼儿的心理　　　　　　D. 对婴幼儿的习惯

76. 晒太阳时需要特别注意保护婴幼儿的_____。
    A. 双手　　　　　　　　　　　B. 眼睛
    C. 双腿　　　　　　　　　　　D. 臀部

77. 婴幼儿的着装要求是：穿_____。
    A. 小一码的鞋子　　　　　　　B. 宽松较大的衣服
    C. 紧身裤袜　　　　　　　　　D. 带后跟的鞋子

78. 婴幼儿良好睡眠习惯的主要内容是：_____、快速入睡和独立入睡等。
    A. 用口呼吸　　　　　　　　　B. 正确的睡姿
    C. 开灯入睡　　　　　　　　　D. 蒙被睡觉

79. 体育活动应安排在_____进行。

　　A. 饭前 30 min　　　　　　　　B. 饭后 30 min

　　C. 饭前 1 h　　　　　　　　　　D. 饭后 1 h

80. 关于对婴幼儿泌尿系统卫生保健，下列描述不正确的是_____。

　　A. 适时训练、培养婴幼儿控制排尿的能力

　　B. 培养婴幼儿有尿就排的习惯

　　C. 纠正个别婴幼儿玩弄生殖器的习惯

　　D. 每天供给婴幼儿充足的开水

81. 被称为"内分泌之王"的人体器官是_____。

　　A. 扁桃体　　　　　　　　　　　B. 脑垂体

　　C. 淋巴系统　　　　　　　　　　D. 血液

82. 新生儿每天需睡眠时间是_____h。

　　A. 18~20　　　　　　　　　　　B. 14~15

　　C. 12~13　　　　　　　　　　　D. 11~12

83. 婴幼儿读书写字时，光线应该来自身体的_____。

　　A. 左倾　　　　　　　　　　　　B. 右倾

　　C. 左上方　　　　　　　　　　　D. 右上方

84. 1~2 岁婴儿每次看电视的时间应不超过_____min。

　　A. 10　　　　　　　　　　　　　B. 20

　　C. 30　　　　　　　　　　　　　D. 40

85. _____直接指导、调控着儿童的行为，驱动、促使着儿童去做这样或那样的行为，或者不去做某种行为。

　　A. 情绪　　　　　　　　　　　　B. 动机

　　C. 感知觉　　　　　　　　　　　D. 注意力

86. 儿童口语明显落后于同龄儿童，到相应年龄仍不能讲完整的句子，甚至仅能讲少数单词，有的表现为讲话词不达意或构音不清称为_____。

　　A. 语言发育延迟缓　　　　　　　B. 口吃

　　C. 语言落后　　　　　　　　　　D. 智力落后

87. 精确地辨别细微的物体或远距离物体的能力称为_____。

　　A. 触觉　　　　　　　　　　　　B. 视觉感受性

　　C. 触摸觉　　　　　　　　　　　D. 知觉

88. 关于动作和语言在婴幼儿思维发展过程中的相互关系，下列描述正确的是_____。

A. 起初动作在前，语言在后　　B. 最后动作在前，语言在后
C. 起初是动作伴随语言　　　　D. 动作和语言的顺序无所谓先后

89. 婴幼儿对理解了的材料，记忆效果较好。在日常生活中，婴幼儿对儿歌的识记比不理解的诗歌效果好，这说明_____。
A. 婴幼儿无意记忆占优势　　　B. 婴幼儿机械记忆效果好
C. 婴幼儿意义记忆效果好　　　D. 婴幼儿词语记忆占优势

90. 婴幼儿对熟悉的物体记忆效果优于熟悉的词，而对生疏的词，记忆效果显著低于熟悉的物体和熟悉的词，这说明_____。
A. 婴幼儿无意记忆占优势　　　B. 婴幼儿机械记忆效果好
C. 婴幼儿意义记忆效果好　　　D. 婴幼儿形象记忆占优势

91. 利用观察法对婴幼儿心理发育状况进行评价时，一是以婴幼儿的社会适应性作为评价标准，另一种是以_____为评价标准。
A. 生理状况的好坏　　　　　　B. 道德水平的高低
C. 是否存在病理症状　　　　　D. 是否有心理疾病

92. 婴幼儿与周围环境取得平衡和协调的基本心理条件是_____。
A. 正常的智力水平　　　　　　B. 情绪稳定
C. 行为统一协调　　　　　　　D. 性格特征良好

93. 婴幼儿最早的思维是依靠感知和_____进行的。
A. 动作　　　　　　　　　　　B. 语言
C. 想象　　　　　　　　　　　D. 声音

94. 保育员协助教师组织婴幼儿安全有序地到户外活动时，做法错误的是_____。
A. 教师走在队前　　　　　　　B. 保育员和教师一方带队即可
C. 保育员走在队尾　　　　　　D. 教师和保育员一起共同带队

95. 目前国际上广为应用的发展筛选测验是_____。
A. 比纳—西蒙智力测验
B. 斯坦福智力测验
C. DDST（0~6岁小儿神经心理发育检查量表）
D. 绘人测验

96. 典型的依恋类型中，反抗依恋又被称为_____。
A. 焦虑型依恋　　　　　　　　B. 回避型依恋
C. 无定向依恋　　　　　　　　D. 安全依恋

97. 情绪是对外部世界是否满足其需要的反映。它有三个重要构成要素分别是：体验、

表情和_____。
　　A. 身体唤醒　　　　　　　　　B. 情感
　　C. 高兴　　　　　　　　　　　D. 体态

98. 婴儿的社会化可分为三个时期，分别是：早期单纯社会反映阶段、社会性感情联结建立阶段、_____。
　　A. 游戏伙伴阶段　　　　　　　B. 退缩阶段
　　C. 自我意识出现阶段　　　　　D. 伙伴关系发展阶段

99. 婴幼儿的能量消耗包括_____。
　　A. 维持基础代谢　　　　　　　B. 供给生长发育
　　C. 人体活动、排泄的消耗　　　D. 以上都是

100. _____不属于产能营养素。
　　A. 碳水化合物　　　　　　　　B. 脂肪
　　C. 水　　　　　　　　　　　　D. 蛋白质

101. 下列食物中，含铁量最高的是_____。
　　A. 大米　　　　　　　　　　　B. 牛奶
　　C. 猪肝　　　　　　　　　　　D. 西红柿

102. 缺乏维生素A可患_____。
　　A. 佝偻病　　　　　　　　　　B. 大脖子病
　　C. 渐冻症　　　　　　　　　　D. 夜盲症

103. _____是碘的主要作用。
　　A. 构成人体骨骼和牙齿　　　　B. 多种酶的激活剂
　　C. 制造甲状腺素　　　　　　　D. 促进血液凝固

104. _____缺乏可造成婴儿代谢紊乱、水电解质平衡失调。
　　A. 水　　　　　　　　　　　　B. 维生素
　　C. 蛋白质　　　　　　　　　　D. 母乳

105. 母乳为婴幼儿天然食品，母乳喂养方式最为合理，根据不同情况，可以延长母乳喂养时间，但最迟不宜超过_____岁。
　　A. 1　　　　　　　　　　　　 B. 2
　　C. 3　　　　　　　　　　　　 D. 4

106. 幼儿园两餐间隔时间不得少于_____h。
　　A. 3.5　　　　　　　　　　　 B. 1
　　C. 0.5　　　　　　　　　　　 D. 2.5

107. 在添加泥糊状食品时，要_____。
    A. 多加些糖　　　　　　　　　　B. 多加些盐
    C. 避免食用过量的化学添加剂　　D. 脂肪可适当高些

108. 辅食添加的原则是_____。
    A. 一种、多量添加　　　　　　　B. 多种、多量添加
    C. 多种、少量添加　　　　　　　D. 一种、少量、逐渐添加

109. 保育员对食欲差的体弱儿应做到_____。
    A. 循序渐进地逐渐增加膳食量　　B. 不想吃就不吃
    C. 只喝果汁　　　　　　　　　　D. 只给喝奶

110. 婴幼儿反复感染疾病，其膳食应该做到_____。
    A. 多吃流食
    B. 多吃有营养的固体食物
    C. 多吃甜食
    D. 多吃有营养、易消化，流质、半流质的食物

111. 婴幼儿要摄取钙就应尽量多地_____。
    A. 吃菜　　　　　　　　　　　　B. 晒太阳
    C. 吃面食　　　　　　　　　　　D. 吃炸食

112. 影响儿童体格生长的最主要因素是_____。
    A. 营养与环境　　　　　　　　　B. 环境与保健
    C. 遗传与营养　　　　　　　　　D. 活动量与睡眠

113. 为婴幼儿进行身长（高）、头围测量时读数要精确到_____cm。
    A. 0.1　　　　　　　　　　　　B. 0.2
    C. 0.5　　　　　　　　　　　　D. 1

114. 婴幼儿贫血最常见的是_____。
    A. 再生障碍性贫血　　　　　　　B. 缺铁性贫血
    C. 营养性巨幼红细胞贫血　　　　D. 白血病

115. 婴儿食物过敏的主要原因是_____。
    A. 体内蛋白质结构变异　　　　　B. 体内蛋白质结构缺陷
    C. 体内蛋白质结构变异缺陷　　　D. 体内某种蛋白质结构变异缺陷

116. _____是消化系统过敏症状。
    A. 便秘　　　　　　　　　　　　B. 腹泻
    C. 呼吸困难　　　　　　　　　　D. 中耳炎

117. 关于幼儿想象的特点，下列描述正确的是_____。

　　A. 想象的主题稳定　　　　　　　B. 想象受兴趣的影响

　　C. 创造想象多于再造想象　　　　D. 想象夸张且能分清与现实的关系

118. 要教会儿童用正确的方法处理自己的不良情绪，不可_____情绪。

　　A. 宣泄　　　　　　　　　　　　B. 压抑

　　C. 转移　　　　　　　　　　　　D. 倾诉

119. 婴幼儿挑食的生理原因是_____。

　　A. 饭菜不好　　　　　　　　　　B. 幼儿园环境不好

　　C. 体内缺锌、钙等微量元素　　　D. 运动量小

120. 儿童因为长期精神压抑或紧张而导致厌食、自闭、孤独等症状，这是由于_____所致。

　　A. 学校与家庭教育不一致

　　B. 幼儿园教育条件不够好

　　C. 现在的医疗条件不够好

　　D. 儿童心理上积聚的能量得不到及时发泄

121. 防止婴幼儿吸吮手指的好办法是_____。

　　A. 强行制止　　　　　　　　　　B. 嘲笑

　　C. 转移注意力　　　　　　　　　D. 恐吓

122. _____岁儿童可进行简单交往，对对方发出的信号能迅速反应，如能模仿对方行为，进行简单"对话"，为对方拿玩具等。

　　A. 4~5　　　　　　　　　　　　B. 3~4

　　C. 2~3　　　　　　　　　　　　D. 1~1.5

123. 儿童因发脾气或需要得不到满足而剧烈哭时突然出现呼吸暂停的现象，属于_____的行为表现。

　　A. 吸吮手指　　　　　　　　　　B. 咬指甲

　　C. 发脾气　　　　　　　　　　　D. 屏气发作

124. 儿童焦虑症是在儿童时期无明显原因下发生的紧张、莫名恐惧与不安，常伴有自主神经系统功能的异常，是一种较常见的_____。

　　A. 语言障碍　　　　　　　　　　B. 言语障碍

　　C. 情绪障碍　　　　　　　　　　D. 行为障碍

125. 注意缺陷多动障碍的矫治方法包括_____。

　　A. 行为疗法　　　　　　　　　　B. 认知训练

C. 疏泄疗法 D. 以上均可

126. 关于婴幼儿皮肤的观察，下列描述错误的是_____。
 A. 健康的婴幼儿面色红润 B. 皮下脂肪的厚薄不能显示营养好坏
 C. 营养不良时面色苍白 D. 出现黄疸时可见皮肤和巩膜发黄

127. 关于婴幼儿的正常口腔，下列描述错误的是_____。
 A. 双侧扁桃体可见黄色分泌物 B. 双侧扁桃体无肿大
 C. 口腔内的黏膜无充血、溃疡 D. 咽部无溃疡、充血

128. 关于腋下测温，下列做法错误的是_____。
 A. 先把体温计上的水银柱甩到 35 ℃以下
 B. 腋窝有汗时应擦干腋窝汗水
 C. 10 min 后取出查看
 D. 把体温计有水银的一头放入腋部中央

129. 关于热敷法，下列描述正确的是_____。
 A. 使用热水袋时，水温以 80 ℃以上为宜
 B. 使用热毛巾时热敷时间以 20～30 min 为宜
 C. 使用热水袋时，将热水袋装满热水
 D. 使用盐、米或沙子炒热后装入布袋内，每次 20～30 min

130. 关于哮喘，下列说法错误的是_____。
 A. 照护中尽可能避免接触过敏原 B. 避免活动过度和情绪激动
 C. 要预防外感诱发哮喘 D. 提倡大量运动，增强体质

131. _____不是慢性湿疹的主要表现。
 A. 红斑、水肿 B. 皮肤粗糙肥厚
 C. 苔藓样变 D. 皮肤色素改变

132. 一般龋病非高危婴幼儿_____个月涂氟一次。
 A. 3 B. 6
 C. 9 D. 12

133. 关于弱视，下列描述正确的是_____。
 A. 轻度弱视者的视力为 0.8～1.0 B. 中度弱视者的视力为 0.6～0.8
 C. 重度弱视者的视力为 0.3～0.6 D. 重度弱视者的视力≤0.1

134. 关于先天性心脏病的防治，下列方法错误的是_____。
 A. 保证营养供给 B. 避免剧烈运动
 C. 暴饮暴食增加营养 D. 预防感染

135. 关于传染病的特征，下列描述错误的是_____。
    A. 病程无规律性 B. 由病原体引发
    C. 具有一定传染性 D. 具有免疫性

136. 关于流行性感冒，下列描述错误的是_____。
    A. 具有季节性 B. 在感染后可产生一定的免疫力
    C. 大多为自限性 D. 不会通过飞沫传播

137. 关于手足口病，下列描述错误的是_____。
    A. 病情都较轻，可以自愈
    B. 可以通过消化道、呼吸道和密切接触传播
    C. 可见手掌或脚掌部出现疱疹
    D. 皮疹消退后不留瘢痕或色素沉着

138. 预防水痘最有效的方法是_____。
    A. 切断传播途径 B. 接种水痘疫苗
    C. 本病流行期间，少去公共场所 D. 卫生消毒

139. 细菌性菌痢患儿_____方可解除隔离。
    A. 临床症状消失，大便培养连续1次阴性
    B. 临床症状基本消失，大便培养连续1次阴性
    C. 临床症状消失，大便培养连续2次阴性
    D. 临床症状基本消失，大便培养连续2次阴性

140. _____不是蛔虫病的主要症状。
    A. 脐周疼痛 B. 肛周瘙痒
    C. 饮食异常 D. 大便下虫

141. 组织外出活动或交接班，要清点_____，防止婴幼儿丢失。
    A. 玩具 B. 人数
    C. 运动器械 D. 图书

142. 幼儿园对有腐蚀性、有毒、易燃、易爆的物品，应有_____。
    A. 园长保管 B. 专人保管
    C. 保育员保管 D. 教师保管

143. 下列活动室、活动场地中设施设备存在安全隐患的是_____。
    A. 地板上有水渍、油迹 B. 橱柜制作成小圆角
    C. 电源插座有保护盒 D. 橱柜敦实，重心较低

144. 保育员要教育婴幼儿在乘车时按顺序上车，扶好车把手，_____，不可将手伸

出车外。
  A. 可以把糖纸扔在车上　　　　　B. 可以在车上追逐
  C. 不要将头探出窗外　　　　　　D. 可以将头探出窗外

145. 幼儿园里有可能对婴幼儿造成伤害的工具和物品，如剪刀、消毒液和热水壶等，必须放在_____拿不到的地方，防止意外事故的发生。
  A. 保育员　　　　　　　　　　　B. 教师
  C. 家长　　　　　　　　　　　　D. 婴幼儿

146. 火场逃生的原则是_____。
  A. 先抢救国家财产为上　　　　　B. 安全撤离、救助结合
  C. 先带上日后生活必需物　　　　D. 逃命要紧

147. 用灭火器灭火时，灭火器的喷射口应该对准火焰的_____。
  A. 根部　　　　　　　　　　　　B. 中部
  C. 上部　　　　　　　　　　　　D. 全部

148. 应教育婴幼儿_____，不要靠近电线，以防触电。
  A. 遥控电子玩具汽车　　　　　　B. 不捡拾掉在地上的电线
  C. 玩玩具　　　　　　　　　　　D. 阅读图书

149. 应教育婴幼儿遇到防电标志时_____。
  A. 可结伴触摸　　　　　　　　　B. 能随便触摸
  C. 不能随便触摸　　　　　　　　D. 触摸时小心

150. 应教育婴幼儿当遇到紧急情况或有了危险需要向别人求救时打电话，知道公安报警电话是_____。
  A. 110　　　　　　　　　　　　　B. 120
  C. 119　　　　　　　　　　　　　D. 114

151. 应教育婴幼儿掌握防止丢失的方法：紧跟家人、教师或同伴，在指定的地点活动、_____。
  A. 独自回家　　　　　　　　　　B. 跟友好的人聊天
  C. 跟熟悉的人交往　　　　　　　D. 不跟陌生人走

152. 婴幼儿在睡眠过程中，保育员应该_____。
  A. 不断巡视，仔细观察　　　　　B. 备课
  C. 看书学习　　　　　　　　　　D. 问家长

153. 要教育婴幼儿遇到有不适气味时，知道打开门窗释放毒气、烟雾，_____。
  A. 用手捂鼻子　　　　　　　　　B. 用干毛巾捂鼻子

C. 用湿毛巾捂鼻子　　　　　　　　D. 无所谓

154. 诊断儿童为铅中毒，主要依据是血铅水平超过或等于_____μmol/L。

　　A. 0.283　　　　　　　　　　　B. 0.383

　　C. 0.483　　　　　　　　　　　D. 0.583

155. 晨检中发现有身体不舒服的婴幼儿，应该_____。

　　A. 诊断病情　　　　　　　　　B. 立刻吃药

　　C. 及时送医务室检查　　　　　D. 马上给孩子喝水

156. 对婴幼儿的安全隐患较小的生活环境是_____。

　　A. 屋外有个泥坑的小屋　　　　B. 有个小水井的院子

　　C. 种了很多花花草草的院子　　D. 有个未加盖的空井的菜园子

157. 情绪安定在不同年龄婴幼儿有不同的表现，_____儿童不仅能够经常保持愉快的情绪，还可以主动管理自己的情绪，不乱发脾气。

　　A. 大班　　　　　　　　　　　B. 中班

　　C. 小班　　　　　　　　　　　D. 学前班

158. 关于动作发展的目标，下列描述错误的是_____。

　　A. 具有一定的平衡能力，动作协调、灵敏

　　B. 手的动作灵活协调

　　C. 具有一定的力量和耐力

　　D. 情绪安定愉快

159. 婴幼儿阅读与书写准备目标不包括_____。

　　A. 喜欢听故事和看图书　　　　B. 具有初步的阅读理解能力

　　C. 具有书面表达的愿望与初步技能　　D. 识字、学拼音、写字

160. 关于幼儿艺术领域培养目标，下列表达不正确的是_____。

　　A. 要鼓励幼儿从周围的世界当中获得审美体验

　　B. 幼儿只需欣赏自然和生活当中的美，无须了解多种多样的艺术形式和作品

　　C. 要为幼儿创设艺术表达的环境，宽松、自由的心理氛围

　　D. 鼓励幼儿进行创造性的艺术表现，不用美不美来禁锢幼儿的创造性

161. 学前教育的基本原则不包括_____。

　　A. 启蒙性　　　　　　　　　　B. 生活化

　　C. 游戏化　　　　　　　　　　D. 批评和惩罚

162. 关于0~3岁儿童的学习特点，下列描述错误的是_____。

　　A. 学习内容具有其内在规律性　　B. 在行动中学习

C. 学习是有意识的   D. 学习是主动的

163. 关于儿童的反抗行为，下列看法错误的是_____。

  A. 1.5~3岁是儿童的第一个反抗期

  B. 成人应该理解并无条件地支持儿童的独立愿望和自主行为

  C. 根据儿童希望尝试行为的危险与否采取不同的教育方式

  D. 这个时候的反抗是以争取独立自主为中心的

164. 关于3~6岁儿童的学习特点，下列描述错误的是_____。

  A. 间接经验学习   B. 在游戏中学习

  C. 在生活中学习   D. 在操作中学习

165. 幼儿的自我意识不包括_____。

  A. 自我评价   B. 自我体验

  C. 自我调控   D. 自我中心

166. "发现儿童""解放儿童""童年的价值"是_____儿童观的主旋律。

  A. 古代   B. 近代

  C. 现代   D. 科学

167. 婴幼儿社会适应的目标不包括_____。

  A. 喜欢并适应群体生活   B. 遵守基本的行为规范

  C. 情绪安定愉快   D. 具有初步的归属感

168. 婴幼儿语言领域发展的目标不包括_____。

  A. 倾听   B. 识字、学拼音、学写字

  C. 表达   D. 阅读与书写准备

169. 关于幼小衔接，下列理解不正确的是_____。

  A. 发展交往能力

  B. 培养幼儿生活自理能力和良好的生活习惯

  C. 发展幼儿的学习品质

  D. 幼小衔接是入学前几个月甚至前一个月进行的准备

170. 学前教育机构物质环境的创设是一个复杂的过程，需要经过三个阶段，包括创设前的规划阶段、创设阶段和_____。

  A. 效果评价反思阶段   B. 创设材料选购阶段

  C. 物质环境布置阶段   D. 创设完成阶段

171. 在学前教育机构物质环境创设的具体实施阶段，教育者根据婴幼儿学习活动的不同方式以集体、小组、个别的形式呈现他们的活动成果。这样的创设方法属于_____。

A. 根据活动组织形式开展的创设 B. 主题的创设
C. 暂时性的创设 D. 持续性的创设

172. 在学前教育机构物质环境创设的具体实施阶段，教育者可以将学前教育机构物质环境分为室外环境和_____来分别创设。

A. 室内环境 B. 教室环境
C. 活动室环境 D. 卧室环境

173. 广义的学前教育机构环境是指社区、社会、_____等一切使学前教育得以进行的条件总和。

A. 物质环境 B. 自然环境
C. 精神环境 D. 经济环境

174. 在具体创设学前教育机构室内环境时，教育者可以将室内物质环境分成五个活动区分别进行设计，其中阅读和讲故事活动属于_____。

A. 自然科学区 B. 社会活动区
C. 建构操作区 D. 语言活动区

175. 学前教育机构物质环境创设的前期规划阶段，教育者要处理好四对关系，即显性与隐性的关系、立体与平面的关系、整体与个别的关系、固定与变化的关系，增强不同形式的物质环境元素之间的联系。这句话描述的是物质环境创设规划阶段中的_____。

A. 空间规划 B. 时间规划
C. 效果规划 D. 内容规划

176. "用儿童的双手和思想布置的环境，会使他们更加深刻地理解环境中的事物，也会使他们更加爱护环境。"陈鹤琴先生的这句话反映了学前教育机构环境创设应该遵循_____原则。

A. 教育性 B. 审美性
C. 公平性 D. 参与性

177. 狭义的学前教育机构的环境包括物质环境和_____。

A. 社会环境 B. 自然环境
C. 精神环境 D. 生态环境

178. 从设备材料的安全卫生角度出发，应该为婴幼儿选择无毒、_____，符合环保要求的设备和材料。

A. 数量充足 B. 色彩鲜艳
C. 无害 D. 动态的

179. 保育员独立组织婴幼儿户外活动时应根据活动和婴幼儿的需要准备场地和设备，

并_____。

  A. 提供玩具   B. 检查其安全性

  C. 准备材料   D. 组织活动

180. 在创设教育环境的工作中，保育员应_____准备游戏和教学活动的材料、设备，并与婴幼儿共同讨论活动的规则和注意事项。

  A. 与教师、婴幼儿共同   B. 让婴幼儿

  C. 尽量少地   D. 尽量多地

181. 学前教育机构的环境是指_____。

  A. 大型玩具   B. 塑胶地板

  C. 合格的物质条件和良好的精神环境   D. 较清静的场所

182. _____是幼儿园工作的中心环节。

  A. 幼儿园教育行政   B. 幼儿园管理体制

  C. 保育和教育   D. 幼儿课堂教学

183. 在《托儿所、幼儿园卫生保健工作规范》中，提倡科学喂养，一岁半以后婴幼儿在三次正餐之间要增加至少_____次餐点。

  A. 1   B. 2

  C. 3   D. 4

184. 在《中华人民共和国未成年人保护法》中，未成年人是指未满_____周岁的公民。

  A. 12   B. 14

  C. 16   D. 18

185. 《幼儿园管理条例》规定，幼儿园应当建立_____，防止食物中毒和传染病的流行。

  A. 安全制度   B. 卫生保健制度

  C. 管理制度   D. 学校制度

186. 《幼儿园管理条例》规定，幼儿园应当建立_____，严禁幼儿园内设置威胁幼儿安全的危险建筑物和设施。

  A. 安全防护制度   B. 卫生保健制度

  C. 管理制度   D. 学校制度

187. 根据《幼儿园工作规程》，幼儿在户外活动正常情况下，每天不得少于_____。

  A. 1 h   B. 2 h

  C. 3 h   D. 4 h

188. 《幼儿园工作规程》指出，幼儿园应当对幼儿_____体检一次，并对幼儿身体健康发展状况定期进行分析、评价。

    A. 每年   B. 每 2 年

    C. 每 3 年   D. 每 4 年

189. 根据《托儿所、幼儿园卫生保健工作规范》，工作人员应每_____年进行一次全面体检。

    A. 1   B. 2

    C. 3   D. 4

190. 根据《托儿所、幼儿园卫生保健工作规范》，在组织某园内保育员体检中，发现某职工患有肝炎，应当_____。

    A. 辞退职员   B. 立即隔离治疗

    C. 漠视不管   D. 继续上班

191. 幼儿园发生的伤害事故，应当根据幼儿为_____的特点参照《学生伤害事故处理办法》处理。

    A. 不完全行为能力人   B. 有行为能力人

    C. 不完全无行为能力人   D. 完全无行为能力人

192. 幼儿园的安全保卫、消防等设备管理或安全管理制度有明显疏漏或混乱，存在重大安全隐患，未及时采取措施造成幼儿伤害事故时，_____承担相应责任。

    A. 保卫处   B. 幼儿园

    C. 幼儿   D. 幼儿父母

193. 幼儿园向幼儿提供不符合国家安全标准、要求的食品，造成少数幼儿腹泻、腹痛，应该由_____承担相应责任。

    A. 餐厅   B. 幼儿

    C. 幼儿园   D. 家长

194. 根据《中华人民共和国预防未成年人犯罪法》的规定，营业性歌舞厅以及其他未成年人不适宜进入的场所，应当设置_____。

    A. 安全标志   B. 卫生标志

    C. 未成年人禁止入内标志   D. 音乐标志

195. 学校对校舍、体育设施、消防设施、各种仪器设备安全状况，应当_____检查一次。

    A. 每月   B. 每年

    C. 每学期   D. 每学期

196. 关于幼儿园在设施、设备方面的要求，下列描述不正确的是_____。
    A. 主要考虑婴幼儿的特点
    B. 配备适合婴幼儿特点的桌椅、玩具架、盥洗卫生工具
    C. 必须配备昂贵的器械设备
    D. 配备必要的教具、玩具、图书、乐器等

197. 《幼儿园管理条例》明确了我国幼儿园实行_____。
    A. 党委领导制   B. 园长负责制
    C. 园董事会领导制   D. 地方负责制

198. 1989年11月联合国大会通过的保障儿童权利的国际性法律文书是_____。
    A. 《义务教育法》   B. 《未成年人保护法》
    C. 《儿童权利公约》   D. 《幼儿园工作规程》

199. 《幼儿园教育指导纲要（试行）》艺术领域的内容与要求之一是：保育员在艺术教育活动中要尊重每个幼儿的想法和创造，_____。
    A. 评价和指导他们独特的审美感受
    B. 肯定和接纳他们独特的审美感受和表现方式，分享他们创造的快乐
    C. 评价和指导他们独特的表现方式
    D. 评价他们的做法

200. 《幼儿教师专业标准（试行）》基本内容包含专业理念与师德、专业知识和_____三个维度。
    A. 专业管理   B. 专业能力
    C. 教育   D. 保育

保育员基础知识考核模拟试卷参考答案

一、判断题

1. × 2. √ 3. √ 4. × 5. × 6. × 7. √ 8. √ 9. √ 10. ×
11. × 12. √ 13. √ 14. √ 15. √ 16. √ 17. × 18. √ 19. √ 20. ×
21. × 22. × 23. × 24. √ 25. × 26. × 27. × 28. × 29. × 30. √
31. × 32. √ 33. √ 34. √ 35. × 36. √ 37. √ 38. √ 39. √ 40. √

二、单项选择题

41. D 42. B 43. C 44. C 45. D 46. C 47. B 48. C 49. D 50. B
51. B 52. C 53. B 54. C 55. A 56. C 57. B 58. B 59. B 60. A
61. A 62. A 63. C 64. D 65. B 66. C 67. D 68. B 69. B 70. A
71. C 72. B 73. C 74. A 75. A 76. B 77. D 78. B 79. D 80. C
81. B 82. A 83. C 84. A 85. A 86. A 87. D 88. A 89. C 90. D
91. C 92. A 93. A 94. B 95. C 96. B 97. A 98. D 99. D 100. C
101. C 102. D 103. C 104. A 105. B 106. A 107. C 108. D 109. A 110. D
111. B 112. A 113. A 114. B 115. D 116. B 117. B 118. B 119. C 120. D
121. C 122. D 123. D 124. C 125. D 126. B 127. A 128. C 129. D 130. D
131. A 132. B 133. D 134. D 135. A 136. D 137. D 138. B 139. C 140. B
141. B 142. B 143. A 144. C 145. D 146. B 147. D 148. B 149. C 150. A
151. D 152. A 153. C 154. C 155. C 156. C 157. B 158. D 159. D 160. B
161. D 162. C 163. B 164. A 165. D 166. B 167. C 168. B 169. D 170. A
171. A 172. B 173. D 174. D 175. B 176. D 177. C 178. C 179. B 180. A
181. C 182. C 183. A 184. D 185. B 186. A 187. B 188. A 189. A 190. B
191. D 192. B 193. C 194. C 195. A 196. C 197. B 198. C 199. B 200. B